Albert Camus et la guerre d'Algérie

Alain Vircondelet

Albert Camus et la guerre d'Algérie

Histoire d'un malentendu

éditions du
ROCHER

Éditions du Rocher
28, rue Comte Félix Gastaldi – BP 521 – 98015 Monaco

www.editionsdurocher.fr

ISBN : 978-2-268-10667-0
EAN epub : 9782268106915

À la mémoire de tous les miens, venus, dès les années 1840,
de leur lointaine Franche-Comté, pour s'installer sur une terre
qui n'était pas encore hospitalière.

À la mémoire de mes grands-parents qui reposent au cimetière
marin de Saint-Eugène et de Douéra.

À la mémoire de ma grand-mère, sage-femme, veuve de guerre,
Mère Courage, qui partit à dos d'âne accoucher les femmes
algériennes dans les douars les plus reculés du Constantinois
et au nom de laquelle il est dès lors impensable de parler de « crime
contre l'humanité » à propos de la colonisation en Algérie.

Aux écrivains courageux d'une Algérie partagée,
d'hier et d'aujourd'hui, Emmanuel Roblès, Jules Roy,
Jean Pélégri, Tahar Djaout, Kateb Yacine, Djamel Amrani,
Boualem Sansal, Kamel Daoud.

À mes enfants, pour qu'ils se souviennent de leur histoire.

Il est bon qu'une nation soit assez forte de tradition et d'honneur pour trouver le courage de dénoncer ses propres erreurs. Mais elle ne doit pas oublier les raisons qu'elle peut avoir encore de s'estimer elle-même. Il est dangereux en tout cas de lui demander de s'avouer seule coupable et de la vouer à une pénitence perpétuelle. Je crois en Algérie à une politique de réparation, non à une politique d'expiation.

Albert CAMUS,
Chroniques algériennes, Avant-propos, 1958.

Gandhi a prouvé qu'on pouvait lutter pour son peuple, et vaincre, sans cesser un seul jour de rester estimable. Quelle que soit la cause que l'on défend, elle restera toujours déshonorée par le massacre aveugle d'une foule innocente où le tueur sait d'avance qu'il atteindra la femme et l'enfant.

Albert CAMUS,
Chroniques algériennes, Avant-propos, 1958.

Même mes révoltes en ont été éclairées. Elles furent presque toujours, je crois pouvoir le dire sans tricher, des révoltes pour tous, et pour que la vie de tous soit élevée dans la lumière.

Albert CAMUS,
L'Envers et l'Endroit, Préface, 1958.

Avant-propos

Il ne faudrait pas penser que le regard d'Albert Camus sur ce qu'on appelait de son temps « les événements », concerne les seules années de guerre qui furent pour lui celles de 1954 à 1960. C'est bien en amont que son analyse se nourrit, d'une manière sensible qui ne pourra pas être toujours acceptable ou audible par tous ses « faux amis » du Paris de Saint-Germain-des-Prés qu'il fréquentait alors.

L'enfance, son statut d'orphelin de père qui l'affligea très tôt, les relations qu'il entretint avec sa mère, sa proximité avec la pauvreté, son lien charnel avec sa terre natale, sa condition de « petit Blanc colon », l'affection que lui porta son instituteur, M. Germain, l'enseignement de son professeur de philosophie à la faculté d'Alger, Jean Grenier, ses positions politiques et militantes durant ses années d'université à Alger et ses reportages en Kabylie furent déterminants pour comprendre le drame algérien, et le rendre plus complexe que ce que l'opinion générale et internationale dans les années de guerre a pu en dire.

Albert Camus, par souci de vérité et de justice, n'a jamais voulu entrer dans un débat idéologique et politique dans lequel le camp du bien était désigné d'office et le camp du mal conspué, méprisé et attaqué systématiquement. Il paya très cher cette position médiane en rapport avec sa philosophie de la mesure qu'il a toujours occupée. Il se sentit tôt blessé par la violence des attaques concentrées sur lui, venues de tous bords et en éprouva une douleur immense qui le conduisit bien des fois à abandonner son propre combat de vérité et de sincérité pour se réfugier aussi bien dans la paix fragile et austère de Lourmarin que dans la chaleur, un temps reconstituée, d'une hypothétique communauté théâtrale qui donnerait enfin un sens à son existence.

Albert Camus est ce qu'on appelle communément « un Français d'Algérie ». Plus tard, après l'indépendance de l'Algérie, on appellera ceux qui vécurent dans ce pays et y firent souche des « pieds-noirs ». Ce terme, jugé péjoratif, était certes connu à son époque, quoique rarement employé, mais il fut très rarement utilisé par lui, du moins dans ses écrits. Cependant, profondément, viscéralement même, et quoiqu'il quittât sa terre natale en 1940, Camus reste un « pied-noir ». La plupart de ses compatriotes se reconnaissent encore en lui, et ses ouvrages consacrés à la terre mère sont d'une telle justesse qu'ils voient tous en lui un fils, un frère.

Il est certain que son histoire familiale et son statut de « Français d'Algérie » ne pouvaient être ceux de Sartre et de ses amis, et c'est pourquoi la guerre d'Algérie fut vécue par lui comme un véritable déchirement, ouvrant à jamais une plaie béante qu'aucun nouvel ouvrage, aucune pièce de théâtre qu'il ait pu monter, ne sut panser.

Très tôt, l'adhésion aux modes d'existence de sa jeunesse algéroise ne fut jamais mise en cause par l'écrivain. De *Noces*, le premier ouvrage fondateur qu'il conçut à 19 ans, à la suite de ses multiples randonnées dans la ville antique située à quelque 60 kilomètres d'Alger, au *Premier Homme*, le livre-clé, la somme de toute sa vie, jamais Camus ne contesta sa présence, et, partant, celle de sa famille sur cette terre ; au contraire ressentit-il cette présence comme « une vraie richesse », un don sacré qui aurait été fait à ces colons venus de tout le Bassin méditerranéen pour créer une nouvelle utopie, dont l'icône centrale serait Tipasa, métaphore d'un Eden retrouvé, réinventé, reconstruit et exalté.

La guerre d'Algérie vint balayer cette utopie, cette grâce fragile que d'aucuns cependant voyaient se fissurer et s'altérer au fil des décennies. Ceux qu'on appela alors les « terroristes », les « rebelles » ou les « fellaghas » signèrent le début de leur révolution en assassinant des instituteurs, en les mutilant et en les abandonnant le long d'un chemin, et certains des amis de Camus approuvèrent ces meurtres au nom de la libération des peuples. Tout cela eut raison de son espérance. Alors journaliste à Paris, il comprit très vite que l'utopie rêvée était définitivement rayée d'une carte qu'il s'était plu avec d'autres à imaginer, peuplée d'êtres pacifistes, pionniers (les premiers hommes), et unis entre eux, frères d'une même « race », « née du soleil et de la mer, vivante et savoureuse[1] » et soucieux de réparer les tragédies du passé.

Il quitta donc l'Algérie en 1940. Mais elle l'occupa et le hanta jusqu'à sa mort. Elle fut sa douleur, sa nostalgie et son échec majeur, elle aggrava son état de santé, altéra enfin considérablement ses relations dans le milieu littéraire. On voulut ruiner sa réputation, anéantir ses idées, déformer sa pensée, le renvoyer, comme le disait Sartre, à sa « sensibilité méditerranéenne » qui, à ses yeux, l'aveuglait et lui faisait perdre toute raison ; on lui prêta même des connivences avec des mouvements d'extrême droite, on voulut le précipiter dans les oubliettes de l'histoire, et sa mort elle-même ne parvint à mettre un terme à ces points de vue.

L'Algérie indépendante ne fut pas en reste dans cette ostracisation de l'écrivain. L'histoire officielle continue de stigmatiser Albert Camus, même si certains intellectuels, de Kamel Daoud à Boualem Sansal eux-mêmes très contestés dans leur propre pays, reconnaissent la force du jugement de Camus et la loyauté de sa pensée. La stigmatisation de l'écrivain de la part de l'intelligentsia algérienne (journalistes, éditeurs, intellectuels officiels confondus) est une constante malgré quelques voix qui s'élèvent, forcément timides et craintives.

La stèle commémorative de Bénisti connut au cours des décennies des lapidations régulières, à Tipasa, afin d'effacer les mots de Camus.

Et pourtant, qui plus que Camus a aimé l'Algérie ? Qui en a le mieux parlé ? Qui a été plus près de cette terre que lui ? Qui plus et mieux que lui a tenté d'en préserver la beauté, la grâce sacrée ? Qui plus que lui est fier d'y être né ? Et qui pourrait lui refuser sa part d'algérianité ?

Ces questions, aujourd'hui, sont soulevées pour tenter de comprendre la source du malentendu qui plane autour de Camus et de la question algérienne.

Quelle a été la position exacte de l'écrivain pendant ce conflit tragique ? Quelles étaient les limites de son analyse ? En quoi son statut de « pied-noir » a-t-il pu altérer son jugement ? Ce statut précisément n'a-t-il pas permis, au contraire, d'avoir un point de vue plus éclairé sur la situation ? Quel aurait été l'analyse de Camus sur cette guerre au lendemain du 3 juillet 1962, date historique

1. Albert Camus, *Noces*, Gallimard, coll. « Soleil », p. 31.

de l'indépendance et du transfert de souveraineté de la France au pouvoir exécutif provisoire algérien ? Quelle aurait été sa position face aux sursauts désespérés des pieds-noirs entre 1960 et 1962 ? Qu'aurait-il pensé de la fusillade de la rue d'Isly ? Du blocus de Bab-el-Oued par les forces françaises ? De l'exode misérable des « premiers hommes » vers la France ? Des massacres d'Européens après le cessez-le-feu et au mois de juillet 1962 à Oran et à Alger ? Que lui auraient inspiré les grands principes idéologiques des « chevaliers blancs » intellectuels et artistes qui, confortablement assis sur les banquettes de moleskine des Deux Magots et de Lipp, à Paris, et à coups de pétitions, refaisaient le monde et considéraient sans sourciller comme le prix à payer de la liberté la mort ou les massacres des Français d'Algérie qui y avaient fait souche[2] ? Enfin, que dirait à ce jour Camus devant l'échec tangible d'une Algérie, dont les forces vives qu'il avait chantées, les énergies profondes qui la traversent toujours, sont contenues et bâillonnées par ceux-là mêmes qui ont organisé la rébellion et fait croire à une Algérie nouvelle, à la faveur de laquelle le peuple aurait enfin retrouvé dignité et fierté ?

Ce sont toutes ces questions qu'il ne fait toujours pas bon poser aujourd'hui, et même en France, mais auxquelles cet ouvrage va tenter de répondre. La question algérienne reste l'épine fichée dans les pieds de tous ceux qui s'intéressent à cette période de l'histoire. Elle n'est pas résolue si elle est néanmoins posée. Trop de non-dits, trop de vérités enfouies, trop de mensonges, trop de lâchetés et de renoncements, trop de morts, trop de manipulations, trop de mauvaise foi empêchent d'accéder aux vraies questions et aux justes issues.

Camus, dans ce questionnement, reste une figure exemplaire parce qu'il a toujours refusé d'entrer dans le jeu politicien et dans le carcan figé des idéologies de toutes sortes, parce qu'il a vécu de l'intérieur et au quotidien la vie algérienne dans la première moitié du XXe siècle, parce que sa pensée ne se limite pas aux seuls principes de la doxa anticolonialiste, mais trouve aussi ses sources chez saint Augustin, dans le christianisme primitif, dans la pensée grecque, dans la lignée libertaire de Proudhon et qu'à ce titre son expertise

2. Les mêmes signataires qui, en 1975, applaudissaient la révolution sanguinaire orchestrée par Pol Pot au Cambodge de Chomski à Badiou, de Lacouture à Alain Bosquet !

est essentielle. En un mot, sa pensée est celle d'un homme libre, émancipé des réflexes militants dont il s'est lui-même délivré, pénétré d'une spiritualité hautement plus nourricière, qui lui aura donné d'éprouver, face à la haine et à la vengeance, aux idées reçues et aux stratégies politiciennes, d'autres moyens de voir, d'entendre et de comprendre : ceux justement puisés sur sa terre d'enfance, qui en appellent à l'admiration, à l'émerveillement, à la fidélité. Valeurs de reliaison et de réconciliation.

Tout donne aujourd'hui raison à Camus : le rejet de Sartre, les imprécations assassines d'une gauche révolutionnaire qui, en 1960, en appelait sans sourciller au meurtre des colons[3], une Algérie livrée à la corruption, à la ruine, à la pauvreté, au chômage, à des paysages meurtris et enlaidis, à des *hirak*[4] sporadiques et de plus en plus déterminés, au point que sa jeunesse ne cesse de réclamer des visas pour étudier ou travailler en… France et que la plupart de ses élites ont déjà quittée ou cherchent à quitter par tous les moyens…

Tout lui donne raison malgré les nécessités de la diplomatie, les enjeux économiques et stratégiques, malgré les relectures biaisées de l'histoire et les mensonges des romans nationaux, malgré les demandes obsessionnelles de repentance d'une Algérie aussi radicale qu'au temps de la guerre et les imprudentes paroles du futur président français en campagne à Alger, évoquant tout à trac et sans filet, « le crime contre l'humanité » qu'aurait commis la France à l'égard de l'Algérie[5]…

3. On pense à Frantz Fanon, relayé par Sartre…

4. *Hirak* : « mouvement » en berbère, manifestations populaires et sporadiques en écho à celle du 19 février 2016, réclamant de nouvelles institutions et l'instauration d'une vraie démocratie en Algérie.

5. Paroles heureusement rattrapées par Emmanuel Macron, dans une intervention diffusée sur Facebook dans laquelle, voulant éteindre l'incendie qu'il avait allumé, il nuance ses propos, en ménageant toutes les sensibilités : « Une guerre qui n'était pas digne de la France… À tous nos anciens combattants, je veux dire, vous êtes nos enfants, les enfants de la France… Mes propos n'étaient pas destinés contre vous. En rien… Je veux dire ici que… la colonisation a introduit en Algérie une modernité par effraction. Que des dizaines de milliers d'instituteurs, de médecins, de fermiers ont beaucoup donné à la France… Dire que les pieds-noirs ont été les victimes de la politique algérienne de la France… Une colonisation à sens unique ne leur a pas laissé d'autre issue que de quitter brutalement les terres où ils sont nés. C'était une injustice et une souffrance » (Echorouk News TV Alger, 15 février 2017).

Camus demeure encore et toujours un repère, un phare, un juste, le juste d'une autre guerre.

Reste sa leçon morale, expérimentée si douloureusement pendant la guerre, humble et fragile, humaine et paisible : face au risque de « la jungle », « se battre pour sa vérité et veiller à ne pas la tuer des armes mêmes dont on la défend ». Ce n'est qu'à ce double prix que « les mots, dit-il, reprennent leur sens vivant[6] ».

6. Albert Camus, *Chroniques algériennes*, Gallimard, Folio essais, n° 400, p. 24.

Novembre 1954, la Toussaint rouge

« Aujourd'hui, cinquième jour du mois de Raabi, premier de l'année 1374 correspondant au 1er novembre 1954, à 1 heure du matin, l'Algérie a commencé à vivre une vie honorable… Une puissante élite d'enfants libres de l'Algérie a déclenché l'insurrection de la liberté contre l'impérialisme français tyrannique en Afrique du Nord », annonce la radio révolutionnaire La Voix des Arabes, qui émet depuis Le Caire.

À Alger, c'est encore la fin de la saison estivale. Alger au climat romain, comme disait Camus, offre toujours des journées claires, lavées par le large, au ciel éclatant, de cette lumière bleue, intensément crue qui donne à la ville une sorte d'allégresse, et même de jubilation. Il y a bien eu en effet quelques explosions qui n'ont provoqué que des dégâts sans gravité et les déflagrations n'ont inquiété personne. Au Champ-de-Manœuvres, vaste quartier populaire appelé ainsi parce qu'il accueille sur son terrain les manœuvres de plusieurs régiments, le central téléphonique a été attaqué dans la nuit, mais ceux qu'on nomme encore « les terroristes », surpris dans leurs projets, se sont enfuis en entendant des bombes exploser du côté du port et de la rue Hoche. Rien de plus.

La ville européenne s'apprête à fêter la Toussaint. C'est jour férié et une date religieuse très importante qui rassemble tous les catholiques (et ils sont nombreux du fait d'une forte immigration espagnole et italienne) dans des processions, des messes et des visites l'après-midi dans les cimetières de la ville. Partout, le long des trottoirs, des marchands ambulants vendent des pots de chrysanthèmes. La Toussaint est confondue avec le jour des Morts, le lendemain, mais qu'importe, la ville est couverte de fleurs, jaunes, pourpres, blanches. La piété populaire joue un grand rôle et même les athées, les juifs et les « Arabes », comme on dit ici, apprécient et respectent ce culte chrétien des morts. À Alger, malgré les différentes populations qui y vivent et ce qu'on veut bien en dire, ce n'est pas la guerre entre les populations musulmane et française. Parfois même, une relative fraternité, une mixité plutôt respectée et sans violence particulière domine, surtout dans les quartiers populaires.

C'est pourquoi les habitants ne prennent encore guère au sérieux cette succession d'attentats qui a réveillé leur ville. La presse locale traitera d'ailleurs très succinctement l'événement sous l'angle d'un non-événement justement. *L'Écho d'Alger*, le principal journal du matin, préfère évoquer la rencontre de Pierre Mendès France avec le général Koenig et de l'arrivée de l'empereur Hailé Sélassié à Lyon... Tous ici sont habitués à des secousses sporadiques qui ébranlent le pays depuis l'arrivée des Français en 1830. Combien de fermiers tôt installés dans « l'intérieur » – expression mystérieuse qui a quelque chose d'inquiétant et de dangereux pour évoquer tout ce qui est à une cinquantaine de kilomètres du littoral – avaient déjà été assassinés, avec leurs familles bien souvent ? Paysans venus de toutes les régions de France, de la côte niçoise aux confins de l'Alsace pour essayer de trouver une vie meilleure, faire une nouvelle vie, recommencer leur existence à zéro et connaître la joie insigne d'être « les premiers hommes » d'un nouveau monde ?

Combien de terres, à peine cultivées, avaient été, dès leur venue, aux premières récoltes, saccagées, combien de ceps de vignes arrachés, de plantations détruites, de bestiaux égorgés à la suite de descentes – « des razzias de tribus nomades », disait-on, qui venaient à cheval pour tout brûler ? Combien de fois la presse française s'était fait l'écho d'incidents jugés mineurs, d'autres majeurs, comme ceux de Sétif, qui avaient provoqué la mort de milliers d'Arabes, et au sujet desquels le général Raymond Duval, qui avait maté la rébellion, avait averti les autorités : « Je vous donne la paix pour dix ans, mais après, tout devra changer » ? « Dix ans », avait-il dit en 1945. Le compte était bon. Il avait vu juste, à un an près.

Tout cela pour dire que rien n'est acquis en 1954. Ni la paix ni la concorde entre les populations qui occupent le pays. C'est une sorte de paix apparente, où chacun cependant épie l'autre, sans en avoir l'air, et au fil des années, comme si la guerre de 39-45 avait rendu tout le monde défiant, Alger, malgré la joie et l'insouciance que suscite son climat, s'est bien rendue compte que quelque chose a changé, qu'une menace de plus en plus lourde plane sur elle.

Elle est palpable, et personne ne doute qu'une autre guerre, moins franche que celle qu'avait déclenchée l'Allemagne, surviendra tôt ou tard. C'est comme si Alger attendait son heure. Elle sait seulement cela : chaque année qui passe la rapproche d'un drame inéluctable, prévisible, mais dont elle ignore encore la forme qu'il prendra.

Le 2 novembre, des nouvelles plus explicites donnent aux événements connus d'Alger une autre coloration. Les mêmes actions perpétrées la veille dans la capitale se sont déroulées sur tout le territoire. Les trois départements d'Alger, Oran, Constantine qui le composent ont été touchés simultanément. La date n'est pas innocente. Elle coïncide avec la fête des Morts. On l'appellera « la Toussaint rouge ». Rouge comme le sang répandu à l'aveugle. « Épargnez si c'est possible femmes, enfants et vieillards » ont néanmoins conseillé les chefs rebelles aux « petites mains ». Mais aucun, dans l'euphorie et l'ivresse de l'action, ne s'est tenu aux consignes de l'état-major rebelle.

Dans les Aurès, le car qui fait la ligne journalière Biskra-Batna au petit matin est arrêté par un barrage de fortune fait de pierres; un homme armé monte dans le car et commence à trier les voyageurs. Il demande au caïd des M'Chounèche, Bennadji Sadok, de descendre. On le sait ami des Français. On l'insulte et on le pousse sur la route déserte, jaune de poussière. Puis c'est au tour de deux Français, un couple d'instituteurs, les Monnerot, fraîchement installés à Tifelfel – ils y font la classe aux enfants du village. Les autres voyageurs, terrifiés, savent qu'ils ont la vie sauve du fait de leur origine musulmane. Des hommes en burnous de laine rêche, des femmes se rendant au marché avec leurs bêtes encore vivantes. Un des rebelles, qui est armé, est particulièrement nerveux. Brutalisé, le caïd s'indigne toutefois et s'emporte, défend les deux Français : « Ce sont des instituteurs, ils font du bien au village, respecte-les. » Une rafale le jette à terre. La même rafale touche à son tour Guy Monnerot, qui tombe, sa femme, grièvement blessée, s'effondre à ses côtés. Puis le commando exige que le caïd remonte dans le car, bien qu'il perde son sang en abondance. Les femmes sont sommées de descendre. Et le car démarre en trombe. Mais ce n'est pas fini.

Le commando se cache dans des fourrés et attend l'arrivée des secours pour les abattre. Mais personne n'arrive. Lasse d'attendre, la petite troupe s'enfuit dans la montagne avec les voyageurs et son blessé.

Les secours arrivent enfin, une milice de civils villageois, européens et musulmans, qui emportent le couple d'enseignants agonisant. Mais Guy Monnerot meurt en route tandis que sa femme, dans le coma, est envoyée dans un hôpital de Constantine par hélicoptère.

Partout dans le pays, les nouvelles tombent. Aussi alarmantes les unes que les autres. Des casernes, des arsenaux, des gendarmeries sont attaqués ; les Aurès, foyer incandescent de la rébellion, sont particulièrement touchés. Des commandos de trente rebelles incendient ce qu'ils trouvent sur leur chemin, tuent les malheureux qui ont l'infortune de se trouver sur leur passage.

Alger, qui centralise toutes ces informations, recueille les témoignages, le lieu des exactions, les noms des chefs, et observe que les attaques sont toutes coordonnées – des tracts d'ailleurs ne font pas secret de leurs intentions. On commence à connaître précisément les noms des dirigeants : Boudiaf, Omar Ouarane, Rabah Bitat, Mostefa Ben Boulaïd. Le 2 novembre, la déclaration de guerre ne fait plus de doute.

Alger se tait, un silence mortel et funèbre s'abat sur ses habitants, chacun sait désormais que rien ne sera plus comme avant, les bains de mer, les pique-niques joyeux dans les pinèdes, les apéritifs à la terrasse des cafés, les promenades le long du littoral, les corsos fleuris dans les stations de la côte, tout ce qui fait le charme bon enfant de la vie algéroise. Dans l'intérieur, qui n'est déjà pas si sûr, jamais vraiment pacifié depuis le XIXe siècle, l'inquiétude et l'angoisse s'insinuent.

La presse nationale rapporte elle aussi les événements de la veille. Du *Monde* au *Figaro*, on parle surtout des Aurès, en état d'insurrection, peu des grandes villes où, de fait, les explosions prévues n'ont pas toutes réussi. Mais en général, la presse reste plutôt discrète. Seuls les Français d'Algérie ont compris ce qu'il se passait. Ce qu'ils prévoyaient vient d'arriver. La discrète proximité des Arabes, la politesse que beaucoup leur témoignent, les alertent et leur font craindre en réalité masque et dissimulation. Désormais, disent-ils, il faudra se méfier des Arabes…

Très vite, ils comprennent qu'il faudra se battre pour sauver cette terre où ils sont nés et qu'ils aiment passionnément.

À l'étranger, la Toussaint rouge ne fait pas non plus la une de la presse. Les états-majors rebelles sont tenus de constater que leur but n'a pas été tout à fait atteint. Ils comprennent que leur guerre, pour être reconnue à l'international, devra être plus visible, plus brutale, plus offensive et plus cruelle.

Après le temps de sidération, vient pour la France celui de la réaction. Impossible de passer sous silence cette journée funeste, ne serait-ce que par respect pour les victimes. De grandes manœuvres sont mises en place à grand renfort d'effectifs, et des colonnes s'engagent dans les maquis à la recherche des rebelles. La Kabylie, les Aurès, véritables viviers de résistance, sont peu connus des Français qui ne se sont guère aventurés dans ces parages depuis le début de la conquête. Des territoires entiers sont ainsi laissés depuis des décennies aux populations locales qui, mieux que quiconque, connaissent les grottes, les planques, les maquis profonds, les caches, les trappes, tout ce qui est nécessaire à la guerre de harcèlement.

À Paris, et dans les plus hautes instances du pouvoir, François Mitterrand, ministre de l'Intérieur, proclame le mot d'ordre du gouvernement : « Il n'y a qu'une France, des Flandres au Congo », Mendès France s'époumone sur les bancs de l'Assemblée nationale et déclare à son tour que « les départements d'Algérie (sont) depuis longtemps et d'une manière irrévocable français ». Les promesses les plus imprudentes sont prononcées : jamais la France, prétend-on à la tribune du palais Bourbon, ne cédera un pouce de son territoire à la rébellion. Aucun dialogue, aucune compromission, aucune concession possibles : la partition de la France n'est pas envisageable.

Désormais s'affrontent une Algérie française qui entend le rester et une autre, musulmane, bien décidée à la vaincre… Le plan prévisible des rebelles a fonctionné pleinement. Plus rien ne sera comme avant.

Dès 1938, la chronique annoncée d'une guerre inévitable

Dans ses *Carnets*, à la date du 1er novembre, Camus écrit : « Je ne crois pas à Dieu mais je ne suis pas athée. » L'interrogation spirituelle de l'écrivain ne cesse pas depuis des années déjà. Sa sensibilité est aiguisée par un questionnement métaphysique qu'il ne parvient pas à dénouer. Des nœuds en effet très complexes l'empêchent de jouir pleinement du désir d'hédonisme libertaire auquel il a toujours aspiré, et qui lui a permis d'entrevoir les énergies d'un royaume qui ne serait certes pas céleste, mais terrestre. Des nœuds familiaux d'abord, des nœuds sentimentaux, des nœuds existentiels, autant de facteurs qui ont alourdi cette ardeur de vivre dont Alger lui a donné pourtant la révélation. Comment opposer, sans provoquer ressentiment et rivalité ravageuse, sa nature méditerranéenne, par nature fervente et émerveillée, à celle de ses (faux) amis existentialistes, qui épient ses moindres interventions et ses paroles pour mieux l'abattre et le condamner ? Il n'est pas ignorant de la manière dont il est perçu à Paris, comme si son origine algéroise lui était reprochée, dans la mesure où il serait lui-même porteur du péché originel d'être un de ces fils d'émigrés qui, des décennies plus tôt, un siècle, ont quitté leur pays natal pour s'installer sur une terre qu'ils croyaient vierge et y fonder une colonie française.

« Je ne crois pas à Dieu mais je ne suis pas athée. » La phrase a de quoi interroger. Antithétique mais non moins recevable dans l'esprit de Camus car, oui, il pense depuis longtemps que la terre d'Algérie qu'il a connue est une terre d'innocence, première et donc de genèse ; inaugurale en ce sens qu'elle donne accès aux valeurs les plus essentielles à l'homme : la fidélité, la beauté, la générosité, l'admiration, la gratitude, la louange, la sincérité, la compassion, la consolation. Autant de termes qu'il a expérimentés depuis l'enfance. En ce sens, il n'est pas athée puisqu'il considère que ce que lui a donné l'Algérie dont il a tout appris, c'est la possibilité de rassembler tous ceux qui y vivent dans une même foi, celle du Vivant.

Cette ferveur qui lui tient à cœur est le don majeur que l'Algérie lui a fait. Il sait que, par elle, il peut avoir la chance de connaître la grandeur d'un royaume sur terre, que les dieux n'ont pas déserté mais qu'au contraire ils habitent pleinement.

A-t-il appris dès le 1er novembre ce qu'il s'est passé en Algérie ? Nul ne le sait, car les radios, quelles qu'elles soient, sont avares d'informations. Aucun mot sur les événements, aucune impression personnelle, aucune analyse sur la série d'attentats. Il ne peut pas ne pas savoir cependant, la presse française en a fait l'écho de manière certes relativement discrète, mais la « métropole », comme on dit depuis l'Algérie, n'a pas passé sous silence la gravité de cette journée meurtrière, ne serait-ce que par les prises de parole politiques et les rodomontades des députés tribuns à l'Assemblée. Camus, intimement, sait cependant que personne encore ne mesure le défi lancé par les rebelles. Là où l'exécutif croit que l'envoi de supplétifs suffira à mater l'envie de poursuivre le processus révolutionnaire, il pense au contraire que ce n'est là que le début d'un long chemin de croix qui pourrait bien déboucher sur l'abandon de l'Algérie. Il ne veut pas y croire pour l'instant, il a confiance dans les énergies puissantes d'une terre qu'il aime par-dessus tout et il ne peut imaginer que ses compatriotes français puissent être un jour chassés d'un pays qu'ils ont fait de leurs propres mains. Il ne peut de toute façon s'y résoudre : trop de souvenirs, trop d'images, trop de liens le rattachent à l'Algérie, mais il sait par ailleurs que la force des liens n'est pas éternelle, que des mondes et des civilisations dans l'histoire de l'humanité ont disparu, quand on les croyait invincibles, que certaines situations historiques peuvent surprendre comme des tremblements de terre, et tout détruire sur leur passage.

Mais ce 1er novembre, il ne veut pas encore être un athée. Il veut croire. Non pas à Dieu, mais à la pérennité de son royaume de naissance. Qui oserait le profaner plus longtemps ?

Ces deux dernières années ont été très éprouvantes pour lui.

Regain de sa maladie de jeunesse, celle qui lui a été révélée après une partie de football sur la plage des Sablettes à Alger en pleine adolescence. Il fait chaud après le match, les joueurs ont les pieds dans le sable froid. Soudain une nausée l'envahit, quelque chose qui remonte dans la gorge ; il se saisit de sa serviette-éponge pour vomir, puis regarde : la serviette est remplie de sang. Cette expérience de la maladie, violente et brutale, va conditionner dès lors toute sa vie. Il voudra la vivre plus pleinement. La terre d'enfance devient le lieu de sa ferveur : vivre le plus possible pour échapper à l'absurde de l'existence, se saisir de toutes les énergies, ici distribuées sans relâche, pour gagner du temps. Mais les éprouver dans leur plénitude, c'est encore en connaître la perte amère. Aimer, s'inonder de lumière et de soleil, se baigner, il n'ignore rien du programme de survie. Ni des dons de son pays. Mais toujours rivée au cœur, une insondable solitude.

Tant d'événements se sont passés depuis cette fin d'après-midi aux Sablettes : des amours vécues et passées, des émerveillements et des admirations, des épreuves de santé, la guerre, Hiroshima, les camps, le journalisme engagé, les premiers livres, les menaces sporadiques d'une guerre à venir sur sa terre de naissance, les difficultés de son couple, la tyrannie de l'œuvre à conduire et les chausse-trapes du métier d'écrivain, les tourments de sa vie sentimentale… Douleurs inévitables de l'âge d'homme. Comment les surmonter ?

Francine, l'épouse sororale, a sombré dans la dépression. Il a vu depuis des années déjà la lente avancée de sa souffrance intérieure, son enfermement progressif, sa solitude emmurée : il s'avoue même coupable. Son incandescente liaison avec Maria Casarès le relie à sa Méditerranée secrète, et en même temps le fait vivre dans le mensonge et le remords. Mais comment là aussi renoncer à l'évidence de cette passion ?

En 1953, tout s'est ligué contre lui. La maladie de Francine, sa nécessaire hospitalisation, l'énigme même de sa souffrance, son impuissance à l'apaiser, les basses eaux de l'écriture, les retombées de *L'Homme révolté*, les blessures de la rupture avec Sartre, les cicatrices profondes qu'elle a laissées en lui. Et ce fond de mélancolie, ce sentiment d'abandon, logés en lui depuis toujours, sans cesse ravivés.

Il y a cependant les enfants, Jean et Catherine, dont il se veut le plus proche possible, auxquels il essaie d'apporter comme il peut de l'équilibre et de l'amour, mais il le sait, vainement le plus souvent car lui-même est torturé, requis à mille et une activités qui parasitent l'avancée de l'œuvre et polluent sa paix intérieure. Le désir de se retirer du monde, quasi pascalien, s'est emparé de lui. Tout abandonner de la vie présente, partir sur d'autres terres vierges, inaugurer une autre histoire. Mais comment faire fi de sa famille, de ses enfants, de Francine, de ses lecteurs ? Mais par ailleurs comment vivre sans eux ?

La quête du père se poursuit ainsi à demi-mot, sur une carte labyrinthique où s'accrochent quelques souvenirs, quelques fragments de mémoire, quelques secrets incidemment trahis, quelques intuitions.

C'est donc éclairé par eux que Camus s'avance sur sa propre route. Elle est difficile et semée d'obstacles qui traversent sa vie, insolemment baignée du soleil d'Algérie. Mais il sait que sa terre natale est aussi terre de douleur, qu'elle est aussi lumineuse que ténébreuse, aussi douce que cruelle, aussi paisible que violente.

Le père absent veille sur sa route, il le sait, il n'est jamais très loin pour répondre aux questions que le fils se pose, pour légitimer contre tous ses positions.

Suivre son avis : « un homme, ça s'empêche… » Défier non pas les malheurs, mais le malheur. Celui des Grecs, tragique, insondable, mystérieux et fatal auquel il pense opposer peut-être quelques réponses.

Francine, les derniers événements en Algérie, voilà ce qui l'occupe en cette année 1954. Plus encore, qui le préoccupe, car ce qui se passe dans sa vie familiale comme dans son pays natal le sidère et l'empêche même d'agir. Médusé en effet par l'ampleur du drame, intime et collectif, incapable de pouvoir y répondre avec justesse. La quête du bonheur qui l'a toujours hanté, et dont il fait de l'Algérie la terre de prédilection, ne peut être contrariée ni freinée par ces entraves trop douloureuses pour lui et qu'il est cependant contraint de vivre.

Les attentats, il l'a bien compris, ne sont pas anecdotiques. Ils ne sont pas l'œuvre de militants isolés, mais le début d'une guerre totale qui va être livrée non seulement à la France, mais aussi à ceux dont il se sent proche parce que nés, comme lui, sur cette terre. C'est à eux, et à sa mère donc, qu'il pense au premier chef, et aussi à lui-même : comment se délivrer de cette appartenance ? Comment s'en délier ?

Il suit de près l'évolution des événements. Les maquisards se taisent. Leur silence est plus inquiétant encore que la fureur de leurs bombes. À Alger, les habitants se terrent chez eux ; plus que les Français de France, ils ont peur car ils connaissent la cruauté des mœurs arabes, dont les récits sont colportés depuis des décennies. Les images de décapitation se passent sous le manteau, ils découvrent ce que les Arabes appellent « le grand kabyle », cette gorge entièrement tranchée et qui fait bâiller la tête sur le côté. L'armée française a imprimé en toute hâte des tracts qui sont parachutés sur tous les douars de Kabylie pour les mettre en garde contre les rebelles :

> *« Des agitateurs, parmi lesquels des étrangers, ont provoqué dans notre pays des troubles sanglants et se sont installés dans votre région. Ils vivent sur vos propres ressources, ils vous rançonnent et s'efforcent d'entraîner les hommes de vos foyers dans une criminelle aventure. Musulmans ! Ne les suivez pas et ralliez immédiatement les zones de sécurité avec vos familles et vos biens. L'emplacement de ces zones de sécurité vous sera indiqué par les troupes françaises stationnées dans votre région et par les unités administratives de vos douars. Hommes qui vous êtes engagés sans réflexion, si vous n'avez aucun crime à vous reprocher, rejoignez immédiatement les zones de sécurité avec vos armes, et il ne vous sera fait aucun mal. Bientôt un malheur s'abattra sur la tête des rebelles. Après quoi régnera la paix française*[1]. »

Vains mots pour Camus, qui depuis ses reportages de 1939 dans *Alger républicain* sur la misère en Kabylie, a déjà prédit le « malheur » dont parle l'armée française. La Kabylie avec ses maquis et ses repaires reculés, inaccessibles pour les Européens, avec ses gorges étroites, ses défilés de pierre et ses grottes profondes, est l'arrière-poste évident, le lieu des caches et des labyrinthes où seront entreposées les armes et cachés les combattants. Une terre idéale pour les embuscades.

Cette misère rapportée dans les colonnes de son journal vingt ans auparavant, non traitée et même méprisée, va devenir le ferment de la révolte, le motif du ressentiment. Pourquoi les fellahs pauvres

1. Tract anonyme de l'armée de Terre.

et miséreux rejoindraient-ils en effet les zones françaises ? Pourquoi devraient-ils être chassés de leurs villages ? Peu répondent aux injonctions. Camus le sait et l'engrenage fatal qu'il voit se dessiner l'accable.

Le 1er novembre renvoie à ce qu'il écrivait, de façon prémonitoire, en 1939. Il se souvient de ces articles qu'il rédigea dans une sorte de fébrilité angoissée et aussi une lucidité tragique qui venaient se heurter aux pages de *Noces* qu'il avait écrites au même moment et qui sortiraient en librairie le 28 mai 1939 à Alger, à la librairie Les Vraies Richesses.

Il revoit avec mélancolie ces années algéroises alors qu'il n'a que 25 ans et qu'il ne sait pas encore comment s'organisera sa vie, si elle se passera à Alger. Il pense à sa formation sur le tas de journaliste, chroniqueur littéraire comme des plus ordinaires faits divers qu'il va dénicher lui-même dans les commissariats de la ville, capable d'adopter différents registres selon qu'il traite d'une « brève » saisie sur le vif ou bien d'un livre que son ami et ancien professeur, Jean Grenier, lui a conseillé de lire.

En 1954, à Francine, dont il est très amoureux, il n'hésite pas à écrire qu'il sait de quoi est composé le fond véritable de sa nature : cette indicible pesanteur qu'il ne parviendra jamais à chasser et qui obscurcit sa vision du bonheur dont il a perçu le secret, au point de penser qu'elle est constitutive du bonheur. Il voudrait aspirer à la joie de Giono qui est pour lui non seulement un maître du langage mais aussi un passeur de bonheur, un témoin de la beauté solaire et rayonnante, celle-là même qu'il a découverte à Tipasa. Il a programmé toute une œuvre dont il connaît l'ordre à paraître, et cela a même étonné Malraux, cette certitude dans la création, ce programme créatif qui a le sens précis d'atteindre justement, après la révélation amère de l'absurde et la nécessité de la révolte, l'amour, pur, plénier, ensoleillé. À Francine, n'a-t-il pas déjà déclaré, quinze ans auparavant, citant D.H. Lawrence : « Le monde attend un grand mouvement de générosité ou une grande vague de mort. » ? La vague est là. Si elle se retire, dit-il, « il faudra que chacun de nous dans son petit cercle fasse l'impossible pour que le mouvement naisse[2] ».

2. Lettre à Francine, 28 août 1939.

De l'automne 1938 à l'automne 1939, sous la houlette bienveillante du rédacteur en chef d'*Alger républicain*, Pascal Pia, il a écrit donc de très nombreux articles où se révèlent ses multiples talents de chroniqueur au ton sec, de polémiste à la pointe acérée, et de tendre admirateur de ce pays, de débonnaire habitant d'une ville aux contrastes singuliers, interviewant aussi bien des Algériens – qu'il n'hésite pas à aller voir dans la casbah, haut lieu musulman relativement infranchissable pour un Européen – que des instituteurs dans le bled. Il s'est fait aussi le photographe d'instantanés de la vie courante, cartes postales pittoresques des quartiers et des faubourgs populaires de la ville. Tout lui est bon pour se faire, d'une certaine manière, le mémorialiste d'Alger, d'autant que sa plume quelquefois sait verser dans le style des moralistes des XVIIe et XVIIIe siècles français, de La Bruyère à Saint-Simon.

Mais ce qu'il écrit alors à Francine révèle toujours l'ombre portée d'un temps à venir qu'il voit sombre et funeste. De même, la guerre d'Espagne lui fut une douleur de plus, lui, le descendant par sa mère d'une Espagne pauvre et laborieuse, devant subir la défaite des Républicains, l'avènement du régime franquiste. Par ailleurs, comment comprendre les inexplicables renoncements du peuple allemand se soumettant, aveuglément, au fanatisme d'un chancelier qui, méthodiquement, a déjà programmé son projet de mort ?

La lucidité de Camus est extrême et son acuité le fait souffrir. Elle est semblable à une lame qui le découpe. Il a bien observé que la situation des Arabes au printemps 1939 est tragique. Il a déjà découvert les conditions pénibles d'existence dans les quartiers déshérités d'Alger, et lui-même, enfant de pauvres, connaît la détresse dans laquelle ils peuvent vivre, à quoi s'ajoute sinon un apartheid officiel, du moins une discrimination évidente et choquante pour lui qui a adhéré au Parti communiste algérien et s'est ému des revendications de Messali Hadj, représentant nationaliste le plus crédible alors.

Aussi demanda-t-il à Pascal Pia la possibilité d'écrire un grand reportage, étalé sur plusieurs numéros, dont il est sûr qu'il fera grand bruit, entièrement consacré à la misère en Kabylie. Celui-ci accepta avec enthousiasme et Camus, qui connaît bien déjà le terrain, conçut un document qui sera considéré par les autorités françaises comme une véritable bombe.

Juin 1939, en Kabylie
Révélation de l'injustice

« C'est à nous de faire tomber les murs qui nous séparent[1] »

Pour lui, écrire *Misère de la Kabylie*[2] est du même ordre qu'avoir écrit *Noces*; bien plus, comme Tipasa inaugure son second recueil, le reportage s'ouvre sur le paysage grandiose de la Kabylie. La densité de bonheur et d'allégresse contenue dans le court essai qui inaugure ce premier ouvrage ne peut s'entendre que si tous ceux qui vivent dans ce pays et sont appelés à découvrir cet îlot de béatitude qu'est la petite cité antique peuvent le vivre dans une sérénité accomplie, sans ressentiment ni violence refoulée. Le sentiment de l'accord qui va lui apparaître si important ne peut exister que s'il y a justement accord entre une nature triomphante et glorieuse et un peuple qui jouit lui-même de la plénitude existentielle. Car la beauté et la plénitude intérieure ne peuvent qu'aller ensemble.

En homme de gauche, Camus a toujours analysé la situation de l'Algérie comme étant profondément injuste pour ceux qu'on appelle ici indifféremment « les Arabes » ou « les indigènes ». Il n'est pas ignorant de leur condition, le plus souvent inférieure à celle des plus pauvres Français, ni du mépris ou de l'indifférence généralisés à leur égard. Sans vouloir jouer au défenseur systématique de leur cause, il a tenté, par le biais du journal, de rectifier des situations

1. *Chroniques algériennes,* in *Misère de la Kabylie,* Folio/essais, p. 64.
2. Camus publiera les articles qui composent le reportage intitulé *Misère de la Kabylie,* du 5 au 15 juin 1939, dans *Alger républicain*, quotidien de tonalité socialiste et radicale.

qu'il trouvait insupportables et indignes de la condition humaine, particulièrement dans ses chroniques judiciaires où il met en cause la justice coloniale avec vigueur. Il aime pour cela se rendre dans les prétoires et observer le cours de la justice. Il impose alors dans la presse algéroise un autre type de journalisme qui est perçu par ceux qui le lisent soit comme un journalisme militant soit comme un nouveau mode d'expression où il fait entrer la morale universelle. Celle des droits de l'homme, non négociable dès lors que les droits fondamentaux de la personne sont atteints et piétinés. C'est pourquoi il ne s'est pas fait que des amis dans la société algéroise qui est plutôt conservatrice et peu disposée à élargir aux Arabes des libertés, fussent-elles élémentaires. Le maire d'Alger est ainsi la cible de toutes ses attaques : Camus le juge grossier, corrompu, « stupide » et démagogique, indigne de diriger une grande ville comme Alger. De surcroît, le petit peuple d'Alger, pourtant souvent sympathisant des communistes, demeure paradoxalement « colonialiste ». Il ne s'agit donc pas pour Camus de remettre en question cet ordre instauré depuis cent ans, fondé sur une ligne de crête qu'il estime dangereuse pour l'équilibre du pays, et dont personne encore ne connaît vraiment le tribut à payer. Car comment perdurer politiquement quand, sur une population totale de plus de 7 millions d'habitants, six sont musulmans et traités comme des citoyens de seconde zone ? Comment ce million d'Européens, une poignée donc, pourra tenir le pays plus longtemps si des mesures de justice ne sont prises ? N'est-ce pas déjà trop tard ? Comment sortir de ce dilemme auquel est soumise l'idée même de colonialisme : l'injustice crie de tous côtés, et pourtant la France soigne, nourrit, éduque, loge le peuple arabe ? Les droits élémentaires des futurs Algériens sont bafoués et pourtant nulle part l'on n'a signalé de comportements génocidaires, d'apartheid, de processus criminels institués sinon au temps de la conquête, comme semblent vouloir le propager aujourd'hui certains mouvements progressistes et jusqu'à Emmanuel Macron, l'imprudent et fougueux candidat à la présidence de la République, en 2017.

Ce questionnement accable Camus qui ne voit pas d'issue devant la dureté des réponses qu'on lui apporte ou, pire encore, devant l'indifférence. Pour réaliser ce reportage en Kabylie, il entreprend de visiter ces régions reculées que peu de Français ont franchies, derniers confins d'une colonisation laissés en l'état, à peine administrés. Ce que les Français d'Algérie appellent mystérieusement « l'intérieur » évoque à leurs yeux un monde à part, secret, ultime vestige d'un Orient menaçant et fantasmé. Lieu des caches et des étroits défilés, lieu de forêts profondes et inexplorées, lieu d'un autre monde où les habitants sont laissés à leur sort malheureux. C'est à la suite d'une famine qui s'est répandue sur tout le territoire kabyle que Camus écrit sa série d'articles qui envisagent l'état de cette région sur tous les points qui la constituent : l'habitat, l'environnement, l'artisanat, l'assistance tant administrative que religieuse, les salaires, l'enseignement, l'usure, toutes les carences qui ont conduit la population au dénuement, à la maladie, à la famine. Il y va avec cette fidélité rivée au cœur, acquise de longue date et surtout de haute lutte intérieure, de son enfance pauvre, et fort de ces valeurs que la misère lui a inculquées. Aussi, avec cette sincérité qu'il met en toutes choses, animé à la fois d'une grande sincérité et d'une lucidité absolues, pénètre-t-il dans le territoire obscur et inconnu des Arabes. Il éprouve quelque chose de fascinant et de troublant, qu'il attribue au mystère de l'origine. Car après tout, étant né sur cette terre, il est un Algérien lui aussi, et il tient plus que tout à ce mystère de l'appartenance.

Mais très vite, les articles qui paraissent à partir du 5 juin signent une nouvelle rupture avec laquelle il devra compter. Beaucoup de lecteurs Français d'Algérie contestent les positions exprimées. Désormais, il apparaît comme un traître à sa « race », comme ils disent, un de ceux qui attisent la haine, soulèvent les problèmes et provoquent le *statu quo* mis en place et célébré neuf années plus tôt pour le centenaire de l'Algérie française.

Il entend déjà les commentaires faciles, et même racistes :

« Celui-là, à force de prendre la défense des Arabes, il va nous amener la guerre ! Il faut se méfier de ce Camus, c'est un infiltré ! » Ce genre de ragots, il les entend depuis des années, mais Camus tient bon : « Si je voulais donner à cette enquête le sens qu'il faudrait qu'on lui reconnaisse, je dirais qu'elle n'essaie pas de dire : "Voyez ce que vous avez fait de la Kabylie", mais : "Voyez ce que vous n'avez pas fait de la Kabylie." »

Le premier article qui s'ouvre comme s'ouvre *Noces*, sur la splendeur sans pareille des paysages kabyles, livre en contrepoint ce qu'il appelle

« des spectacles odieux », ceux d'un dénuement désespéré. Ce qui frappe Camus, c'est à la fois la misère absolue et la fierté de ceux qui la vivent, non pas la fierté orgueilleuse et impudente des conquérants, mais celle des humbles qui se taisent et subissent leur malheur dans une dignité qui, dit-il, ne va pas le rendre fier de lui et de son pays. Sans effets littéraires, sans pathétique superflu, Camus livre un témoignage implacable. Il décrit, note, compte, n'oublie rien d'un regard, d'un sourire, d'un haillon, d'un pied entouré de chiffons en guise de chaussure, d'un visage buriné de sillons épais, d'une main usée, desséchée, polie et rougie par le henné. Des dialogues courts, incisifs, qui ébranlent à eux seuls le bien-fondé de la colonisation, qu'à cet instant de sa vie, Camus ne remet pourtant pas en cause.

Un matin, à l'aube, il arpente un douar. Un enfant kabyle en hardes dispute à des chiens le contenu d'une poubelle. Camus s'en émeut. Un Kabyle lui répond : « C'est tous les matins comme ça[3]. »

De petites scènes de l'ostracisme ordinaire scandent son séjour. Camus en est bouleversé. Il ne peut imaginer telle situation qu'il n'a pas perçue en vivant à Alger et en évoluant dans un milieu d'intellectuels, d'étudiants et d'artistes. S'est-il laissé emporter par le relatif confort que lui procurait son oncle Gustave Acault, boucher de profession et anarchiste libertaire, qui l'a pris en pension chez lui après l'apparition de ses premiers symptômes tuberculeux ? S'est-il laissé lui-même piéger par cette certaine facilité, par ses amours aléatoires, par l'euphorie des premières publications, par ses fréquentations littéraires, au point de n'avoir rien vu de la population arabe, invisible d'une certaine manière, fantômes déambulant dans la ville sans que quiconque se soucie vraiment de leur condition ? La casbah qui trône comme un poing éclatant de blancheur au milieu de la ville européenne n'est-elle pas déjà une menace en soi ? Et que s'y vit-il à l'intérieur de ces anciens palais maures débités en insalubres appartements où s'entassent des familles entières ? La casbah ne lui est apparue que dans sa perception pittoresque, voire touristique. Lieu des fantasmes, d'un Orient de pacotille, lieu des bordels et des cafés maures, où l'on joue sans discontinuité aux dominos, lieu des artisans ferblantiers.

---

3. Albert Camus, *Chroniques algériennes*, 1939-1958, Gallimard, Folio-Essais, 2003, p. 38.

Mais s'est-il déjà intéressé à la pauvreté qui y règne, à ces hordes d'enfants mal vêtus, dévalant les pentes de la cité arabe, non scolarisés, à ces femmes vêtues du traditionnel haïk blanc qui recouvre tout leur corps, masquées jusqu'à la moitié du visage par un petit triangle de voile blanc quelquefois ourlé de broderies sommaires ? Où vont-elles, au petit matin ? Quels travaux ménagers font-elles dans la ville française ? Qui emploie vraiment ces hommes qui se rendent aux docks, travailleurs anonymes ? Les a-t-il même surpris au port ou sur les quais, en train de regarder la mer, et quelles sont alors leurs pensées profondes ? Regardent-ils vers Marseille, ou bien l'horizon seulement, la ligne infinie de l'horizon, contre laquelle bute la mer ?

Et cette Kabylie où il se trouve à présent, ne se limite-t-elle qu'à ces quelques adresses touristiques où se rendent des voyageurs français, amateurs de folklore, abordant à peine le désert, et faisant halte dans les oasis de Biskra ? Qui y a séjourné ? Gide, Montherlant, sûrement, et des écrivains, mondains, venant méditer sur la solitude des déserts. Mais ont-ils vu la pauvreté que lui voit en ce moment même, brutale, crue, cruelle ? Ici, pas de figues ni d'huile pour la saison d'hiver, « un petit sac d'orge pour quinze jours pour une famille de cinq enfants ». Voilà tout. Parallèlement à la révélation de cette misère, reçue de plein fouet, Camus reçoit avec la même intensité la puissance d'un paysage qui le suffoque. La grandeur du monde qu'il a chantée dans *Noces* lui apparaît soudain irrecevable face au malheur humain. Que des êtres humains vivent dans un tel dénuement au cœur même d'une nature « grandiose » lui semble un scandale spirituel. Cette pauvreté endémique est la plus grande leçon qu'il retire de son reportage : elle pose à ses yeux « comme un interdit sur la beauté du monde ».

La corruption et l'usure sévissent partout, les articles marquent une sorte de crescendo dans « l'incroyable » ; la disette voit de vieilles femmes glaner du bois et des glands au bord des forêts, les enfants, désœuvrés, quand représentants locaux et indigènes réclament vainement des écoles pour leurs fils et aussi leurs filles, arpentent les champs pour trouver des racines, des tubéreuses, que leurs mères font cuire le soir, au risque de les empoisonner.

La rigueur des hivers accable la population et la neige, très présente et durable, accroît la détresse.

La langue de Camus s'exerce et s'aiguise à ces constats tragiques : c'est là, sur le terrain, qu'il acclimate sa prose qui deviendra célèbre, celle d'une colère froide et sans apparente émotion que *L'Étranger* va révéler, quelques années plus tard[4]. Comme s'il avait dû abandonner le lyrisme de *Noces*, pour se rendre à l'évidence du malheur de ses frères algériens. Changer d'armes en quelque sorte, en trouver de plus acérées, de plus fines, qui puissent réveiller les consciences.

Le reportage que Camus entend rapporter est à lire dans sa continuité quotidienne, une manière de ne pas lâcher son lecteur, de l'embarquer non seulement sur des terres lointaines et somptueuses, mais dans l'intime de ses habitants, dont il est forcé d'admettre qu'ils ont trois siècles de retard sur le monde moderne. De l'observation ethnologique, son analyse bascule ainsi vers la condamnation politique.

En 1939, il s'est révélé déjà plein de compassion pour la population indigène laissée pour compte, son passage au parti communiste n'a pas été sans écho dans la dénonciation du colonialisme et de ses méfaits que le Parti épingle systématiquement. Le chômage des Arabes, la scolarisation partielle[5], le mépris surtout qui triomphe à leur encontre de la part de toutes les classes sociales : « petits Blancs » comme grande bourgeoisie algéroise, propriétaires terriens qui ont spolié les terres des Algériens sédentaires et les ont rassemblées en de vastes et fructueux domaines où ces mêmes indigènes sont devenus des travailleurs surexploités. Toute cette politique d'indifférence et d'abandon ne peut mener, prévient Camus, qu'à une guerre civile. Son inquiétude se résume à cette seule affirmation : « Si la conquête coloniale pouvait jamais trouver une excuse, c'est dans la mesure où elle aide les peuples conquis à garder leur personnalité[6]. » Y contrevenir, c'est déjà la certitude de la défiance qui entraîne le ressentiment et conduit à la révolte. Chaque article s'achève sur

4. Parution de *L'Étranger* en 1942 chez Gallimard.
5. Souvent celle-ci se heurte à l'hostilité des familles qui ne souhaitent pas ce type d'éducation…
6. *Chroniques algériennes*, *op.cit.*, p. 89.

une réflexion de type politique, dans laquelle Camus n'hésite pas à proclamer son indignation d'abord devant ce qu'il a vu (invitant ceux qui ne le croiraient pas à se rendre sur place), puis à poser les limites de la colonisation. À cette époque, et il ne conteste pourtant pas la légitimité de la colonisation, à condition, écrit-il, que celle-ci respecte la dignité de tous ceux qu'elle abrite. Sans discrimination, sans ghettoïsation, sans mépris surtout. Que les enfants, par exemple, soient « réduits à la nourriture des bêtes » lui apparaît scandaleux et indigne de la République française. Il demande donc à l'administration coloniale de revoir ses principes et d'affirmer des règles de justice et d'équité. Il termine ce qu'il appelle son « enquête » par une photo où un colon et un Arabe se sourient dans une sorte de fraternité prometteuse : c'est ce qu'il appelle « L'expérience d'une main sincèrement tendue... Mais c'est à nous de faire tomber les murs qui nous séparent. »

Toutes les problématiques camusiennes sont déjà en place. « Ceci est écrit [...] pour des hommes »... « Que la Kabylie retrouve (ainsi) le chemin de la vie », ponctue-t-il dans la conclusion sans appel de son reportage. Les deux grands thèmes de sa pensée, déjà en 1939, sont sans équivoque : « Travailler et contempler[7]. »

Jamais la faculté d'admirer et de contempler n'est absente de sa philosophie de vie. Les évocations poétiques du paysage kabyle d'ailleurs ne manquent pas dans le reportage. Au contraire, elles encadrent la description cruelle de la condition des Kabyles. Et c'est ce contraste brutal entre l'écrin du paysage admirable et la vie misérable de ceux qui l'occupent, qui offusquent Camus et le révoltent.

L'alarme est donc à cette époque déjà proférée par un journaliste d'*Alger républicain*, considéré comme progressiste et même libertaire. Camus s'y présente comme un lanceur d'alerte. Il avertit l'administration, n'hésite pas à l'interpeller, à l'avertir des conséquences tragiques qui pourraient découler d'un *statu quo*, dont, depuis trop longtemps déjà, elle s'est contentée. La Kabylie, à ses yeux, véritable vivier d'intelligences et de spiritualité, de sagesse et d'humanité, ne peut être abandonnée dans l'indifférence générale. La gloire de

7. *Ibid.*, p. 89.

la colonisation serait de prendre en charge la Kabylie pour rendre son peuple à sa « grandeur profonde ». Faute de considérer ce défi comme essentiel à l'avenir de l'Algérie, il se pourrait que la région, solitaire et méconnue, ne devienne le creuset de troupes désespérées, donc prêtes à tout, et le lieu d'accueil d'une révolution sanglante qui pourrait conduire pour les Français à l'abandon du pays.

L'enjeu est prononcé. Mais l'année 1939 est celle d'autres inquiétudes, et, trois mois plus tard, l'Europe va s'embraser. La Kabylie est reléguée à son obscurité et à sa misère. À son anonymat. Camus observe que les retombées de son reportage sont presque nulles. Il apprend à taire sa colère et à méditer en silence.

La nature algérienne, encore une fois, le sauve, d'une certaine manière, de sa détresse intérieure.

1953-1954, un foyer de douleur

Cette détresse secrète qui est logée au cœur de son intériorité délivre une biographie chaotique et inattendue. L'Algérie est la plaie ouverte de Camus, rien ne la cicatrise ni ne l'allège, elle le rappelle au contraire à elle chaque jour, mais sa nature, secrète et pudique, ne peut en témoigner au même rythme qu'elle le sollicite. Ainsi les années 1953-1954 – qui précèdent « la Toussaint rouge » –, durant lesquelles il tient une sorte de journal quotidien, ne reflètent-elles pas, du moins en apparence, l'inquiétude latente qui sourd au sujet de l'Algérie, de la montée de la révolte. D'autres préoccupations et occupations le retiennent : la famille, la santé de Francine, les voyages, la passion pour Maria Casarès, les menus travaux autour de l'édition, la correspondance avec ses amis, de Louis Guilloux à René Char, de Jean Sénac à Pierre Berger, des commentaires sur ses lectures, son travail de dramaturge et de metteur en scène, et surtout l'écriture, la crainte de ne pouvoir accomplir l'œuvre envisagée, le début de la rédaction du *Premier Homme*, qui le talonne et le taraude depuis longtemps déjà.

L'Algérie semble ne pas y apparaître comme un élément primordial ou de toute première urgence. Il ne commente aucun des indices qui pourtant émaillent en ces mois la vie quotidienne à Alger ou « dans l'intérieur », comme si son pays natal était un territoire énigmatique et secret qu'il ne faudrait pas trahir par l'analyse ou le commentaire.

Au milieu de ces bribes du quotidien qu'il note dans ses *Carnets*, l'Algérie surgit, très rarement, mais toujours sur le mode de l'admiration ou de la beauté. Le projet du *Premier Homme* prend forme lentement, soit en phrases ou notes lapidaires, comme des indications pour un développement futur, soit en phrases déjà élaborées, comme le fruit d'un processus narratif indiscutable : ainsi l'arrivée de ses ancêtres en Algérie qui installent leurs racines sur une terre désormais bien à eux, non négociable. Camus en est fier et se revendique par là même de cette filiation originelle. « C'était toujours ainsi, écrit-il, sur cette terre, où, il y a cinquante, soixante-dix ans, des hommes et des femmes étaient venus, avaient labouré, creusé des sillons de plus en plus profonds ou au contraire de plus en plus tremblés, jusqu'à ce qu'une terre légère les recouvre et ils avaient procréé puis disparu. Et ainsi de leurs fils. Et les fils de ceux-ci s'étaient trouvés sur cette terre, sans passé, sans morale, nus et heureux de l'être, et tout était à refaire tous les jours[1]. »

Camus imagine ainsi l'Algérie. Sans passé et sans morale. Une terre à prendre, offerte, donnée aux premiers colons qui s'y aventuraient, et qui l'auraient magnifiée. D'une histoire de conquête, Camus fait donc un récit mythologique qui n'a pas de prise sur l'histoire. Écrivant ce récit ou cette légende à laquelle il fait participer ses ancêtres, il s'inscrit lui-même dans ce processus colonial, voire dans cette fiction nationale, auxquels il ne trouve, en cette année 1953 où il écrit ce texte, aucune objection particulière. Plus loin, toujours dans les *Carnets* de ces années 1953-54, l'Algérie réapparaît incidemment, lorsque le parfum du chèvrefeuille embaume la ville : « Son odeur est liée pour moi à Alger, note-t-il entre le 26 octobre et le 1er novembre 1954 : elle flottait dans les rues qui montaient vers les beaux jardins où des jeunes filles nous attendaient. Vignes, jeunesse[2]... » Plus loin encore, à la date du 3 décembre 1954, alors qu'il se promène avec délice dans les jardins de la villa Borghèse à Rome : « La lumière des matins d'Algérie qui coule entre les fines aiguilles de pin et les découpe une à une[3]. » Le 9 du même mois, toujours en voyage en Italie, visitant Naples, même réminiscence : « Au matin à Tipasa, la rosée sur les ruines. La plus jeune fraîcheur du monde sur ce qu'il y a de plus ancien. C'est là ma foi et selon moi le principe de l'art et de la vie[4]. »

1. Albert Camus, *Carnets III, mars 1951-décembre 1955*, folio Gallimard, p. 116.
2. *Ibid.*, p. 149.
3. *Ibid.*, p. 161.
4. *Ibid.*, p. 169.

L'Algérie revient à lui au tout début des événements sur le mode nostalgique et sensoriel, comme s'il attribuait aux forces de la nature et aux énergies neuves de ce pays la capacité de pouvoir surmonter les épreuves, fussent-elles du terrorisme. Croit-il à ce moment-là à une guerre d'indépendance légitime et victorieuse dans son essence même ? Ou bien pense-t-il à des foyers terroristes que l'administration locale et nationale saura mater ?

Mais ce qui domine, ces années-là, c'est une suractivité qui est si grande, si disproportionnée par rapport à ses forces, que quelquefois, il réclame une pause pour son esprit et son corps. « La vie continue, et moi, certains matins, lassé du bruit, découragé devant l'œuvre interminable à poursuivre, malade de cette folie du monde [...], je n'ai que l'envie de m'asseoir et d'attendre que le soir arrive[5]. »

L'Algérie qui se soulèverait officiellement est pour lui une charge insurmontable, quel qu'en soit l'enjeu. Il a suffisamment célébré la fierté du monde arabe (« Permettre à l'une des populations les plus fières et les plus humaines en ce monde de rester fidèle à elle-même et à son destin », écrivait-il en 1939 dans la conclusion à son reportage en Kabylie[6]), pour ne pas imaginer que les attentats de novembre soient sporadiques et passagers. La manière dont il élude le problème et n'en fait pas état publiquement révèle le désarroi dans lequel il se trouve. Mais à bien reconstituer de plus près ses faits et gestes durant les années 1953-54, il est remarquable de constater qu'Alger, l'Algérie sont infiniment présentes. Le 7 janvier 1953, il est à Alger. Le 9 février, Maria Casarès est dans sa ville natale. Le 2 mars, il écrit à Jean Sénac, le poète algérois ; les 3 et 5, de nouveau, il écrit à Sénac, pour une version de *Retour à Tipasa* qu'il veut donner à son ami pour sa revue *Terrasses*, texte qu'il reprendra pour l'insérer dans *L'Été* ; le 3 du même mois, il déjeune avec Jules Roy, Français d'Algérie comme lui, et Gabriel Audisio, qui vécut longtemps en Algérie. Le 15 avril, il donne à une revue pied-noir (le mot est utilisé par Camus), *Le RUA*, un texte intitulé *La Belle Époque*[7], dans lequel il se souvient avec une émotion non dissimulée des riches

5. *Ibid.*, p. 87.
6. Albert CAMUS, *Chroniques algériennes*, *op. cit.*, p. 90.
7. Article d'une page environ publié dans *Le RUA*, dans lequel il évoque ses camarades de jeu.

heures de ces années d'adolescence où, alors qu'il était gardien de but de l'équipe junior, avec Pastèque, Boufarik, Raymond et tous les autres joueurs, il partageait des victoires et des défaites inoubliables. Le 19 juillet, il publie une lettre de protestation dans *Le Monde*, adressée à son directeur, dans laquelle il condamne les violences policières, qui ont conduit à la mort de sept Algériens au cours d'une manifestation à Paris en faveur de Messali Hadj. En effet, cinq jours plus tôt, pour la fête nationale française, le PCF et la CGT ont organisé une manifestation à laquelle s'est associé le Mouvement pour le triomphe des libertés démocratiques, le MTLD, dirigé par Messali Hadj. Défilant en queue de cortège, les quelques milliers d'Algériens ont pour mot d'ordre la lutte contre le racisme et la répression colonialiste. La dislocation du cortège en fin de manifestation fut chaotique et, selon le communiqué du Mouvement algérien, « il s'ensuivit une petite bousculade et l'on vit alors les policiers se regrouper brusquement sur un ordre, sortir leurs armes et se mettre à tirer sur les Algériens ». La tragédie provoqua de vives inquiétudes dans les mouvements d'extrême gauche et libertaires, mais fut rapidement étouffée par le reste de la presse et des partis politiques. Jean Sénac qui, dès 1950, écrivait d'Oran : « L'Algérie reste une de ces terres tragiques où la justice attend son accomplissement[8] », déplora ce qu'il nomma aussitôt un assassinat et écrivit un poème à la mémoire des victimes :

Ô Paris comme tu es triste
Le sang cacté couvre la Seine
Paris de la Beauté de la justice de la peine
Comme tu es triste et sévère pour les exilés !

Le 29 juillet, Camus met toutefois en garde Sénac en écrivant au verso d'une carte postale adressée depuis Lacanau ce prudent et fraternel avertissement : « Ne pensez pas aux maquis. Il est plus facile d'y rêver que d'y revenir… » ! Suivent cette même année des lettres adressées à Jean Daniel, son compatriote algérois, de nouveau à Jean Sénac, dont la jeunesse fougueuse et l'engagement dans ce

8. In Jean Sénac, *Lettre d'un jeune poète algérien*, 1950.

qui n'est encore qu'un hypothétique combat pour l'indépendance algérienne l'émeuvent : lettres qui prouvent son intérêt pour l'évolution politique de l'Algérie sans pour autant que cet intérêt supplante complètement ses autres centres d'occupation liés au théâtre : ses propres adaptations, *La Dévotion à la Croix* de Calderon, *Les Esprits* de Pierre de Larivey, le Festival d'Angers dont il est le principal organisateur, ses échanges avec Jean Vilar, Maria Casarès, la vie parisienne : Anouilh, Ugo Betti, la reprise des *Justes* le 25 octobre, créé en 1949, Giraudoux (*Pour Lucrèce*), l'hommage à Béatrix Dussane à la Comédie-Française.

Pourtant, rien ne le détourne de sa lassitude existentielle : ne se plaignait-il pas déjà de sa solitude, originelle et foncière, à Maria Casarès, le 3 novembre de l'année 1953, en lui confiant : « Je n'aime pas dire que je suis seul et pourtant, en tant qu'écrivain, je n'ai jamais mieux senti ma solitude » ? René Char, l'ami intime, celui en lequel il a toujours voulu voir un frère, un jumeau même, occupe beaucoup cette solitude. Il lui écrit très régulièrement pour se confier à lui, rarement jamais toutefois, pour lui parler de l'Algérie et des menaces qui pèsent sur elle. Avec Char, c'est un échange d'une autre tonalité, où la poésie et la nature même de la poésie sont en jeu. Le recueil poétique *La Postérité du soleil*, cosigné avec Char et illustré des photographies d'Henriette Grindat, est quasi achevé mais traîne déjà en longueur et son édition n'est pas encore prévue. En revanche, *Lettera amorosa* de Char est publié et Camus en est émerveillé. La dédicace du poète est éloquente : « À Albert, mon frère et mon ami le plus cher. »

La veille de Noël 1953, Camus part avec son fils Jean pour Oran retrouver Francine en villégiature chez ses parents. Les nouvelles ne sont pas bonnes, ni les retrouvailles : « État alarmant », « État Francine grave ». Camus alerte ses amis, Jean Grenier, Maria Casarès, le couple Polge, René Char et leur confie son désarroi et son désespoir. Le 1er janvier, la NRF publie un texte en prose : *La Mer au plus près. Journal de bord.* Il y est question de la méthodologie même de Camus pour retenir le monde, le rassembler dans un écrit. L'expérience de l'exil s'avoue dans une prose à peine maîtrisée pour ne pas laisser couler l'émotion. « J'ai grandi dans la mer et la pauvreté m'a été fastueuse, puis j'ai perdu la mer, tous les luxes alors m'ont paru gris, la misère intolérable. Depuis, j'attends[9]. » L'Algérie n'est pas loin quoique Camus évoque un voyage sur l'océan Atlantique, sa terre natale étant liée indissolublement à la mer. En février 1954, il publie *L'Été,* dont les différents textes qui le composent – *Le Minotaure*, *Les Amandiers*, *Petit guide des villes sans passé*, *Retour à Tipasa* – sont autant de célébrations de sa terre natale d'où est exclue toute polémique ou débat politique. Ce qu'il chante, c'est la force et l'énergie d'une terre dont les habitants sont unis par le même amour de la vie, par le même désir de bonheur que le soleil, la mer, les parfums et les femmes donnent en abondance. La beauté y règne, en souveraine. Elle s'est glissée dans la peau de ces hommes et de ces femmes qui arpentent les villes : « Les Arabes naturellement, et puis les autres. Les Français d'Algérie sont une race bâtarde, faite de mélanges imprévus. Espagnols et Alsaciens, Italiens, Maltais, Juifs, Grecs enfin s'y sont rencontrés. Ces croisements ont donné, comme en Amérique, d'heureux résultats[10]. » Mais si la vie métropolitaine, comme il dit, l'occupe toujours autant (courriers multiples à l'adresse d'éditeurs, d'écrivains, d'artistes en vue de projets éditoriaux ou de spectacles, d'amis, interviews, séjours chez les Gallimard en Eure-et-Loir), il est déchiré par des préoccupations bien plus intimes : en mars 1953, Francine a tenté, selon Camus, de se suicider en se jetant par la fenêtre de la clinique où elle est soignée. La détresse de sa femme le bouleverse : « J'ai peur du pire, écrit-il à Mamaine Koestler, en tout cas si cela arrivait, je serais désespéré. » Le tourbillon de la vie parisienne cependant ne desserre pas son étau, il y répond consciencieusement, mais comme s'il avait perdu cette foi qui l'a porté jusqu'ici. Sa fameuse « sensibilité méditerranéenne », qualifiée ainsi par Sartre, lui a apporté une force intérieure qui lui a permis de dépasser les malheurs, mais il sent que quelque chose lui échappe. L'Algérie, toujours présente, se rappelle d'une manière ou d'une autre toujours à lui. Pas seulement elle, mais tout ce qui a trait au colonialisme, Diên Biên Phu, l'amnistie demandée pour sept condamnés à mort tunisiens accusés du meurtre de trois policiers à Moknine, le 22 janvier 1952. Il y répond, se démène pour

9. Albert Camus, *Noces, L'Été*, Gallimard, coll. « Soleil », 1959, p. 277.
10. *Noces* suivies de *L'Été*, *op.cit.*, p. 207.

obtenir du président Coty la grâce des assassins, enrage en déplorant la chute catastrophique de Diên Biên Phu : « Les politiciens de droite ont placé des malheureux dans une situation indéfendable, et, pendant le même temps, les hommes de la gauche leur tiraient dans le dos. » C'est toujours dans ce va-et-vient pathétique qu'il se situe, en témoin lucide d'un monde qui se détruit, solidaire des humbles et des vaincus, et impuissant à desserrer l'étau des violences et les engrenages tragiques. Comment, dans ces conditions, avoir l'esprit libre pour admirer, jouir du bonheur, sentir son cœur délivré de toute entrave pour aimer, comment s'intéresser à ces travaux annexes qu'on lui demande ? Sans cesse sollicité, il respire un peu de n'avoir pas à écrire les dialogues de *La Princesse de Clèves* que le cinéaste Robert Bresson lui a demandés, trop agacé par les exigences de « ce fou maniaque », comme il le dit. L'Algérie, Francine, la culpabilité d'aimer toujours passionnément Maria Casarès, de puiser à sa lumière, tout semble en ces mois difficiles sombrer dans la nuit.

Pour l'achever, l'Algérie est victime d'un séisme de très grande amplitude, qui détruit la petite cité d'Orléansville et ses environs. Les dégâts sont considérables et émeuvent tout le pays. La France est très touchée et envoie des sauvetages, des dons, accueille des victimes. Mais encore une fois, ce sont les habitants des faubourgs qui sont le plus touchés, les pauvres, les Arabes, les « petits Blancs » comme on les appelle en métropole : 1 500 morts, 35 000 gourbis détruits, 18 000 maisons effondrées... La première secousse a lieu le 9 septembre, une réplique tout aussi meurtrière a lieu le 16. La ville n'est plus que ruines. Partout, des scènes de détresse. Camus se sent concerné dès que l'Algérie est touchée, il s'en émeut et est traversé par les grands souffles de la solidarité et de la compassion. Mais son cœur est navré de douleur. Ce qu'il a noté dans ses *Carnets*, depuis l'été, sans autre commentaire est récurrent : « Après-midi perdue », le 17 août ; « N'en sortirai pas. Suicide », le lendemain ; « Journée morte », le 20 ; « Journée morte », le 21 ; « Journées mortes », les 23 et 24 du même mois. La tonalité générale est sombre et rejoint le mélancolique voyage d'octobre qu'il va effectuer à Rotterdam et à Amsterdam. Il se reconnaît dans les yeux voilés d'exil des personnages de Rembrandt, erre avec mélancolie dans les ruelles et entre le lacis des canaux : « Hollande, douce Hollande, où l'on apprend la patience à mourir[11] », s'exclame-t-il lyriquement le 6 octobre. Au milieu des dix mots qu'il préfère – le monde, la douleur, la terre, la mère, le désert, l'honneur, la misère, l'été, la mer – s'est glissée la douleur… Pour signifier ce qui l'étreint et parasite le bonheur, les splendeurs de Tipasa, la gloire des étés sur le littoral algérois, cet état étranger et lourd de la douleur. La misère, qu'il a citée aussi, n'est pas un malheur car elle n'oblitère pas de goûter aux vraies richesses que sont l'été et la mer, la beauté du monde et la tendresse secrète des mères. Il aurait pu ajouter aussi l'amitié, car celle qu'il entretient avec René Char, précisément dans ces années 1950, est d'une fécondité extrême et lui apporte le sentiment d'une fraternité jamais égalée. Dans la correspondance avec le poète de L'Isle-sur-la Sorgue, il n'évoque guère l'Algérie, par pudeur ou par discrétion, comme si ce sujet devait rester complètement intériorisé, comme si la douleur, trop forte, ne pouvait être vraiment communicable. C'est sur un autre registre qu'il va fonder son amitié avec Char, celui de la poésie qui lui permettra peut-être de s'évader. Mais toutes ses pensées convergent vers le foyer de douleur qu'est l'Algérie ; elle réverbère quoi qu'il dise ou pense, elle est une plaie qui ne se fermera jamais. Ce qu'il a écrit sept ans plus tôt dans son *Petit guide pour des villes sans passé* qui intégrera *L'Été* plus tard, vaut sacrement : « J'ai ainsi avec l'Algérie une longue liaison qui sans doute n'en finira jamais, et qui m'empêche d'être tout à fait clairvoyant à son égard[12]. » A-t-il déjà pressenti les événements de « la Toussaint rouge » lorsqu'il envoie un message au Comité pour l'amnistie aux condamnés politiques d'outre-mer afin de dénoncer les ambiguïtés du colonialisme tenant « de la main gauche la déclaration des droits de l'homme et de la main droite le gourdin de la répression » ? Il enfonce encore le clou en déclarant en juillet : « L'heure n'est plus aux discours sur la fraternité, mais aux actes positifs. L'action pour l'amnistie en est un, à condition qu'elle ne fasse pas silence sur le terrorisme et qu'elle en explique au contraire les origines tout en en condamnant les conséquences. Sauver des vies et des libertés du côté arabe revient à épargner des vies du côté français, et à arrêter, par

11. *Cahier VIII*, *op.cit.*, p. 147.
12. In *L'Été*, *op. cit.*, p. 206.

le seul moyen qui nous est offert, la surenchère dégoûtante entre les crimes[13]. » Prémonition des meurtres de novembre auxquels vont répondre les « ratonnades » des milices civiles autoproclamées… Camus lui-même se fustige en évoquant son absence de clairvoyance en ce qui concerne son analyse du drame algérien. De fait, on le juge trop impliqué dans ce conflit, trop affectif aussi et trop sensible. Il se donne des armes qui se retournent contre lui, sachant qu'il ne craint pas « d'appuyer sur cette corde intérieure » dont il connaît « le chant aveugle et grave[14] ». Mais avec ces armes, justement, dont il sait qu'elles ont été forgées au sceau d'une « patrie » dont les valeurs sont la générosité et l'hospitalité, il veut tenter de sauver ce qui peut l'être encore.

13. In message au Comité pour l'amnistie aux condamnés politiques d'outre-mer.
14. In *L'Été, op.cit.*, p. 212.

Les racines profondes d'un dilemme existentiel

L'icône Tipasa : « À Tipasa, je vois équivaut à je crois[1] »

Il sait que la guerre est inévitable même si les protagonistes du drame n'en sont pas encore sûrs ou, comme les Français d'Algérie, ont tout compris dans leur for intérieur, mais par bravade ou superstition feignent de ne pas y croire. Mais pour Camus, la machine tragique s'est emballée et rien ne pourra l'arrêter. « Ce n'est pas faute, dit-il à qui veut l'entendre, d'avoir prévenu des erreurs fondamentales que la colonisation a commises. Justice et dignité ont été bafouées et c'est maintenant un peuple frère qui va se soulever et balayer ce qui pouvait être une Arcadie moderne. » Tel est le constat de Camus en cette fin d'année 1954 : déprimé et abattu par les circonstances, il garde cependant, encore rivée au cœur, l'énergie méditerranéenne qui peut sauver la situation. Cet appel à une énergie rédemptrice, il l'a toujours proféré parce qu'il en connaît la puissance et les pouvoirs. « Si je veux écrire sur les hommes, comment m'écarter du paysage ? Et si le ciel ou la lumière m'attire, oublierai-je les yeux ou la voix de ceux que j'aime[2] ? » Du paysage réduit de la rue de Lyon, de ce balcon étroit, il a fait un belvédère qui donne sur le firmament, affirmant que toutes les richesses du monde lui sont offertes depuis cet endroit. Son entier lexique lui est ainsi délivré depuis l'humble appartement du quartier de Belcourt, dont le seul nom est synonyme de pauvreté et de « basse classe », comme l'on

1. Albert Camus, *Noces*, Gallimard, coll. « Soleil ».
2. Note du 13 février 1936, in *Carnet I, mai 1935-février 1942*, Gallimard, 1962.

dit dans les beaux quartiers d'Alger. Un lexique et les valeurs qui y sont attachées, le partage, le don, l'émerveillement, l'admiration, l'accession au sacré du monde. L'Algérie, dès l'enfance, est donc pour Camus un territoire unique et souverain. Ce n'est pas seulement un pays, une terre de naissance, mais un empire, celui du soleil, de sa lumière triomphante et de la mer. Il en a l'intuition, encore enfant, et la certitude, entrant dans l'âge d'homme, lorsque lui sera donnée, comme une grâce, la découverte de Tipasa, la cité antique romaine dont il fera l'expérience sacrale. Dire que Tipasa est la référence absolue de ce pour quoi il se battra n'est pas excessif ni grandiloquent. Tipasa, reflet du Royaume, n'est pas négociable. Au nom de Tipasa, Camus ose défier en quelque sorte Sartre et ses amis et toute une intelligentsia qui ne pourront comprendre ses propres réticences à s'engager auprès d'eux. Visitant Tipasa régulièrement, Camus y trouve toute l'argumentation de son combat et son enjeu. Tipasa comme symbole de sa lutte, signe d'un équilibre « à mi-distance de la lumière et du soleil », lieu même de la mesure entre la nature, l'individu et le temps, entre l'homme et l'éternité.

C'est assez tôt dans sa jeunesse. Camus entame ses études de philosophie à l'université d'Alger. Un monde nouveau se présente à lui, éloigné de son milieu. Il s'en est déjà émancipé depuis l'adolescence qui l'a vu rejoindre son oncle et sa tante Acault, qui tiennent une boucherie renommée dans le centre d'Alger, en contrebas de la rue Michelet, la plus célèbre et la plus bourgeoise artère de la ville. Gustave y a grande renommée, et débite de la viande en déclamant des vers de Baudelaire ! Haut en couleur et pittoresque, l'anarchiste n'a pas d'enfant et Albert est le fils qu'il n'a pas eu. Il le gâte et l'aime avec d'autant plus d'affection qu'il le sait gravement malade, de cette tuberculose qui est encore une maladie sournoise et mal maîtrisée, quelquefois mortelle. Tout ce que son neveu désire est exaucé. Livres, vêtements, confort, bonne chère, argent de poche : au risque même qu'il ne devienne un peu snob et oublieux, un temps, de son enfance miséreuse[3]. Ses succès féminins lui donnent de l'aplomb et ses ambitions littéraires et philosophiques une réelle autorité auprès

3. N'aura-t-il pas honte de sa famille, s'inventant un temps une mère absente, vivant à Oran, loin de lui, pour éviter de répondre aux questions de ses camarades ?

de ses amis. Avec eux, il décide un jour de se rendre à Tipasa, ville antique laissée plus ou moins à l'abandon en ce début des années 1930, située à quelque 60 kilomètres d'Alger. L'excursion en car est prometteuse et quelques rares touristes l'accomplissent régulièrement. Tipasa n'est pas très fréquentée, et la plupart des Algérois ne l'auront jamais visitée, *a fortiori* les Algériens pour qui les ruines d'un passé révolu sont négligeables, d'autant plus que ce passé est encore une trace d'un autre colonialisme, d'un envahissement étranger dans lequel ils ne se reconnaissent guère.

Ce matin-là, le ciel est vaste et de ce bleu particulier, spécifique à cette terre. Cru et voilé en même temps, poudré d'or le plus souvent. De sorte que la clarté qui en émane est d'une tendresse et d'une douceur bouleversantes. Le car s'engage sur une route parallèle à celle du littoral. On n'est pas tout à fait « dans l'intérieur », mais à l'orée d'un territoire qui n'est pas très connu des Européens, peu visité, comme si ces terres étaient laissées aux indigènes. Mal entretenue, la route est parsemée de cailloux, et le car soulève de la poussière. Il faut une heure et demie pour rejoindre Tipasa. À l'entrée de la cité antique, Camus et ses amis se dégourdissent les jambes sur le terrain désigné pour les cars de tourisme. Ils fument une cigarette, Camus goûte la lumière et s'en désaltère. Il a depuis longtemps expérimenté cette nourriture terrestre dont parle Gide, cette impression de bonheur intense, inexplicable vraiment, immédiatement ressentie. Ce sentiment d'être en accord total avec la nature, avec tout ce qui l'entoure, d'avoir rejoint un point d'équilibre. Il n'en fait pas état auprès de ses amis, qui eux aussi éprouvent intensément cette sorte de jouissance intérieure. Par une forme de pudeur secrète, personne n'en parle, mais tous communient dans la même sensation. Le temps, dit Camus, n'a plus de prise, il suspend en effet, comme dit le poète romantique, son vol. Mais en même temps, il ne sidère pas celui qui reçoit cette impression. Il suscite au contraire un désir de partage, indicible.

Le petit groupe d'amis s'engage sur la voie principale de Tipasa. Voie royale, large, pavée de dalles régulières mais érodées par le temps et bordée de tamarins au feuillage alangui qui se courbent vers le sol : elle mène à la mer sur le rivage de laquelle tombe, comme un lion fatigué, le mont Chenoua. Cette vision pour Camus est de l'ordre de l'apparition et va déterminer toute sa manière d'appréhender le paysage. Tipasa devient ainsi une sorte d'espace à part, sacré, un fragment du divin. Du divin, il a lui-même une conception laïque. Il n'est pas une trace d'un monde surréel, mais bien plutôt celle d'un monde qui a été offert aux hommes, à l'origine du monde, et qu'ils ont dégradé au fil des millénaires. Restent ici et là, dans ce monde, des îles qui ont pu conserver, intacte, cette perfection originelle. Tipasa a été ainsi construite à un endroit parfait où la terre, le ciel, la mer se sont accordés dans un équilibre et de cet accord, miraculeux, Camus tirera sa philosophie de vie. Il s'aventure seul sur cette voie, il est midi, le soleil illumine les pierres et les couvre d'or, Tipasa est un temple dont il devient l'adorateur. L'ébranlement esthétique et spirituel que lui offre l'antique cité romaine se propage en lui et Tipasa devient la destination favorite de son pèlerinage intérieur. En ce lieu, il éprouve la certitude du bonheur, c'est là la grande révélation du monde méditerranéen, l'incarnation des réalités terrestres. Il sait que là peut s'exprimer ce qu'il appelle « le goût triomphant de la vie », celui qui en a la saveur sait qu'ici, en se nourrissant de ciel et de mer, on peut atteindre au « cœur battant du monde », à son mystère le plus profond.

Il y retourne désormais souvent seul, avance à pas lents dans la voie centrale, s'assied sur des fûts de pierre tronqués, respire de ses poumons malades le mieux qu'il peut, et chaque respiration accroît, comme il le dit dans ses *Carnets*, le bonheur d'une vie d'homme, mais en cela, découvre avec un certain effroi, « le tragique de son témoignage » : Tipasa est le creuset d'une beauté déchirante, la force que la cité recèle est éternelle, et il est bon, à ses yeux, de s'en savoir le possesseur, non pas égoïste, mais l'héritier involontaire d'une terre qui est la sienne, que personne ne pourra lui ôter. À cette époque (entre 1933 et 1938), paraît *Noces* aux éditions des Vraies Richesses, dont l'éditeur et ami est Edmond Charlot, libraire, éditeur, imprimeur, découvreur de talents, et dont le lieu, pittoresque, est rempli d'ouvrages, de livres rares, de revues parisiennes, où le jeune étudiant qu'il est alors se rend très souvent pour y passer des heures à chercher, à fouiner, et même à étudier sur place[4]. Camus sent-il déjà que cet accord dont il a trouvé le signe intangible à Tipasa est très fragile ? Sent-il que cette appartenance à un lieu est menacée ? Ou bien l'éblouissement de Tipasa occulte-t-il son discernement ? Tout autour de Tipasa, il arpente une campagne sereine et en apparence paisible. Quelquefois, il croise sur la route, une fois dépassés les villages du littoral, ces petites stations balnéaires que ses compatriotes ont créées, décennie après décennie, Les Deux-Moulins, La Pointe-Pescade, Miramar, Les Bains-Romains, Guyotville, Sidi-Ferruch, Zéralda, Douaouda-les-Bains, Fouka, Castiglione, des troupeaux de moutons gardés par des Arabes habillés de leur épais burnous de laine, même en été. Rien n'a changé, pense-t-il en les apercevant au travers des vitres sales et poussiéreuses du car, depuis le temps des Romains. Un jeune berger souffle dans une flûte de fortune, taillée dans une tige de roseau, fugace trace d'un pâtre chanté par Virgile…

À chaque excursion, c'est le même enthousiasme, la même ferveur retrouvée. Il apprend l'histoire de Tipasa, il sait que plus de 20 000 habitants peuplèrent la cité, autrefois, et que des vaisseaux, au temps de sa prospérité antique, mouillèrent à l'orée de sa baie, venus de Gaule, d'Italie, d'Espagne, et qu'elle contribua à la prospérité de la Mitidja de l'Ouest. Mais aujourd'hui, elle n'est plus que ruines que la conquête musulmane provoqua. L'âme de Tipasa, de ses habitants, demeure cependant. Il la sent palpable et durable. Il s'en imprègne et bâtit à bas bruit une réflexion qui va diriger désormais sa vie. « C'est bien ma vie, note-t-il sur ses *carnets* de brouillon, qu'il remplit lorsqu'il se rend à Tipasa, esquisses d'un travail à venir, que je joue ici, une vie à goût de pierre chaude, pleine des soupirs de la mer et des cigales qui commencent à chanter maintenant. La brise est fraîche et le ciel bleu. J'aime cette vie avec abandon et veux en parler avec liberté : elle me donne l'orgueil de ma condition d'homme. » Il ajoute : « Tout ici me laisse intact. »

---

4. La librairie, qui se trouvait au 2 bis rue Charras, tout près des facultés en plein centre-ville d'Alger, fut créée le 3 novembre 1936. Minuscule, elle était dotée cependant d'une mezzanine en forme de rotonde, vrai perchoir où Camus s'installait souvent pour écrire. Le premier livre qu'Edmond Charlot publia fut *Rondeur des jours* de Jean Giono, tiré à 300 exemplaires. Le goût de Camus pour le paysage lui vient peut-être de la sensualité de Giono qu'il admirait alors beaucoup.

De ces visites à Tipasa, Camus va donc écrire et publier un texte inaugural : *Noces*. Il a déjà donné un livre : *L'Envers et l'Endroit*, publié un an plus tôt, en 1937, chez le même éditeur Charlot à Alger, recueil de cinq nouvelles sur son enfance algéroise. Le livre eut peu de succès, et sa réédition en 1958, arrachée à Camus, parce qu'il trouvait le texte peu abouti, permit ainsi de mieux comprendre son évolution. À raison dans sa préface, Camus, relisant son œuvre de jeunesse, se rend compte que *L'Envers et l'Endroit* est bien la source de tout ce qu'il écrira par la suite : *L'Étranger* et *L'Homme révolté*, mais aussi *Le Premier Homme*, entrepris dès la réédition de *L'Envers et l'Endroit* en 1958.

Si « l'envers » est bien cette angoisse qui l'a toujours saisi face à la beauté et à la splendeur du monde, et surtout face à son silence, « l'endroit » est le signe de la beauté et de l'accord.

Revenir donc à Tipasa, camper le long de la plage, voir se lever le jour sur un paysage immaculé, éprouver en se baignant la sensation extrême de la fusion, ressentir, voir, toucher : tels sont les dons de Tipasa. Les transcrire alors dans un essai de quelques pages, à elles seules pourtant et déjà un chef-d'œuvre…

Le premier essai donne le ton de cette philosophie du vivant que le jeune philosophe va développer tout au long de sa vie. Au souffle qui lui manque, aux douleurs thoraciques qui l'étreignent, il oppose la vastitude de Tipasa, celle qu'il reçoit comme une offrande lorsque, au bout de l'allée centrale, le regard épouse la mer, le Chenoua, les rivages cléments, l'air et la lumière. La vraie langue de Camus se déploie alors, semblable à des vagues déferlantes qui expriment la joie, l'allégresse. Car ce que l'incipit de *Noces* donne à entendre, c'est une joie semblable à celle que Giono exalte dans *Que ma joie demeure*, qui suit *Le Chant du monde*, véritables romans cosmiques où l'écrivain enchante la campagne provençale, avec un lyrisme fougueux, dénonçant en creux le luxe, le consumérisme, la ville. Il n'est pas exclu que Camus, avide de lire tout ce qui est publié à Paris, et cela grâce à son ami et professeur de philosophie Jean Grenier, ait lu avec avidité ces textes de Giono, qui en 1937, année même de l'écriture de *Noces*, publiera un nouvel ouvrage portant le titre explicite : *Les Vraies Richesses*!

Les premières lignes de *Noces* reflètent ainsi cette communion violente de l'homme avec la nature. Tipasa est un lieu essentiel qui permet une vraie expérience spirituelle et ontologique. S'y rendre, c'est accéder au royaume. Plaçant son expérience sur un monde sacral, il sature l'écriture de senteurs, d'odeurs, de sons et la visite devient une leçon de pleine conscience : il s'agit de « retenir contre soi cette joie étrange qui descend du ciel vers la mer », d'« accomplir une vérité qui est celle du soleil et sera aussi celle de ma mort ». Certain d'avoir pénétré dans un domaine divin, il laisse à sa prose le soin de délivrer ce qu'il est et la phrase s'enfle et se libère, se gonfle comme une voile et se répand sur les ruines. Ce qu'il découvre à Tipasa et qui va fortifier sa pensée philosophique, c'est l'équilibre qui y règne, c'est lui qui va illustrer sa présence au monde. La tension du lieu, entre ce qu'il fut jadis et ce qu'il est aujourd'hui, entre cité romaine prospère et l'offrande apaisée des ruines, entre la clarté crue de la lumière et la tendresse des eaux tièdes, tout est en vibration.

Aussi Tipasa détient-elle d'une certaine manière le secret de l'existence. Elle est permanente leçon philosophique, qui envoie à la face du monde, à une Europe déjà brûlée par les brasiers nationalistes, un fragment du royaume. Comment désormais imaginer que le terrorisme puisse vaincre la splendeur sacrée de Tipasa ? Comment une telle profanation pourrait-elle être commise en un tel lieu ? Et toucher à l'équilibre sacral de l'Algérie, ne serait-ce pas tout autant toucher à la beauté parfaite de Tipasa ?

Ce que Camus découvre en ce lieu magique, c'est une exigence de vérité, le goût de la beauté, le désir de l'harmonie, la foi en l'homme, l'ardeur à vivre. « J'étais repu », avoue-t-il... Le terrorisme est œuvre de mort, il l'a toujours pensé. Il n'a donc pas de place possible sur cette terre « habitée par les dieux ».

Tipasa lui apparaît alors la métaphore de la civilisation méditerranéenne. Lieu d'exigence et de dons, de communion et de partage. Lieu de la mesure. À l'Europe nihiliste, il oppose la ferveur d'un hédonisme maîtrisé, l'exemple même d'un lieu libre qui pourrait être le modèle d'un avenir heureux et humaniste. Aux dictateurs qui déjà affirment leur brutalité, à Franco, à Hitler, à Mussolini à cause desquels il entrevoit la défiguration de l'Europe, il croit encore pouvoir confier à Tipasa et à la terre d'Algérie une mission civilisatrice qu'elles seules sont capables d'offrir *in extremis* au monde. Le recueil de *Noces* est nourri de cette certitude. Il lui donne aussi l'assurance d'une appartenance évidente, non pas seulement par son ascendance, par ses ancêtres qui, au milieu du XIXe siècle, ont déposé leur misère et leur courage sur ces rivages algériens, mais par une sorte de miracle originel, qui fait de lui aussi « le premier homme » de ce royaume. Le charme de Tipasa, au sens le plus magique du terme, l'accompagnera jusqu'à son silence désespéré en 1960. De même que Saint Exupéry[5], son exact contemporain, voyait dans la cathédrale les fondations de la civilisation française, Camus voit dans les forces et les énergies intérieures de Tipasa un modèle pour les hommes. Ce texte, qui est écrit à l'orée de la Seconde Guerre mondiale et dans lequel Camus se dresse pour défier les tyrans et les artisans du malheur, trouve alors sa parfaite actualité dans les événements de novembre. Au contraire, eux et la guerre d'indépendance qui s'ensuivra, prise en main par le FLN, ruineront tous ses espoirs. La guerre naissante aura-t-elle raison de la grâce de la cité romaine et de ce qu'elle porte en elle de valeurs de civilisation ?

Quand il reviendra plus tard sur les lieux innocents de sa jeunesse, il espérera encore retrouver Tipasa comme il l'a quittée à l'heure de son départ pour la France, en 1940, mais il la retrouvera ceinte de barbelés et de grilles, comme la vieille Europe, qui se remet difficilement de ses souffrances.

C'est le mois de décembre 1952. Deux ans avant les événements tragiques de la Toussaint 1954. Il passe les grilles du site antique, il n'y a personne, il fait même un peu froid et humide. Il a plu, semble-t-il, longuement, de ces averses bien connues qui rincent les lieux d'une pluie drue et brutale. Il pénètre dans la ville en ruine, longe les sarcophages, bordés d'héliotropes, s'avance dans la large allée qui conduit au promontoire. Peu à peu, il retrouve les élans de sa jeunesse, ressentis quinze ans plus tôt, il a changé, il a traversé la guerre, la tragédie immense, les camps nazis et Hiroshima, il demande à Tipasa de réinjecter en lui les forces d'autrefois. Et Tipasa lui rend « la source de joie », comprenant qu'il « fallait garder intacte en soi une fraîcheur [...]. Aimer le jour qui échappe à l'injustice, et retourner au combat avec cette lumière conquise. » Il réapprend alors la leçon de Tipasa, invincible : Tipasa offre la certitude du jour.

5. Orthographe du patronyme voulue par l'écrivain lui-même, sans trait d'union.

L'Europe où il habite, dit-il, hait le jour et s'est enfoncée dans sa nuit. « Je retrouvais ici l'ancienne beauté, un ciel jeune, et je mesurais ma chance, comprenant enfin que dans les pires années de notre folie le souvenir de ce ciel ne m'avait jamais quitté. »

Aux massacres programmés de la guerre d'indépendance, Tipasa devient alors l'instance invoquée pour rendre la mesure du monde à ceux qui sont en train de le trahir.

Les traces du père, les leçons d'une vie : « Un homme, ça s'empêche[6]... »

Les interventions de Camus en faveur de l'Algérie remontent donc bien avant les événements de novembre 1954. Chaque fois, c'est un double discours, de louange et de protestation, adressé aux autorités françaises ou par voie de presse pour tenter de résoudre des situations dont il mesure alors, pratiquement seul, le degré de gravité si elles ne sont pas prises en considération à temps. En figure totémique et quoiqu'il ne l'ait pas connu, le père disparu guide à beaucoup d'égards sa conduite d'homme. Il n'en détient que quelques images et anecdotes au travers des bribes qu'ont bien voulu lui rapporter les deux femmes de son enfance, sa grand-mère et sa mère. Ce ne sont que des fragments d'une vie, des morceaux d'existence, mais dont il va recueillir des détails plus tard, dans une sorte de quête initiatique conduite à bas bruit.

De son père, il ne sait en effet presque rien. Il est très peu disert à son sujet, comme si sa disparition précoce au début de la guerre avait figé son image à jamais et fait de lui un nom de plus sur la longue liste des morts gravée sur tous les monuments érigés après l'armistice, dans tous les villages de France et jusque sur la terre algérienne, siège de trois départements français...

Il n'en est rien cependant, car le père infusa lentement dans son imaginaire jusqu'à devenir une figure tutélaire, absente physiquement mais profondément présente et latente. Lui aussi aura sa part dans l'éducation civique de son fils et dans sa compréhension du conflit algérien.

6. *Le Premier Homme, op. cit.*, p. 527.

À lire l'œuvre de Camus, dans ces années 1950, l'on pourrait imaginer que le père est volontairement occulté, refoulé aux confins de sa mémoire. Il aurait plutôt choisi d'évoquer les figures des femmes qui l'ont élevé, la redoutable grand-mère Sintès, et sa mère, Catherine Hélène Sintès, pour laquelle il a les mots les plus tendres et les plus intimes, alors qu'il fut d'une immense pudeur tout au long de sa vie et d'une grande discrétion sur ses sentiments en général.

Ce serait pourtant méconnaître en réalité un long et constant dialogue entretenu toute sa vie avec Lucien Camus, mort à la guerre sur le sol français et enterré à Saint-Brieuc. Dialogue qui lui apportera les fondements d'une morale et qui lui servira de repère expérimental face à la montée des violences en Algérie.

Cet échange souterrain et muet est en réalité tissé de nombreux fils qui vont nourrir la jeunesse de Camus et apporter bien souvent des réponses claires à l'homme inquiet qu'il fut. Le père absent parle avec son fils une langue secrète qu'eux seuls comprennent et qui va irriguer sa pensée. C'est dans *Le Premier Homme* que ce dialogue s'accomplit, fruit d'un échange régulier et enfin proclamé. Il sourd partout ailleurs dès les premiers écrits, mais s'incarne dans l'ultime récit. L'on sait que cet ouvrage, retrouvé dans une sacoche sur le bas-côté de la route qui fut le théâtre de l'accident fatal, contenait le manuscrit sans cesse repris, retravaillé par Camus depuis des décennies et qui était à ses yeux l'aboutissement de ce qu'il voulait réaliser : une œuvre.

Dernier « étage » de cette œuvre, celui de l'amour, dit-il, après deux autres, déjà traités, ceux de l'absurde et de la révolte. Chacun d'eux, une fois résolus, permettant d'accéder à une compréhension plus vive de l'existence, à une forme de paix intérieure, universelle et d'équilibre.

Ce livre des fondations, qui fait écho à *Noces*, est un récit initiatique, proche d'un roman de formation au sens de ceux qui jalonnèrent les XVIIIe et XIXe siècles, autobiographique mais qui résonne chez le lecteur par sa portée puissante. Or, dans ce livre ultime, Camus dévoile la présence intangible du père, qu'il n'a cessé de questionner.

L'histoire remonte des grands fonds de la mémoire.

Qui dort sous cette terre de France ? Le dialogue intérieur avec son père commence : éternelle histoire de la déliaison et de la tentative de reliaison. Retisser les liens d'une existence, le passé et le présent, pour mieux comprendre l'avenir qui reste à vivre.

Père oublié au temps d'Alger, de la rue de Lyon, dans le silence d'étoupe de la mère, dans les criailleries de la grand-mère, dans les bavardages souvent inintelligibles des oncles. Oublié surtout dans la gloire souveraine des nuits d'Alger, quand, accoudé au balcon de fer forgé de l'appartement vétuste, à hauteur des arbres qui jalonnaient la rue, le jeune Albert pouvait « boire » le ciel étoilé, clouté d'étoiles, grosses comme d'énormes oranges. Immensité du firmament, sillages de parfums d'agrumes mêlés à des odeurs de cuisine s'échappant des appartements voisins. Brouhaha des promeneurs en bas, dans la rue commerçante, et des femmes assises sur le devant de leurs immeubles et faisant la causette « en prenant la fraîche ».

Père oublié donc dans cette existence vécue au premier degré des sens, dans une naïveté et une innocence que rien ne peut atteindre. Pour Albert, le désir unique de « boire » le ciel comme les livres, la certitude que tout se joue dans cet espace-là, illimité, insondable.

Insondable vraiment ?

Une vie n'y suffira pas, pense-t-il, mais avancer sur cette route de la connaissance, savoir, apprendre, déchiffrer, penser, où aller mais aussi d'où venir ? En premier lieu, mais le constat est cruel, avoir cru que tout s'efface par le temps qui passe, mais aussi par les freins et les œillères que l'on se met.

Un jour d'octobre 1914, la mère a reçu un télégramme provenant du ministère des Armées : Lucien Camus est décédé des suites de ses blessures de guerre, le 11 octobre 1914 à l'hôpital de Saint-Brieuc. Est-ce l'annonce brutale qui réduisit Catherine Sintès à un plus grand silence, elle déjà quasi mutique ? Quelques jours à peine après l'annonce fatale, elle reçoit un petit paquet de la poste, contenant les papiers de son mari retrouvés dans son uniforme, sa croix de guerre, la médaille militaire et quelques débris de la balle (déposés dans une ampoule) qui a atteint Lucien Camus à la tête et qui a été extraite lors de sa première hospitalisation à l'hôpital de Montreuil-sous-Bois. Nouveau choc, nouvelle douleur pour Catherine Sintès qui conservera dévotement dans une boîte de biscuits en fer-blanc la précieuse relique et les médailles, et glissera les quelques papiers de son mari sous des piles de draps dans l'armoire familiale.

Albert a à peine un an. Il est né le 7 novembre 1913, et ne connaîtra donc jamais son père. L'écriture va toutefois permettre la rencontre. Mais ce sera une longue ascension vers le grand absent, que les pages du *Premier Homme* revisiteront.

L'absence n'est en effet qu'apparente : une présence parallèle à lui scande au contraire la vie d'Albert, elle est si organique et si dynamique qu'elle l'accompagnera dans toutes les étapes de sa vie, et souvent légitimera ses choix et ses engagements.

Est-ce si incongru de parler de l'enfance quand il s'agit de traiter du rôle de Camus dans la guerre d'Algérie ? Est-ce, comme on dit, hors sujet ?

À n'en pas douter, l'enfance, « interminablement l'enfance », comme disait Stendhal, est bien au cœur de la problématique algérienne pour Camus, et en est inséparable. S'il n'a jamais connu son père, son souvenir n'en est pas moins lancinant et obsédant.

Pour plaire à sa mère qui souhaite qu'il se rende sur la tombe de son père à Saint-Brieuc (c'est du moins l'alibi officiel qu'il se donne), Camus entreprend un voyage en Bretagne en 1947, à la faveur d'une invitation que lui a faite son nouvel ami, Louis Guilloux.

En 1945, Camus a rencontré en effet l'écrivain breton, lui aussi originaire de Saint-Brieuc, grâce à Jean Grenier, son professeur de philosophie à Alger. Toujours attaché à son ancien étudiant, dont il a favorisé les relations avec l'édition française, et particulièrement la NRF, Grenier lui a fait lire *La Maison du peuple*, premier roman de nature autobiographique de Guilloux, publié chez Grasset en 1927. Récit d'enfance de l'écrivain, le texte relate l'histoire de son père cordonnier, sensible à la diffusion des idées socialistes. S'en expliquant bien plus tard, en 1977, au micro de France Culture, il dira que ce livre fut pour lui comme une carte de visite pour dire « Voilà qui je suis… Voilà d'où je viens. »

Or, dans ce livre, Guilloux place au premier rang le portrait du père. C'est lui qui remplit le récit, figure iconique et puissante d'un homme qui refuse de céder devant l'injustice et l'exploitation. Il prône la révolution et exhorte ses camarades d'infortune à se joindre à la lutte. À la maison, la mère, très pieuse, est malade, et la grand-mère, très présente, aide aux soins du ménage. Tout dans ce récit ne pouvait qu'interpeller Camus : le père puissant de Guilloux télescopant son père absent, le rôle des femmes dans la maison, le sentiment de l'injustice sociale et la volonté farouche d'y répondre. Les deux hommes deviennent amis et Guilloux, très admiratif de l'œuvre déjà importante de Camus, l'a donc invité à se rendre à Saint-Brieuc. Un petit complot amical s'ensuit : Grenier téléphone à Guilloux sur les instances de Camus pour lui « demander comment est la tombe [...] du père d'Albert Camus (enterré dans le carré des soldats 1914-1918) ». Guilloux répond aussitôt : « Dans le carré des soldats, j'ai trouvé la tombe de Camus Lucien, mort le 1er octobre 1914. Est-ce cela ? Si oui, tu peux dire à Camus que cette tombe est extrêmement bien entretenue (comme toutes les tombes de soldats d'ailleurs), par Le Souvenir Français. Sur cette tombe sont plantés des fuchsias, je crois, qui commencent à fleurir. »

Mais il faudra attendre deux années après ces premiers échanges pour que Camus se décide enfin à entreprendre le voyage initiatique. Le voit-il d'ailleurs ainsi ? Est-ce pour lui un pèlerinage ? Il prétexte de se rendre sur la tombe pour faire plaisir certes à sa mère qui lui réclame ce geste depuis des années déjà. Mais dans son for intérieur, aller se recueillir sur la tombe de son père, c'est renouer le fil rompu par sa disparition. Guilloux est ravi de la nouvelle de son arrivée : « En voiture ! *In carrozza !* Allons vite ! Tu-Lutt ! Allez, roulez ! Je vous embrasse tous », écrit-il à Jean Grenier.

La petite compagnie – Grenier, sa femme, leurs deux enfants et Camus – roule vers la Bretagne, dans la nouvelle voiture de Grenier, une Traction Avant Citroën. Camus, qui aime plaisanter, la surnomme « Desdémone ». Le voyage dure deux jours, les amis s'arrêtent au château de Combourg, résidence légendaire de Chateaubriand, Camus, qui est en train de lire justement *Les Mémoires d'outre-tombe,* est ravi de visiter la propriété où l'accueille la comtesse des lieux, l'arrière-petite-fille du frère de Chateaubriand, lui-même guillotiné... Poursuite du périple, halte à Saint-Malo, qui n'a pas encore pansé ses blessures de guerre. La ville est détruite, en ruine, et ne laisse pas un souvenir impérissable. Arrivée à Saint-Brieuc, le lendemain, 4 août, au domicile de Guilloux, 13 rue Lavoisier. Quelques jours de détente en compagnie de l'écrivain breton, de sa femme et de sa fille Yvonne qui tombe sous le charme de Camus. Il l'invite à danser au casino de Saint-Quay-Portrieux, et lui apprend, rapporte-t-elle bien plus tard, alors qu'elle est une vieille dame, à… mettre du rouge à lèvres !

La visite si attendue et préparée par Grenier et Guilloux a enfin lieu. Camus se retrouve devant la croix de fonte érigée par Le Souvenir Français, il déchiffre bien le nom et le prénom de son père, les dates de naissance et de mort, mais n'affecte aucune émotion, ne dit mot.

Le dialogue intérieur se poursuit, latent, secret, dans cet « à bas bruit » qui est le signe de la mère. Dans ses *Carnets*, Camus ne dit pas davantage, à croire même que la visite n'a pas eu lieu. Seules indications : la ville y est décrite avec froideur, « murs nus et sales », « teint brouillé des habitants », « rues tristes, étroites », « maisons banales aux vilaines tuiles rouges… »

S'éloigne-t-on de l'Algérie et de la guerre qui, sept années plus tard, sera déclenchée dans le sang et l'horreur ? En apparence peut-être, mais en fait, pas réellement. La lecture que fera Camus des « événements » algériens qui bouleverseront le destin du pays dépend intimement de ce parcours pèlerin qu'il accomplit mentalement depuis l'enfance.

Mais avant tout, l'appréhension du père invisible comme expérimentation du dialogue intérieur, secret. Lentement, le puzzle généalogique s'établit, se reconstitue : tout faire pour arriver à l'équilibre de soi et du monde, ne rien laisser au néant, tout remettre en perspective, ne laisser aucun trou, aucune place vide.

Inconsciemment, ce projet intérieur se bâtit, comble les espaces vacants, relie la grande tapisserie de soi-même. Faire en sorte que tout redevienne compréhensible, lisible.

Cet épisode breton n'est pas sans répercussions psychologiques puissantes puisque Camus en gardera le souvenir dans *Le Premier Homme* où il situe le voyage généalogique en 1954.

À peine arrivé à Saint-Brieuc, l'écrivain, déjà célèbre, se rend à son hôtel. « Il se lava les mains à nouveau et redescendit du même pas vif sans fermer sa porte à clé. » Il arpente en hâte les ruelles sans caractère de la ville et atteint enfin le cimetière. Un gardien ouvre un grand registre, feuillette scrupuleusement les pages, fait défiler les noms sous son doigt, qui s'arrête à : « Cormery Henri, blessé mortellement à la bataille de la Marne, mort à Saint-Brieuc le 11 octobre 1914. » Un dialogue s'engage sur la dureté de perdre son père. Dénégations de Cormery-Camus : « Mais non. Je n'avais pas un an quand il est mort. Alors vous comprenez. »

L'ombre tutélaire est niée. Pas déniée, mais niée. L'homme est fier, presque orgueilleux. Croire encore qu'il est devenu ce qu'il est à présent par lui-même. Par la seule force de sa volonté et de sa détermination.

À la même époque, il avoue dans ses *Carnets* : « J'ai voulu vivre pendant des années selon la morale de tous. Je me suis forcé à vivre comme tout le monde. J'ai dit ce qu'il fallait pour réunir, même quand je me sentais séparé. Et au bout de tout cela, ce fut la catastrophe. Maintenant j'erre parmi des débris, je suis sans loi, écartelé, seul, et acceptant de l'être, résigné à ma singularité et à mes infirmités. Et je dois reconstruire une vérité après avoir vécu toute ma vie dans une sorte de mensonge[7]. »

L'aveu est glaçant, rude et sans fard. Dans le cimetière militaire, le narrateur erre lui aussi. Pourquoi cette visite ? Au fond de lui, il sait que rien n'est joué ni accompli sans lui. Il a besoin de traces, de repères, de paroles même précaires, de fragments d'histoire, des légendes même, qu'importe, pour « reconstruire une vérité ».

Sur la pierre tombale, deux dates : 1885-1914. Son père est mort à 29 ans s'il en croit les dates gravées. Jacques confesse quant à lui 40 ans. On est en 1954. Dans la campagne algérienne, le jour de la Toussaint, des hommes et des femmes sont assassinés, sur tout le territoire, jetés comme des déchets sur les talus des champs, au bord des routes. Hommes et femmes profanés, mutilés atrocement, fermes incendiées. Parmi les victimes, un instituteur qui enseigne aux enfants indigènes. Camus apprend la nouvelle. Il en est horrifié. Mais elle ne le surprend pas davantage. « La Toussaint rouge » marque bien à ses yeux la fin du royaume enchanté, celui que son père, d'une certaine manière, avait voulu faire prospérer, dans les vignes de Mondovi, quand il était maître de chai, juste avant de devoir partir à la guerre.

Le père est mort à 29 ans, se répète-t-il, c'est la première fois qu'il se rend compte de sa jeunesse, de sa force fauchée dans une bataille inaugurale de la grande boucherie. Il est blessé à la tête. Il est devenu

7. Albert Camus, *Œuvres complètes IV*, 296.

aveugle. On le transporte à Saint-Brieuc, à l'hôpital Saint-Michel, hôpital chirurgical tenu par le Comité de l'union des femmes de France, il a rassemblé ses dernières forces dans le transport en train qui l'a mené jusqu'ici. A-t-il encore sa conscience ? Nul ne le sait.

Mais soudain, quelque chose d'étrange se passe en Cormery. Le père est son cadet. Et il découvre la réalité incarnée du mot compassion qu'il a vu courir dans des livres de théologie qu'il a consultés pour écrire sa thèse de doctorat sur saint Augustin. La compassion et la tendresse, celles des pères à l'égard de leurs fils morts. Et soudain, en cette fin d'après-midi funèbre, sa pensée s'emplit d'une nouvelle compréhension du monde, d'une vérité éclatante, aussi vaste et évidente que celle qu'il avait éprouvée au balcon de la rue de Lyon. « Aller plus loin, au-delà, et savoir, savoir avant de mourir, savoir enfin pour être, une seule fois, une seule seconde, mais à jamais. »

L'épisode est décrit dans *Le Premier Homme* et, signe de l'importance que lui accorde Camus, inaugure même l'ouvrage du chapitre deux.

Du père, il apprend encore d'autres bribes que sa grand-mère a bien voulu lui confier. Mais sa grand-mère lui rapporte une autre anecdote qui est loin d'être innocente ou banale. Comme il glane toujours ici et là quelques traces d'un père lointain, elle lui rapporte un fait divers qui eut une grande répercussion psychologique sur Lucien Camus.

Un ouvrier agricole a massacré une famille d'agriculteurs qui l'employaient aux travaux des champs. Le mobile semble être celui du vol, mais ce fait est contesté par l'oncle qui réfute l'affirmation de sa sœur. L'assassinat collectif bouleversa le pays entier qui apprit ainsi que l'agriculteur et sa femme furent frappés à coups de marteau et que le meurtrier s'acharna sur leurs visages. Un des trois enfants, qui s'était réfugié sous un lit, eut le temps d'écrire dans le sang de ses blessures et sur un mur : « C'est Pirette », avant de mourir. On rechercha l'assassin, on le retrouva dans les champs, errant et apeuré. Déclaré coupable sans circonstances atténuantes, il fut condamné à la décapitation, à la prison de Barberousse, célèbre lieu de détention d'Alger, exécution publique à laquelle Lucien Camus, scandalisé par l'événement, se rendit comme mû et excité par une sorte de voyeurisme vengeur et collectif. Il s'était levé dans la nuit pour être présent au rendez-vous fatal à l'aube. Il prit la peine de traverser tout Alger, le quartier de Belcourt étant à l'opposé de celui de Bab-el-Oued, où se situe sur les hauteurs, la célèbre prison, pour assister au supplice de Pirette, puis revint chez lui, silencieux, tandis que les premières lueurs du jour éclairaient encore d'une clarté rose et dorée à la fois le boulevard maritime qu'il emprunta pour rejoindre Belcourt. Terrassé d'angoisse, il ne fit aucun commentaire sur ce qu'il avait vu puis, pris de violentes nausées, il alla vomir. De ce jour, il manifesta une aversion radicale pour la peine de mort, ayant pris conscience de la déshumanisation de cet acte, renvoyant à une forme de barbarie dont il prenait soudain conscience jusque dans son corps.

Camus reçut cette information comme une révélation et fut dès lors persuadé qu'un homme ne naît pas de rien : il est le fruit d'un héritage inconscient et génétique qui se transmet de père en fils, recevant d'un fond obscur et mystérieux des certitudes acquises non pas de concepts ou de systèmes philosophiques, mais de l'expérience vécue. S'en souvenant tout au long de la rédaction du *Premier Homme*, étalée sur plusieurs décennies, il ressasse cette scène, la reconstruit, imagine son père éprouvant toute la nuit « une nausée d'horreur ». Persuadé de l'impact tragique que cette exécution put avoir sur lui, il le décrit, hanté de cauchemars nocturnes, craignant à son tour d'être poursuivi et arrêté pour être ensuite décapité.

L'histoire n'est pas seulement anecdotique, elle relaie toute la pensée future de Camus, surtout celle qui verra naître son engagement politique durant la Seconde Guerre mondiale, la tragédie de la Shoah et les événements consécutifs à la libération, l'épuration et les règlements de comptes qui précipitèrent les vainqueurs dans les mêmes exactions que les bourreaux. La guillotine, qui est à l'époque encore un des outils nécessaires à l'exécution de la peine capitale, révulse Camus d'une manière si épidermique et si profonde qu'il n'est pas douteux que la référence paternelle ne soit à l'origine de sa révolte et de sa violente position contre la peine de mort, exprimée dans son ouvrage *Réflexions sur la peine capitale*, coécrit avec Arthur Koestler et Jean Bloch-Michel, en 1957, et la même année *Réflexions sur la guillotine*.

Si certains faits abjects méritent une riposte ferme de la justice, il ne peut admettre la peine capitale qui lui apparaît comme la légalisation de la cruauté humaine, mais encore comme un droit usurpé à ôter la vie à un homme, le plus inhumain de tous les hommes soit-il. Le souvenir du père, au moment de l'exécution de l'écrivain Brasillach pour lequel il n'a pourtant aucune sympathie, rejoint sa certitude que la clémence est sûrement l'attitude la plus « juste » face à la barbarie. Il déplore les confins tragiques auxquels les temps cruels obligent certains et lui-même parfois à renoncer à un idéal de clémence et de tolérance, et par là même à ce qu'il appelle « la paix du cœur ». « Il faut savoir parler parfois », contre elle, avoue-t-il, savoir « détruire une part vivante de ce pays pour sauver son âme elle-même ».

Tout au long de sa vie, Camus ne cessa ainsi de défendre la primauté de l'homme, son intégrité physique, que l'exécution capitale profane. Décapiter un corps, c'est profaner le miracle de la Création, c'est détruire la grâce impeccable et miraculeuse de ce qui constitue un être humain, c'est renoncer par extension à la beauté du monde.

Il en fera encore la douloureuse expérience quand il apprendra au cours de son pèlerinage existentiel et de sa quête du père, que celui-ci, alors qu'il avait été mobilisé dans sa compagnie de zouaves pour rejoindre le Maroc, fut le témoin d'un massacre qui le révulsa et lui donna de prononcer un des enseignements les plus puissants qu'il aura pu donner *post mortem* à son fils.

Le témoignage lui est confié par un directeur d'école, M. Levesque, qui a accompli son service militaire en 1905 avec Lucien Camus. Des rebelles marocains ont égorgé et émasculé deux sentinelles de leur camp qu'ils ont ensuite abandonnées sur un talus. Cette découverte macabre sidère les deux camarades de garnison des victimes et conduit Lucien à s'exprimer sur ce meurtre profanateur. Là encore, décapitation, démembrement, profanation sacrilège. Pour Lucien, aucune révolte, aucune revendication, aucune injustice ne peuvent justifier et légitimer une telle barbarie. « Un homme, ça s'empêche… Voilà ce qu'est un homme, ou sinon… — Moi, avait-il dit d'une voix sourde, je suis pauvre, je sors de l'orphelinat, on me met cet habit, on me traîne à la guerre, mais je m'empêche. — Il y a des Français qui ne s'empêchent pas, avait dit Levesque. — Alors, eux non plus, ce ne sont pas des hommes… Et il était entré sous sa tente, pâle comme un linge[8]. »

La grande leçon philosophique est prononcée là, par la bouche d'un homme simple et pauvre : « Un homme, ça s'empêche… » Camus la reçoit de plein fouet. Dans le droit fil du père, il veut désormais être fidèle à sa leçon, refusant de s'abandonner au néant de la pensée nihiliste, mais préférant lui opposer la clarté solaire d'une pensée claire, quitte à rompre définitivement avec ses amis de gauche qui, eux, ont choisi le camp du sang.

La quête du père se poursuit ainsi à demi-mot, sur une carte labyrinthique où s'accrochent quelques souvenirs, quelques fragments de mémoire, quelques secrets incidemment trahis, quelques intuitions.

C'est donc, éclairé par eux, que Camus s'avance sur sa propre route. Elle est difficile et semée d'embûches qui traversent sa vie, insolemment éclairée du soleil d'Algérie.

Le père absent veille sur sa route, il le sait, il n'est jamais très loin pour répondre aux questions que le fils se pose, pour légitimer contre tous ses positions.

La leçon d'une mère : « Une mère, vois-tu, c'est l'humanité[9] »

La mère, malgré son mutisme, occupe l'esprit de son fils. Camus se soucie intensément d'elle, essaie de se comporter en bon fils, comme tous les enfants de colons, très attachés à l'esprit de famille. La mère qui devient, au fil des décennies et de la notoriété de Camus, un personnage de légende, une de ces grandes figures de mère que la littérature a offertes, de Vitalie Rimbaud à Elisa Verlaine, de Jeanne Weil Proust à Louise Judith Cohen.

Le père et la mère résonnent ainsi fortement dans l'imaginaire de Camus, et la guerre d'Algérie qui ouvre un nouveau temps, rempli d'inquiétudes et de souffrances, sera toujours lue au travers de la mère muette et sans défense, face au terrorisme.

On ne compte plus à ce titre les passages où Camus évoque la mère silencieuse, telle une sentinelle veillant sur sa terre natale,

8. Albert Camus, *Le Premier Homme*, *op. cit.*, p. 527.
9. *Carnets, II,* janvier 1942-mars 1951.

et à ce titre figure sacrée, rappelant toujours à son sujet l'amour « déchirant » qu'il lui porte.

L'histoire de cette femme exilée, originaire de Minorque, née en 1882, et qui survécut quelques mois à peine à la mort de son fils cadet, en 1960, inculque à Camus, dès son plus jeune âge, et dans le silence de son handicap, d'autres leçons de vie, des valeurs fondées sur la fidélité et la loyauté envers les humbles, l'honneur et la dignité. On la dit quasi sourde et muette ; en fait, soumise au joug implacable de la personnalité forte et toute-puissante de sa propre mère, elle s'est réfugiée dans un silence mutique, qui, au fil des années, a confiné au silence presque total. Des témoins rapportent cependant qu'elle était capable d'entretenir une conversation de voisinage, parlant du temps, de banalités domestiques, de raconter même un souvenir, mais préférant se taire[10]. Le jeune Camus doit se contenter d'une affection taciturne et secrète, dont il sait cependant la profondeur et la tendresse grave qu'elle peut détenir. En eut-il honte à une certaine période de son enfance ? Sûrement, lorsqu'il rejoignit le Grand Lycée (plus tard baptisé lycée Bugeaud), en sixième, grâce à l'appui et au soutien de son maître d'école, M. Germain. Le lycée reçoit des élèves des classes moyennes et bourgeoises, que le jeune Albert n'a guère l'habitude de fréquenter. À ses camarades qui lui demandaient où sa famille habitait, ce que faisait sa mère, si elle avait un métier, il lui inventait un emploi de comptable hors d'Alger.

De fait, il n'accueille personne chez lui, rue de Lyon, d'abord parce que le domicile est assez éloigné du lycée (il faut traverser toute la ville par le front de mer), et parce qu'il est à ses yeux impossible de révéler à ses amis un appartement aussi exigu et misérable. La honte ne se limite pas seulement au lieu ni à sa famille, mais aussi à ses vêtements, que sa grand-mère lui confectionne dans de vieux manteaux ou de vieux costumes. Plus tard, cet effacement de ses origines se poursuit à l'université où il profite du confort luxueux du domicile de son oncle boucher et sa tante, l'ayant recueilli à la suite de la découverte de sa tuberculose. Désormais vivant dans le centre d'Alger, il peut parader dans la voiture que Gustave Acault,

10. Des témoins de l'époque me confirment qu'elle recevait des visites fréquentes d'amies algéroises, avec lesquelles elle entretenait des relations discrètes mais réelles.

bienveillant substitut du père, lui prête, habillé d'un costume de lin blanc, d'une lavallière et d'un feutre, et séduisant toutes les filles qu'il croise, sûr de son charme à la fois gouailleur et mélancolique.

La mère, confinée quasiment rue de Lyon, devient ainsi au fil des années et des épreuves une sorte d'icône intouchable, détentrice d'un amour obscur et secret qu'il ne parvient pas lui-même à percer. Dans la nuit de son silence, la mère lâche quelquefois des mots qui brillent, célestes, comme des étoiles ou des joyaux. Un mot vaut toutes les tendresses pour l'enfant Camus, pour l'homme qu'il deviendra. Adulte, il prend l'avion régulièrement et dès son arrivée à l'aéroport d'Alger-Maison-Blanche, il hèle un taxi et se fait conduire rue de Lyon. La mère signale sa joie de revoir son fils par un sourire. Elle est là, toujours présente au même endroit, ses mains croisées sur son tablier de satinette noire, elle vient de finir la vaisselle du repas de midi, elle a pris un « petit café », qu'elle propose à Camus, « avec son vocabulaire de quatre cents mots », elle lui demande encore s'il va bien, s'il est heureux. Elle caresse de ses mains un peu rêches sa nuque, son front, elle sourit – le plus beau cadeau pour lui – et c'est tout. Dehors, par le balcon, fenêtres toujours ouvertes, on entend la rumeur du quartier grouillant de vie, des klaxons de voitures, des enfants qui crient, des mères qui les interpellent : cela suffit à la mère depuis des années qu'elle vit là, dans une routine qui ne lui est ni implacable ni révoltante. C'est sa vie, quelques mots et ce périmètre de sensations et de compréhension du monde.

Pour l'enfant Camus comme pour l'écrivain qu'il deviendra, la leçon est d'ordre initiatique, comme le fut celle du père.

La pauvreté vécue de sa mère lui apprend la grandeur d'une âme qui se satisfait de ce qu'elle a et dont le destin n'en est pourtant pas moins grandiose. La mère lui apparaît comme la gardienne d'un temple précieux qui accueille, comme dans les représentations médiévales où l'on voit la Vierge Marie ouvrant son large manteau pour recevoir l'humanité souffrante, ceux qui, comme elle, sont sans jugement moral ou social, mais ont cette capacité d'ouverture à laquelle pourtant leur statut de pauvres n'ayant pas part à l'activité fébrile du monde ne pourrait prétendre. Et pourtant ! Camus sut toujours de quoi était détentrice sa mère. De quelles forces d'amour elle était capable et porteuse, et que dans son silence se cachaient des valeurs de générosité gratuite et de bienveillance. Dans ses *Carnets*, Camus ne s'y trompe pas, citant à son tour les mots d'Alexandre Jacob, l'anarchiste qui servit de modèle à Arsène Lupin : « Une mère, vois-tu, c'est l'humanité. »

Peu à peu, Catherine Sintès devient le signe du vivant et de l'humain. Sa prostration et son mutisme ne sont qu'apparents, mais détiennent paradoxalement des enseignements majeurs. Camus cherche alors la manière de faire parler sa mère, de lui rendre sa voix profonde, cachée, envisageant de scander chaque chapitre de son roman *Le Premier Homme* de ses paroles, comme la voix d'un coryphée. La dédicace du roman ne laisse à ce titre aucun doute : « Intercesseur : Vve. Camus. À toi qui ne pourras jamais lire ce livre. » Cette dédicace fait de sa mère le médium de son autobiographie, celle qui donne accès, qui permet de rejoindre les plus profonds secrets du moi. Celle par laquelle tout se délivre. Le fait d'ailleurs de se cacher derrière un personnage de fiction trahit bien l'intention profonde de Camus : ne pas faire croire à une véritable autobiographie mais donner à son histoire – la sienne pourtant à tant d'égards – la certitude qu'elle est aussi celle de ses lecteurs. Tout vient de la mère, semble dire Camus, tout naît de ce silence contenu mais qui veille là encore, comme de sa tombe précaire, le père veille aussi.

Il a conscience que sa compréhension du conflit sera filtrée par son propre roman familial. Camus n'a expliqué et vécu cette guerre que par ce qu'ils lui ont appris : le père, l'horreur de l'injustice et de la barbarie ; la mère, la dignité à accorder à tous les hommes.

Mais ce n'est pas tout : si la mère est le signe de l'ignorance (elle est illettrée et sait à peine écrire son nom), elle devient paradoxalement le symbole de la plus vaste connaissance. Son silence rejoint la grandeur des ciels et du monde, et c'est pourquoi Camus pouvait en parler sans honte avec son ami René Char dans la douceur « algérienne » du Vaucluse. Seuls les poètes finalement peuvent accéder à ce genre d'enseignement, à cette compréhension mystérieuse. Et être en capacité d'entendre ce discours. L'expérience de la parole muette lui devient capitale. Les nuits étoilées de Van Gogh parlent bien plus au peintre que tout autre discours, comme le *Portrait de la mère* de Dürer montre une femme murée dans un roc de pierre mais dont le regard « parle » de manière intense, porteur de l'humain.

La mère muette, icône de l'innocence, est vite assimilée à une Mère, une Vierge ou une Madone, inscrite dans l'imaginaire collectif de l'âme espagnole des Sintès. La Pietà ou la Madone des Sept douleurs déambule dans les rues de Séville et d'Espagne en général à la Semaine sainte : elle est l'image de celle qui accueille le Fils à sa descente de croix, celle qui plus tard, dans l'iconographie chrétienne, ouvre ses bras à l'humanité souffrante. Cette image, le jeune Camus l'a perçue très tôt, et s'il s'en est brièvement détaché durant ses études universitaires à la faculté d'Alger, il s'en souviendra toujours et y reviendra. Elle est si puissante, si porteuse de foi, qu'il va reprendre cette image de manière allégorique dans *Le Premier Homme* pour décrire sa naissance. S'est-elle déroulée ainsi, dans cette petite épopée décrite dans l'intérieur des terres algériennes ? Le père a-t-il déposé sa femme en couches dans la vieille carriole du domaine à Mondovi pour aller chercher secours auprès du douar le plus proche où il sait que des femmes arabes sont d'habiles accoucheuses ? La carriole avance sur les routes poussiéreuses, les roues de fer heurtent la caillasse sèche qui roule sous le galop des chevaux, il fait chaud et le père est inquiet : arrivera-t-il à temps ?

La scène qui inaugure ce chapitre du *Premier Homme* est assez inédite : elle est comme la réplique de la Nativité chrétienne, marche à la nuit tombée, épuisante, dans des terres ingrates et désertiques, arrivée dans un village, accouchement sinon dans une étable, du moins dans une maison d'abord inhospitalière. C'est au milieu des humbles et des oubliés, au milieu des méprisés de la colonisation que naît Jacques Cormery. Cette transposition symbolique n'est pas, là non plus, sans conséquence sur l'inconscient même de Camus. C'est au cœur d'une Algérie profonde (dans l'intérieur d'une terre inconnue, jusqu'en 1962, des Français d'Algérie eux-mêmes qui ne visitaient guère le pays), mis au monde et à la lumière même de cette terre, que l'écrivain va naître et qu'il va, par extension, s'en sentir solidaire. Il faut comprendre, semble-t-il, le reportage de Kabylie de 1939, pour *Alger républicain*, comme un écho très lointain mais profond de cette naissance. Camus se sent solidaire, de naissance, de l'Algérie, de ses habitants les plus déshérités, parce qu'ils lui ont donné le jour, lui ont permis d'accéder à cette clarté souveraine qui a fait de lui à jamais un fils de ce pays. Sartre et ses amis, tous les tenants de la décolonisation de la terre auront beau tenter de dénoncer la colonisation et avec elle les colons, rien n'y fera. Il est de cette terre, inaliénable et aucune guerre, fût-elle appelée de libération, ne pourra l'en chasser.

La scène inaugurale de la naissance ouvre le récit autobiographique. Elle s'achève par l'image du couple, étendu à même le sol sur de vieux matelas, près d'un feu de cheminée. L'enfant dort dans une vieille corbeille à linge en paille. La mère dort, la pluie qui est tombée dru toute la journée s'est arrêtée. Le père avance sa main pour rejoindre celle de sa femme : il « la posa doucement [...] et, se renversant en arrière, ferma les yeux ».

Nuit d'Algérie ou de Bethléem, nuit d'un monde sans douleur, fraternel et apaisé, qu'aucune guerre ne vient traverser.

Quand « les événements » viendront troubler cette unité et cet instant de grâce, quand la barbarie incarnée par une jeune fille hideuse enfourchant un cheval au galop fera son intrusion comme dans le tableau de la guerre, imaginé par le Douanier Rousseau, meurtrissant les êtres et le paysage tout entier[11], Camus se souviendra qu'une Algérie fraternelle peut exister, qu'elle a existé, qu'à certains moments, cela a été possible et que les femmes en ont été les garantes. Et qu'il est né lui-même d'une fraternité. C'est une nuit de l'automne 1913, une nuit de pluie et d'orage, au cours de laquelle Arabes et colons se sont donné la main pour mettre au jour un enfant. « Dieu soit loué », avait dit l'Arabe.

---

11. Henri Rousseau, *La Guerre*, 1894, Musée d'Orsay.

1955, tout tenter pour trouver sa juste place

« J'ai ce pays en travers de la gorge[1] »

La mauvaise année 1954 s'est achevée heureusement cependant par un voyage en Italie que Camus a savouré avec un bonheur indicible. Par contraste, la France lui apparaît comme le pays de la mauvaise humeur, et il a aimé flâner dans les villes comme si ce pays le rendait à une existence plus douce et plus harmonieuse, et qu'il le lavait, le sauvait même des malheurs endurés pendant les mois précédents. Il s'en confie à René Char et lui rapporte que ce voyage est un vrai pèlerinage, à la fois artistique et spirituel, qui lui permet d'envisager l'année à venir sous des auspices non pas forcément plus cléments, mais peut-être un peu plus sereins.

L'Algérie est toujours une référence, où qu'il aille. S'il aime la Villa Borghese, c'est parce qu'il y retrouve « la lumière des matins d'Algérie qui coule entre les fines aiguilles de pin et les découpe une à une ». Pense-t-il à Alger, à sa darse, à son port quand il évoque Rome ? « Sous ses feux, écrit-il, (elle) était comme un port dont le mouvement et le bruit venaient mourir au pied de cette berge de silence où nous étions[2]. » Dans les ruines de Paestum, il pense immanquablement à Tipasa : « La rosée sous les ruines. La plus jeune fraîcheur du monde sur ce qu'il a de plus ancien. C'est là ma foi et selon moi le principe de l'art et de la vie[3]. »

L'Algérie est au centre de son désarroi et de cette dépression chronique qui le tient depuis des années. La joie qu'exprime l'Italie

---

1. Lettre d'Albert Camus à Charles Poncet, 25 septembre 1955.
2. *Carnets III*, *op. cit.*, p. 161.
3. *Ibid.*, p. 169.

au travers de ses paysages et de ses monuments, l'exaltation baroque des églises et la fraîcheur de ses places, la beauté des corps, tout lui plaît pour se reconstruire, tenter de reprendre pied, s'échapper de sa mélancolie. Francine, l'Algérie : la litanie de ses souffrances est toutefois toujours lancinante. Avec Francine, il redouble d'efforts, d'attention, de compassion. Mais sa culpabilité est trop grande pour apaiser sa relation avec elle. Elle l'accable, mais comment par ailleurs résister au grand feu de Maria Casarès ? Comment y renoncer ?

De fait, l'Algérie n'est guère présente dans la correspondance qu'il entretient depuis 1944 avec la comédienne. Les événements de novembre n'entrent pas dans le champ de leurs échanges, donnant l'impression que Camus cloisonne ses activités, ses occupations, ses soucis. L'ardeur de leur passion est si vive qu'elle ne pourrait laisser pénétrer d'autres pensées, ni se laisser altérer par d'autres inquiétudes. À la veille de la fameuse Toussaint sanglante, il lui crie son amour avec violence : « Je t'attends, j'attends ce 25 au matin (octobre) au matin, c'est mon Noël païen, ma bonne nouvelle, trois Rois mages t'apporteront à moi, comme un présent de chaleur, de vie mouillée et bonne, d'abandon[4]… » Et de même le 2 novembre, Maria Casarès lui écrit sans faire aucune allusion aux attentats. Elle se livre à une déclaration d'amour ardente et joyeuse qu'il dut recevoir avec jubilation et sans doute consolation : « Mon bien-aimé, mon cher prince, ma vie, mon âme, ma patrie, mon jeune dieu[5] ».

Les événements d'Algérie se prolongent par d'autres séries d'attentats dans le bled et dans les villes, et désormais personne ne peut ignorer qu'il s'agit d'une vraie guerre que les fellaghas[6] – comme on les appelle désormais – ont déclarée à la France. Camus comprend très vite aussi qu'il va être une cible pour toute l'intelligentsia de gauche, que des engagements de sa part clairs et fermes vont être exigés et que des comptes vont lui être demandés. Il va falloir en effet

4. Albert Camus, Maria Casarès, *Correspondance (1944-1959)*, Folio Gallimard, 2017, p. 1122.
5. *Ibid.*, p. 1127.
6. Terme issu de l'arabe maghrébin, plutôt péjorativement usité, signifiant « bandit de grand chemin ». Pour la première fois utilisé au début de la Première Guerre mondiale, à propos de l'enlèvement de Khalifa ibn'Askar, dans le Sud tunisien, pour qualifier ainsi les indépendantistes d'alors. Dès le début des événements de 1954, ce terme désignera les maquisards puis tous l'ensemble des combattants de l'Algérie indépendante.

trancher, se déclarer, « sortir du bois », comme disent méchamment les amis de Sartre. Ils sont en embuscade et cherchent à discerner la stratégie de Camus. Condamnera-t-il de front le colonialisme qui sévit en Afrique du Nord, ou bien se dérobera-t-il du fait de son appartenance à la communauté pied-noir ? Sa « sensibilité méditerranéenne » devient un véritable quolibet et déjà on se moque de son demi-silence et surtout de la manière qu'il a de ne pas répondre abruptement en s'appuyant sur des principes idéologiques qu'il récuse, estimant qu'il a dû démissionner du PCF en 1935 à cause justement de ses prises de position exprimées sans détour.

Aussi Camus décide-t-il de contre-attaquer en décochant des flèches au détour d'une correspondance, d'un article ou d'une interview. S'expliquant sur son prétendu silence jugé coupable, il déclare sobrement : « Il est plus facile évidemment d'être anticolonialiste dans les bistrots de Marseille ou de Paris[7]. »

De la même manière, écrivant à l'un de ses correspondants, Claude Ravard, ex-militant du PCF, il ne le met pas en garde contre le parti qu'il a quitté mais avoue que, s'il n'a aucun mépris « pour les militants communistes », il en a toutefois « pour les intellectuels qui le sont sans l'être, qui nous assassinent de leur pseudo-déchirement de curés laïcs, et qui, pour finir, se donnent une bonne conscience aux frais des militants ouvriers[8] ».

L'allusion à Sartre et ses amis est assez limpide et il sait déjà qu'il va être crucifié par ceux qui, comme le PCF dès le début des hostilités en Algérie, ont aussitôt rallié le camp de la rébellion et légitimé leurs attentats au nom de l'anticolonialisme. La position nuancée qu'il essaie d'esquisser depuis quelques semaines (la réconciliation avant qu'il ne soit trop tard, la fraternité entre Arabes et Français d'Algérie, à ses yeux, seuls acteurs nécessaires et inévitables du processus de paix à rechercher), est déjà battue en brèche, et il connaît même les injures dont il sera tôt ou tard accablé : « Je vous demande, dit-il à Ravard, [...] quand vous entendrez que je suis,

7. De la même manière, Saint Exupéry traitait les intellectuels français exilés à New York pendant l'Occupation de « résistants de salon » et ironisait sur leurs « maquis » en évoquant « les loges de théâtre » qu'ils fréquentaient...
8. *Carnets III*, *op. cit.*, p. 179-80.

objectivement comme on dit, un affreux fasciste, non pas de le nier, ce qui sera impossible, mais d'essayer seulement de ne pas le penser[9]... »

C'est donc la gorge nouée qu'il se rend en Algérie, le 17 février. Il tait sa colère contre ses faux amis, tâche de parler le moins possible du conflit sauf avec des amis sûrs, et surtout avale sa douleur, avec le pressentiment que l'avenir est sombre et qu'il ne sera pas favorable à cet idéal algérien qu'il s'est inventé et dont il mesure la fragilité. Juste avant son départ, le 2 février, il a rencontré Jean Daniel, l'ami de jeunesse, dont il partage les mêmes vues complices sur leur pays natal. Déjeune-t-il avec lui ce jour-là, pour se préparer à un voyage d'émotion malgré tout difficile, et demander à son ami algérois, un peu de réconfort ? Quand il embarque pour Alger, en Caravelle, c'est officiellement pour rendre visite à sa mère et pour visiter Orléansville, ravagée par le tremblement de terre de septembre 1954. Mais au fond de lui-même, le voyage est tout autre : il est une manière de se ressourcer, de s'imprégner des énergies de son pays et retrouver ce qu'il n'hésite pas à appeler « le bonheur[10] ». Peut-être se persuader que rien n'est encore perdu ?

C'est de nouveau l'émerveillement habituel. Dès qu'il pose le pied sur sa terre natale, les mots d'effusion jaillissent, comme issus d'une source profonde, revitalisante, qui efface sa peine secrète, cet étrange sentiment de la déliaison. Revenir à Alger, c'est revenir aux sources originelles, aux premiers hommes. La langue poétique affleure immédiatement à ses lèvres, elle trouve des accents qui plairaient à René Char, des mots brefs et assemblés comme des éclats de métal qui seraient polis par une douce sensualité. Il note, tandis qu'il est encore dans l'avion, le paysage que lui offre le hublot : « La ville comme une poignée de pierres étincelantes, jetées le long de la mer[11]. »

Il se rend à son hôtel, le Saint-George, le plus beau de la ville avec l'*Hôtel Aletti*, qui, lui, est situé sur le front de mer. Il a choisi le Saint-George qui se trouve sur les hauteurs de la ville pour son charme intemporel, son luxe oriental. C'est un ancien palais maure

9. *Ibid.*, p. 181.
10. *Ibid.*, p. 181.
11. *Ibid.*, p. 181.

transformé en palace où les plus grandes personnalités du monde sont descendues[12]. On lui a retenu une suite qu'il estime disproportionnée pour sa bourse, mais il en accepte le prix, tant le lieu est édénique : de ses fenêtres montent des sillages de jasmin, déjà en fleurs, et surtout il aspire à grandes goulées l'air vif et printanier de la ville, qui lui donne l'impression de retrouver sa jeunesse.

À Maria Casarès, il fait part de la même émotion : l'odeur des roses, les cascades de bougainvilliers le long des murs, ses premiers pas dans les jardins, et aussi la visite chez sa mère, qui lui donne l'impression physique d'être rempli. Jamais il n'a perçu cette impression de plénitude, de contentement absolu, de bonheur qui comble tout son être ailleurs que sur sa terre natale : « Qu'il est bon aussi d'aimer de cette manière et de sentir son cœur plein ! », lui écrit-il avec des accents presque juvéniles. Alger lui semble si loin de la guerre et des violences qu'il n'évoque même pas les tensions, palpables pourtant au port d'Alger où commencent à débarquer régulièrement les appelés de France. Par sa manière d'être, joyeuse, infiniment vivante, calme en apparence, Alger étonne aussi les jeunes soldats fraîchement arrivés. Comment ce pays peut-il être en guerre ? Comment y croire ? Mais c'est dans l'intérieur qu'en effet elle se déroule, sournoisement, dans les corridors étroits des gorges de Palestro, dans les douars les plus reculés de la Kabylie et de la Mitidja, au fond des forêts et des maquis. Ou bien dans l'inaccessible casbah[13] où peu d'Européens osent s'aventurer, pas davantage Camus qui en connaît les dangers. Ses pas le portent plutôt dans le Belcourt de son enfance, il y retrouve les magasins qu'il fréquentait, les épiceries débordant d'épices dans des sacs, d'étals de coriandre, de menthe fraîche, de persil dit « arabe » et de légumes, de fruits colorés. Il parle avec des voisins retrouvés, essaie de reconnaître

12. « Il y a encore des paradis », aimait à dire Henri de Montherlant qui y séjourna très souvent. Aujourd'hui baptisé *Hôtel El-Djazaïr*, ses murs sont tapissés de portraits photographiques des visiteurs illustres qui y sont passés : le prince et la princesse de Galles, le prince Édouard VII et la princesse Alexandra, Churchill, Eisenhower, Sartre, Gide, Saint Exupéry, et toute l'élite internationale.

13. La casbah d'Alger est le pendant urbain de « l'intérieur » pour les Français d'Algérie. Sa topographie est elle aussi composée de corridors, de « grottes », de couloirs secrets, et y règne la même impression d'inaccessibilité et surtout d'insécurité pour eux.

chez les hommes de son âge des visages d'enfants qu'il aurait pu connaître, se souvient de ses jeux dans les rues avec ses camarades. Secrètement se construisent ainsi des chapitres de son grand œuvre, *Le Premier Homme*, où il rapportera les descentes des rues sur des planches équipées de roulements à billes, les jeux d'adresse avec des noyaux d'abricots ou des osselets.

Dans ses lettres adressées à Alger, Maria continue d'ignorer les événements : « Comment va la mer ? lui écrit-elle. Que devient Alger ? »

Avec quelques amis, il entreprend le risqué pèlerinage à Tipasa. Il s'y hasarde prudemment et avec une certaine anxiété : l'éblouissement originel qu'il a connu à 19 ans se renouvellera-t-il ? Il y va cependant, crânement, et loyalement, pourrait-on dire, par fidélité à ses idéaux de jeunesse, le 20 février. En Algérie, février est la saison des pluies, elles surgissent drues et violentes, comme des averses d'avril, et lavent le paysage, puis le rendent à son étincellement habituel. Il entre dans la voie centrale, les tamaris aux feuillages élégiaques, qui retombent comme des saules pleureurs, les absinthes « trempées d'eau », les pierres blondes lavées par la pluie, qui ont retrouvé leur éclat d'or, et remonte en lui « la même émotion[14] » que celle de ses 20 ans. Il en a le double maintenant, mais tout est intact. La gloire d'une naissance : il la redit avec insistance, la chance de sa vie. C'est ce dont il est reconnaissant, lui qui n'est pas croyant : l'univers lui a donné le privilège insigne d'être là dans cet environnement de lumière. C'est un dimanche grandiose qui lui est offert.

De nouveau donc, le mythe Tipasa opère sa magie. Les oiseaux même, en ce jour de gloire, « exultent[15] », note-t-il. S'élève alors en lui le chant du monde, une ode à la Giono où s'impose la louange. Tout dans ce séjour algérois confine à l'émerveillement. Depuis longtemps, il a perdu cet enthousiasme sacré qui s'est à présent emparé de lui. Dans la suite luxueuse du Saint-George que finalement il a conservée, contrairement à ce qu'il prétendait faire, considérant son prix, la lumière pénètre par flaques étincelantes : elle l'inonde et il la reçoit, avec l'impression tenace que dans ce pays, les sacrements

14. *Carnets VIII*, *op. cit.*, p. 183.
15. *Carnets VIII*, *op. cit.*, p. 183.

du baptême sont sans cesse renouvelés. Ce mercredi 23 février, la journée a ressemblé à « une coupe de cristal débordant d'une lumière bleue et dorée ininterrompue[16] ».

Il rencontre, le 22, Edmond Brua, un ami algérois, grande et pittoresque figure de la ville, auteur des fameuses fables bônoises et surtout de la parodie du *Cid* en *pataouète*[17], que Camus apprécie beaucoup. Il accepte pour le *Journal d'Alger*, dont Brua est le directeur, une interview dans laquelle il proclame la beauté d'Alger avec ferveur.

Le lendemain, il se lève très tôt et part au volant d'une Traction pour Orléansville, la ville martyre. Il est accompagné de son ami architecte et artiste, Jean de Maisonseul, Louis Miquel et Roland Simounet. Il constate avec détresse les dégâts considérables que le séisme a provoqués. Plus encore que les biens matériels, c'est la fierté et la dignité des populations qui le touchent, et particulièrement celles du petit peuple de Français et de musulmans. Il cherche des visages, des regards, des âmes qui vivent, si l'on peut dire, et remarque même avec émotion la ténacité des fleurs qui continuent leur poussée de vie entre les pierres, tels ces cyclamens aux pétales délicats jaillissant des ruines.

Plus que jamais il conçoit une Algérie fraternelle et solidaire. Il voit, en déambulant dans les rues entravées de décombres, des gens qui s'entraident, toutes communautés confondues. Où est, se dit-il, la guerre? Où est la source du conflit?

Il revient de son voyage à Orléansville réconforté cependant par la volonté créatrice de la population et sa farouche détermination à reconstruire; il y voit comme une promesse face aux événements tragiques qu'il qualifie déjà d'assassinats.

À Maria Casarès, il témoigne de sa (relative) renaissance, des activités intenses qu'il mène : à peine de retour, il a déjà prévu une rencontre avec ses amis du RUA, le club étudiant de sa jeunesse, le vendredi 25, le samedi 26, bal masqué, dimanche il assistera à un match avec le club universitaire RUA, lundi de nouveau visite

16. *Ibid.*, p. 184.
17. Edmond Brua (1901-1977), *La Parodie du Cid*, 1942.
La pièce transpose les vers de Corneille en argot pied-noir. Philippe Clair en réalisera une adaptation au cinéma en 1979, sous le titre *Rodriguez au pays des merguez*.

à sa mère,et mardi départ pour Paris. Ce renouveau intérieur, il le doit à Alger, et il en témoigne, lui d'ordinaire si pudique, il raconte à Maria que, dans sa chambre au Saint-George, il est réveillé par le soleil et là, nu, il passe une demi-heure « dans le doux soleil naissant[18] » !

Aucune trace ni écho de la guerre donc. Seul le séisme d'Orléansville trahit comme une ample métaphore celui, méthodiquement préparé, qui s'est produit dans les maquis.

Le retour en France lui est très pénible, l'angoisse l'étreint à l'idée de retrouver les problèmes de santé de Francine, les enfants, les occupations liées au travail éditorial, les contraintes de correspondances, tout ce qu'il déteste de sa vie en France et qu'il appelle « ses obstacles », et plus globalement, en conclusion de *Retour à Tipasa*, « l'Europe et ses luttes ». Et de fait, tout reprend : des articles pour le théâtre, dont un publié dans *Combat*, et intitulé *Le Cheval Dino Buzzati*, en écho à l'adaptation d'*Un cas intéressant* qui sera joué le 12 mars au théâtre La Bruyère. Mais aussi toutes les injonctions de la vie littéraire pour laquelle il est sollicité et la correspondance avec ses amis écrivains (Roger Martin du Gard, Claude Vigée, Jean Sénac, etc.), les discussions autour de son entrée au journal *L'Express* à l'invitation de Jean-Jacques Servan-Schreiber et de Françoise Giroud, sans parler de la lecture de *Caligula* qu'il donne le 26 mars au Théâtre des Noctambules.

Dans ce tourbillon, la présence de Maria, toujours aussi forte, qui le soutient et qui ne renonce à aucun superlatif pour lui témoigner son amour. Elle le couvre de baisers dans ses lettres, « éperdument », dit-elle.

Pendant ce temps-là, la rébellion gagne du terrain, et dans le bled, les ralliements se multiplient. Si les journées de novembre ne firent qu'une dizaine de victimes en tout, elles ont touché cependant les trois départements de l'Algérois, du Constantinois et de l'Oranie. Autant dire que l'action concertée vaut signe d'un embrasement généralisé. Et les autorités françaises ne peuvent plus occulter ce fait.

Les Algérois comme les habitants des grandes villes, voyant les troupes françaises arriver, se sentent plus à l'abri et protégés. Leurs

18. *Correspondance, op. cit.*, p. 1152.

activités reprennent, avec le même rituel méditerranéen qui a présidé jusqu'alors au quotidien de la vie des pieds-noirs...

Camus s'en amuse, il appelle cela « un vide parfumé d'anisette », pour évoquer l'esprit d'insouciance et de jovialité des Français d'Algérie, leur existence teintée de pittoresque et de gaieté qu'il voudra transmettre dans *Le Premier Homme.* Tous attendent en effet le début de la saison d'été qui commence ici au printemps, inaugurée par l'inévitable pique-nique sous les pins à Zéralda ou à Sidi-Ferruch. Les plus téméraires vont se baigner sur les plages les plus proches, mais généralement on se contente de « casser la mouna », comme on dit ici, c'est-à-dire partager la traditionnelle brioche de Pâques, légèrement trempée dans un petit vin blanc sucré des coteaux de Mascara, produit par les Pères blancs. Les Arabes voient-ils dans cet exode printanier vers les pinèdes une nouvelle provocation, ces lieux étant les premiers que les Français ont touchés en 1830 ? Dans les foyers cependant, on se demande si, cette année, on osera perpétuer la tradition. N'est-ce pas en effet une occasion idéale et spectaculaire de tendre des embuscades dans les forêts et sur les plages ? Mais comment résister à ce qui fait l'essentiel de la vie coloniale, ces « noces » comme dit Camus avec la mer et la lumière ? Y renoncer, c'est simplement une sorte d'amputation qu'il est impossible d'opérer.

Camus, depuis Paris, s'inquiète néanmoins de la situation. Il sait que le feu couve un peu partout et que la rébellion est à l'œuvre. Pire encore, elle suscite des sympathies sur le sol métropolitain et à l'international où l'appétit des vautours est déjà aiguisé, aussi bien aux États-Unis qu'en Union soviétique. Des armes sont déjà acheminées vers les frontières tunisiennes, prêtes à être livrées.

Depuis longtemps, de toute manière, la revendication d'une Algérie indépendante existe. Les hostilités de la Toussaint ne sont pas inédites car, dès 1926, le téméraire et fougueux Messali Hadj créa le mouvement de l'Étoile nord-africaine, l'ENA. Jusqu'alors, un certain *statu quo* existait entre l'administration coloniale et un code de l'indigénat qui laissait une certaine liberté aux caïds locaux. Cette noblesse musulmane, respectée jusqu'alors, commence à être contestée, et l'assassinat du caïd Bennadji Sadok, le 1er novembre, signe la fin d'un monde... Le mouvement nationaliste ne s'est jamais éteint, ravivé sporadiquement par des injustices, des famines, des révoltes très localisées, des vengeances ou des représailles. L'arrivée au pouvoir en France du Front populaire donna en son temps quelques espoirs à la lutte subversive, d'autant plus que les partis qui composaient le Front manifestaient des sympathies pour les mouvements d'indépendance. Le 2 août 1936, un grand rassemblement, allant des responsables algériens à Léon Blum, eut lieu au stade d'Alger au cours duquel Messali Hadj intervint et prononça un discours enflammé dépassant les souhaits de ses coreligionnaires, et appelant à une Algérie indépendante. Quelques mois après, en mars 1937, à Paris, il créa le Parti du peuple algérien, le PPA, et cinq mois plus tard, il fut arrêté. Cependant, le parti qui s'était installé à Alger fit campagne à l'automne de la même année pour les élections au Conseil général, et Messali Hadj fut élu haut la main quoique toujours emprisonné puis, quelque temps après, mis en résidence surveillée à Chellala. Le PPA fut interdit dès 1940, mais la défaite française alimenta l'ardeur des nationalistes qui virent dans cette faille de la puissance française un moyen de s'infiltrer et de durcir leurs revendications. Il y eut même des militants du PPA qui s'engagèrent dans l'armée allemande, furent jusqu'en 1943 les ennemis de la France et luttèrent auprès des forces allemandes comme Mohammed Saïd, qui œuvra efficacement dans les attentats de 1954.

Un des nationalistes – sûrement l'un des moins extrémistes – qui entendait tirer son épingle du jeu, Ferhat Abbas, envisagea une indépendance de l'Algérie largement contrôlée par la France, mais le projet établi en pleine guerre mondiale fut vite éludé par les autorités françaises.

En 1943, des élus algériens, voyant que leurs revendications piétinaient, envisagèrent une Algérie autonome mais le projet avorta et sous l'autorité de de Gaulle, Ferhat Abbas et le président de l'Assemblée algérienne, Abdelkader Sayah, furent placés en résidence surveillée. Un an plus tard, un plan fut fomenté par les indépendantistes pour aider Messali Hadj à s'enfuir et rejoindre le maquis dans la région de Sétif. Le 19 avril 1945, il fut exfiltré, mais le complot s'étant entre-temps éventé et les combattants algériens qui devaient l'aider à rejoindre Sétif n'étant pas au rendez-vous après plusieurs heures, Hadj lui-même renonça au projet et décida de rentrer à Chellala.

Sa résidence surveillée était déjà investie par les soldats français et ceux-ci eurent tôt fait de l'arrêter, de l'emprisonner à El Goléa et de l'expulser à... Brazzaville !

Le 1er mai, les militants algériens décidèrent de réclamer sa libération, mais les forces de l'ordre chargèrent les manifestants à Alger, à Oran et à Bougie, faisant des morts et des blessés. Le 8 mai, le PPA décida de nouvelles manifestations pour condamner la répression du 1er mai. Le général Henri Martin, commandant en chef du 19e corps d'armée d'Alger, fut chargé du maintien de l'ordre. Tout était prêt pour l'affrontement...

Il eut lieu, hélas, pour le pire de l'Algérie française. Une dizaine de milliers de manifestants commencèrent à se rassembler, descendus des douars ou venant des faubourgs de Sétif ; ils étaient menaçants, armés de couteaux et de bâtons, et réclamaient ouvertement une Algérie algérienne en en scandant les six syllabes. La police voulut les démunir de leurs drapeaux et de leurs armes blanches, des échauffourées s'ensuivirent. Les femmes criaient et encourageaient les hommes par leurs youyous stridents, on tira des coups de feu ; de jeunes scouts nationalistes s'écroulèrent, touchés à mort. Les manifestants furent refoulés hors du centre de la ville, et hors de la nasse, dans une sorte de folie sanguinaire, ils se livrèrent sans discernement à des exactions aveugles sur les Français qui, par malheur, venaient à se trouver sur leur chemin. Des dizaines de morts français et européens furent à déplorer. Femmes, enfants, vieilles personnes furent lynchées, assassinées, lapidées. Comme une traînée de poudre, la propagande nationaliste se répandit dans toute la région quelques heures après et incita les habitants des douars à n'avoir aucune pitié pour les Français. Le curé de la paroisse d'El-Ouricia fut ainsi assassiné. Une fureur partisane s'empara de toutes les parties. Les Français, horrifiés par le massacre des leurs, aussitôt après leur inhumation solennelle, voulurent prendre leur destin en main et se faire justice. Des milices se dispersèrent dans les environs et furent sans pitié. Les jours suivants, la répression officielle fut épouvantable. On tua tous les musulmans de la région pour ainsi dire, on les obligea à quitter leurs villages, on les repoussa jusque sur la côte où des unités de tirailleurs sénégalais les attendaient pour les massacrer. L'aviation française mitrailla la région, éliminant des unités entières de combattants algériens. Un peu partout, la révolte s'était propagée dans le Constantinois, dans l'Oranais. Les émeutiers semblaient désormais anéantis.

La paix, oui, en effet, pouvait s'installer, mais pour une dizaine d'années, avait averti le général Duval qui avait dirigé les opérations.

Le bilan était très lourd, mal évaluable : du côté français, on évoqua au minimum 4 000 morts, du côté algérien, on estima à 35 000 le nombre de victimes...

Quel qu'en soit le nombre, l'impact d'un tel assaut, disproportionné, fut considéré comme le point de non-retour pour les Algériens, l'injustice de trop, le péché originel, celui qui avait renoué avec les massacres du général Bugeaud, pendant la conquête militaire cent quinze ans plus tôt...

Comment oublier ce traumatisme ? Comment ne pas ressentir de haine ? Comment ne pas être tenté par la vengeance et la revanche ?

Albert Camus sait tout cela. Il connaît les erreurs et les brutalités qu'ont commises les Français, il a lu les rapports des orateurs lors des séances de l'Assemblée nationale en 1830-40, le récit des exactions indignes de la France, les fameux et tristement célèbres enfumages, les déplacements des villageois du bled, les viols, les meurtres, les hordes cruelles dignes de celles qui ont pourchassé les Vendéens au XVIIIe siècle. Il a écrit sur la misère de ces populations livrées à elles-mêmes, misérables et décimées par la malaria, la diphtérie, le paludisme. Il l'a rapportée, dans ses reportages de 1939, sans que cela ait ému les autorités qui préférèrent fermer les yeux, s'aveugler sur l'impossibilité de la France à conserver sans réformer leur empire colonial.

Mais le malheur veut, pense-t-il avec détresse, que lui-même est né dans ce pays, qu'il s'en considère l'enfant, qu'il ne peut être un ennemi de tous ceux qu'il a croisés dans sa jeunesse, et avec lesquels il a fraternisé réellement. Il s'estime en ce domaine touché par une contradiction qui se transforme vite en crucifixion : comment à la fois être solidaire de la volonté d'un peuple à retrouver sa dignité et sa liberté et l'être aussi d'un petit peuple de colons qui a bâti ce pays, l'a fait prospérer, l'a enfin ouvert au monde moderne ? Comment renier l'héritage de ses ancêtres ? Cette longue filiation de pionniers qui sont devenus à leur tour des « enfants du pays », au même titre que ceux que ces colons appellent « les indigènes » ? Il mesure les exigences de la solidarité et en même temps la solitude à laquelle elles le mènent.

Comment concilier son désir de tolérance qui le conduit inévitablement à dénoncer les effets coupables d'une colonisation brutale, et admettre en même temps que l'Algérie, quoi qu'en disent les Algériens aujourd'hui encore (et surtout), ne pouvait se revendiquer ni d'une économie ni d'infrastructures en 1830 ? Comment accabler davantage les colons pionniers qui ont relevé le défi d'organiser un territoire jusqu'alors livré à des tribus rivales et au despotisme ottoman qui mettait en esclavage par un système odieux de piraterie la jeunesse des pays qui ourlaient la mer Méditerranée ?

Si Camus condamne la pauvreté en Kabylie et des enfances livrées à la famine et à la misère matérielle, il constate aussi, dans ce pays qui est le sien, si paradoxal et si contrasté, que « les colons » – appellation qu'il répugne à utiliser pour désigner les classes populaires des Européens d'Algérie – vont vite être « submergés par la croissance des populations autochtones qui bénéficient du progrès, de la sécurité et des améliorations sanitaires que porte en elle-même la "colonisation[19]" », comme l'analysera plus tard l'historien Guy Forzi, principalement éradication du typhus, du glaucome et de la malaria, maladies qui décimaient les populations musulmanes précarisées[20]…

D'où qu'elles viennent, les nouvelles sont mauvaises. La répression et les affrontements font désormais partie du quotidien de l'Algérie, il y a peu de temps consacré aux joies de la plage et à un art de vivre dont il goûte toujours la gaieté et l'insouciance. Dans les Aurès, dans la Haute Kabylie, les opérations de « ratissage » et de « nettoyage » se multiplient. On appelle cela « la pacification ». Partout, on signale ce qu'on aurait pu considérer, il y a deux ans encore, des faits divers mais ce sont maintenant des attentats qui ciblent des civils… Ici, à Fort-National, un individu a brisé le pare-brise d'un camion civil

19. Guy Forzi, *Ça aussi, c'était de Gaulle! Vérités pour l'histoire*, Dualpha éditions, 2004, p. 815.
20. D'immenses efforts sur le plan sanitaire ont été engagés sur tout le territoire algérien au cours de la colonisation, actions qui tendraient à démontrer que la dénomination de « crime contre l'humanité », reprise par les autorités algériennes et récemment par Emmanuel Macron, durant sa campagne présidentielle, en 2017, est infondée.

et a attaqué au poignard le conducteur et les passagers ; là, près de Yacouren, un camion militaire a été harcelé par des rebelles embusqués, des engagements ont lieu à Bougie, à La Fayette, dans le secteur de Bou-Doukhrane, des rebelles sont capturés, ou abattus.

Une nouvelle méthode orchestrée par les rebelles (appelés indifféremment par les autorités françaises combattants, rebelles, bandits, émeutiers, etc.) consiste à lancer des raids contre des personnes isolées, françaises comme musulmanes. Sont pris pour cible des Arabes qui refuseraient de payer la dîme auprès des rebelles ou seraient estimés proches des Français, fidèles à ceux qui les emploient. Les hésitants, les méfiants sont aussitôt exécutés, provoquant ainsi la terreur dans les douars et les condamnant à se rallier à la révolution.

Si les opérations militaires sont dispersées dans toute la Kabylie, les parachutistes découvrent avec certitude l'organisation de l'armée rebelle, les caches, les arsenaux, les méthodes... Camus qui a combattu inlassablement jusqu'alors le franquisme, le nazisme, le fascisme, la collaboration, le stalinisme, se trouve confronté à la violence meurtrière d'une armée de libération nationale qui tue sur la terre des siens, sur la sienne donc, aveuglément des civils et de jeunes soldats français. Comment tolérer cette situation ? Et jusqu'à quelle limite la violence est-elle légitime ? Il comprend confusément que c'est à ce dilemme tragique qu'il devra répondre très vite.

Il se laisse happer par la vie littéraire, mondaine, par le théâtre auquel Maria Casarès le ramène le plus souvent, par les contraintes familiales, et aussi par ses soucis de santé qui occupent une part importante de son inquiétude. Il s'épanche en effet beaucoup sur sa santé délicate, sur ses fragilités psychiques, et demande à Maria de l'aide, affirmant qu'elle seule peut apaiser ses angoisses et le recentrer émotionnellement. Dans cette période où la rébellion est de plus en plus active et signale sa présence par des opérations sporadiques, perlées et meurtrières, semant dans l'opinion, surtout en Algérie, une forme de terreur confuse, il se réfugie dans le déni, comme s'il voulait se convaincre que son Eden ne peut pas être touché par la violence et la mort. Ne pas en parler dans le quotidien de l'existence, c'est encore une manière d'échapper à ce mauvais coup de l'absurdité. D'où le fait qu'il ne parle jamais des événements à ses amis les plus chers (Char, Maria Casarès, comme lorsqu'il entretiendra, plus tard, une correspondance avec Catherine Sellers, dès qu'il l'aura engagée pour le rôle de Temple, dans *Requiem pour une nonne*). Auprès d'eux, les échanges ne traitent que de théâtre, de déclarations d'amitié ou d'amour passionné, de relations de voyages, des menues choses de la vie comme les courses lorsqu'il emménage rue de Chanaleilles, les visites chez le fleuriste, les coups de fatigue qui l'assaillent régulièrement. Étrange phénomène de dédoublement schizophrénique, à peine maîtrisé jusqu'à la fin de sa vie.

L'Algérie est cependant le sujet central des articles qu'il a accepté de donner à *L'Express* à la suite de sa rencontre avec le directeur du journal. Il y travaille durant le printemps 1955. Là encore, et quel qu'en soit le prix à payer, il a décidé de livrer le fond de sa pensée sur le conflit, tout en sachant qu'il sera l'objet d'attaques violentes de la part de la gauche française qui lui reproche déjà son apparent silence.

Un autre projet l'occupe ardemment : un voyage de deux semaines en Grèce qu'il a décidé d'entreprendre à la faveur d'une série de conférences qu'il va y donner. Il mise beaucoup sur ce séjour hellénique pour se reconstituer moralement et même physiquement, se sentant vidé de ses énergies. Il en fera des commentaires éblouis, trouvant à ce pays une grâce et une force comparables à celles de son pays natal. Le lien qu'il établit d'ailleurs au sujet de ces deux pays prouve leur commune nature : « Il y a quelques mois, à Orléansville, j'ai vécu au milieu d'un groupe de jeunes architectes qui reconstruisent la ville et sa région [...]. Il y avait autant de soleil à Argos qu'à Orléansville, les maisons encore debout n'étaient pas si différentes. Quant aux deux peuples, la pauvreté et une commune fierté les font ressemblants [...]. Dans les deux villes se sont installés des hommes jeunes qui excellent dans leur métier respectif[21]. »

Le 26 avril, Camus s'envole donc pour la Grèce. Les grands noms mythiques de la Grèce antique sont tous visités, et il en rend compte pas à pas à sa fougueuse et impétueuse amante : Épidaure, Delphes, Sparte, Mystra, Mycènes, les mots résonnent pour la tragédienne, et toujours en lui cette obsession de la lumière, qu'il qualifie de « crue », de « chaste », d'« ivre », d'« étincelante[22] »... Il goûte

21. Cité par Guy Basset, in *Topographies supendues*, https://brill.com
22. *Correspondance*, *op. cit.*, p. 1164.

soudain à un certain bonheur qui, dit-il, le fait vivre « plus près du centre ». Mais l'intérêt du voyage réside surtout pour lui dans cette proximité qu'il découvre entre lui et les pays méditerranéens, comme l'Espagne, l'Italie et bien sûr l'Algérie. Il y reconnaît un humanisme commun qui stimule son désir d'unité, « seul espoir de l'Europe qui végète », dit-il au cours du colloque sur l'avenir de la civilisation européenne auquel il participe à Athènes. Et c'est encore une fois, retrouvant la même impression en visitant Tipasa, la nature solaire, la splendeur des paysages qui vont lui donner la réponse : « Sentiment étrange pendant toute la matinée d'être ici depuis des années, chez moi d'ailleurs, sans même être gêné par la différence des langues. En montant à l'Acropole, redoublement de cette impression quand je constate que j'y vais "en voisin" sans une émotion[23]. » Il retrouve dans ses *carnets* le lyrisme de *Noces*, et même s'il se refuse à jouer « son Chateaubriand », il laisse parler sa langue natale. Il retrouve le souffle, l'ivresse d'une langue portée par la lumière et la gloire des paysages, par l'intensité du silence, par le frémissement des oliviers après l'orage… Aussi est-ce « le cœur serré » qu'il quitte ce qu'il appelle son « royaume[24] » et rejoint Paris le 16 mai.

Deux jours auparavant, il a livré son premier article à *L'Express*, intitulé « Le métier d'homme », confirmant ainsi ce qu'il avait énoncé en 1947 dans *La Peste* : « Ce qui m'intéresse, c'est d'être un homme. » Pendant près d'un an, il donnera une suite de 35 articles[25] dont la majeure partie portera sur le drame algérien. Ce premier article reflète son état d'esprit général et pose les fondements et les exigences auxquels nous oblige la condition humaine. Mais il a en tête une suite d'articles sur l'Algérie dont il sait bien qu'ils susciteront critiques et incompréhension, et c'est dans cet état d'esprit qu'il aborde l'été 1955 en partant avec ses enfants en haute montagne, séjour recommandé pour sa santé et aussi pour tout le

23. *Carnets, op. cit.*, 27 avril 1955, p. 185.
24. « Ce monde des îles si étroit et si vaste me paraît être le cœur du monde. Et au centre de ce cœur se tient Délos et cette cime où je suis, d'où je peux regarder sous la droite et pure lumière du monde le cercle parfait qui limite mon royaume », écrit-il, dans ses *Carnets VIII* (*op. cit.*, p. 200).
25. Le premier article est daté du 14 mai 1955 : « Le métier d'homme » et le dernier du 2 février 1956, « Remerciement à Mozart ».

travail qu'il doit mener : rédaction de la nouvelle qui deviendra *La Chute*, trop longue pour s'insérer dans le recueil qu'il entend achever aussi, *L'Exil et le Royaume*, et enfin les articles concernant les événements d'Algérie.

Ceux-ci le laissent toujours aussi désemparé. Le séjour grec a un certain temps atténué cette angoisse, mais dans le microcosme parisien, elle s'est accrue et il ne cesse de penser au drame qui se joue dans son pays natal.

Il rejoint donc les Hautes-Alpes, sous la vigilance du mont Blanc, dans un hôtel à Montroc-le-Planet qui ne lui plaît guère, soumis aux rites des pensions de famille. Francine étant en cure à Divonne-les-Bains, et les enfants occupés à des activités sportives de montagne, Camus peut se consacrer à la rédaction de son recueil de nouvelles *L'Exil et le Royaume* qu'il entend publier prochainement. Le 8 juillet, il se confie à René Char pour lui dire qu'il est un peu à l'abri de toute contrainte extérieure et qu'il sort « peu à peu d'un tunnel ». Les événements récents, et la tension qu'ils ont provoquée en lui, l'obligent à imaginer désormais une vie réduite « à l'essentiel et vous êtes dans cet essentiel[26] ». Il compte beaucoup sur ses éditoriaux pour dénoncer l'enlisement des intellectuels dans l'idéologie ou dans la jouissance. La démocratie est en jeu, dans un monde qui n'a pas retrouvé un équilibre et une mesure après la Seconde Guerre mondiale. Ce délitement et la lucidité qu'il en a le rongent de désespoir, à quoi s'ajoutent, comme il l'écrit à Jean Grenier, « des misères de santé qui ont gâché tout mon été[27] ». S'il a consacré, le 2 juin, le second article dans *L'Express* à « la guerre sainte des gauches », le troisième en date du 8 juillet s'intitule « Terrorisme et répression ». Il y exprime pour la première fois et publiquement sa position, toute tournée vers une conciliation des deux communautés qu'une guerre de libération pourrait transformer en deux camps irréductiblement ennemis. La terreur et la répression forment ainsi un couple suicidaire à ses yeux : « La séparation définitive du Français et de l'Arabe sur une terre de sang ou de prisons » ne pourrait être alors que la plus funeste et redoutée issue. « Je suis de ceux, précise-t-il,

26. *Correspondance, Albert Camus-René Char*, *op. cit.*, p. 159.
27. *Correspondance, Albert Camus et Jean Grenier*, p. 201.

qui ne peuvent se résigner à voir ce grand pays se casser en deux pour toujours. » Toute la teneur de la pensée camusienne en cette année 1955 réside dans ce constat. Ce texte, qui va inaugurer une longue litanie d'arguments en faveur de la réconciliation entre les deux communautés, ne libère pas Camus pour autant. Il l'écrit à Maria Casarès, le 11 juillet, parlant d'une « angoisse si constante » qui le tient. Les seuls remèdes qu'il repère pour se sortir de cette mélancolie profonde sont la joie de retrouver Maria et l'Italie : « La promesse » de l'Italie, tout entière contenue dans la présence où que l'on aille de l'art, le rassure et surtout le console. La quête du bonheur est permanente chez lui, mais elle est sans cesse entravée par le malheur algérien. Il s'en confiera à son ami algérois Charles Poncet : « Je suis bien angoissé devant les affaires d'Algérie. J'ai ce pays en travers de la gorge et ne puis penser à rien d'autre[28]. »

Après avoir confié les jumeaux à Francine, à Divonne, puis les avoir tous installés à Annecy, Camus part pour Avignon où l'attend Maria Casarès. Rendez-vous qui, pour lui, prend l'allure de providentielles retrouvailles, ébauchées depuis longtemps, espérées depuis des semaines.

Durant la dernière quinzaine de juillet, il clôt toujours les lettres qu'il lui adresse par le rappel de l'imminence du bonheur retrouvé : « À bientôt, mon amour, ma Provence, je ne cesse de te souhaiter », écrit-il 17 juillet, « La semaine prochaine a deux noms : liberté et vie », le 22 juillet, « Je vais te retrouver vendredi et dans la patrie », le 25…

Sienne le bouleverse, l'Émilie-Romagne l'enchante. Mais les événements d'Algérie et la poursuite de la rébellion viennent quelque peu gâcher l'allégresse qu'il ressent dès qu'il pose le pied en Italie. Où qu'il soit en Europe, les échos de la guerre révolutionnaire et urbaine en Algérie le poursuivent. Dans cette intranquillité constante, il ne peut jouir pleinement de ce que l'Italie lui offre. Les nouvelles qui lui parviennent de ses amis algérois ne sont pas bonnes du tout. Les accrochages se multiplient depuis la Toussaint 1954. Ont-ils jamais cessé ? En vérité, dans le djebel, aux frontières de la Tunisie, sur les hauteurs des montagnes, il y eut toujours des accrochages, qui

28. Lettre à Charles Poncet, 25 septembre 1955.

ne pouvaient étonner les chefs de section des bérets bleus. Certains d'entre eux ont connu déjà des embuscades et des morts parmi les leurs. Des fermes ont été incendiées qui contenaient de véritables arsenaux. Le drame de Palestro en 1871, qui avait fait des dizaines de victimes françaises, égorgées par une descente d'indigènes venus des douars avoisinants, est toujours resté dans les esprits, même si, encouragés par les pouvoirs publics et l'armée, les colons avaient repris le travail et la vie quotidienne[29]. Mais la défiance s'est installée partout.

Comment croire les villageois, eux-mêmes tiraillés entre les menaces de l'armée rebelle et les demandes de renseignements des Français ? Pris entre deux feux, qui choisissent-ils ? Au procès d'un rebelle du 1er novembre, celui-ci a donné la raison la plus simple qui soit aux juges : « J'avais peur... J'avais conscience que j'allais faire une bêtise... J'aurais voulu me détacher d'eux quand on m'a entraîné... On me disait que ma religion exigeait que je tue les Français qui nous faisaient beaucoup de mal, voulaient nous rejeter au Sahara. Les chefs ajoutaient même : "Si tu veux conquérir ta place au paradis, il faut combattre les chrétiens[30] !" » Les mères de famille, lorsqu'elles veulent se faire craindre de leurs enfants, n'usent-elles pas encore de cette menace : « Si tu n'es pas sage, je te donne au Bouchou[31] » ?

Les lignes téléphoniques sont régulièrement sabotées, dans les Aurès surtout, et le Constantinois se révèle un vrai foyer révolutionnaire. Plus rien n'est sûr depuis l'automne 1954. Les Français ne se déplacent plus guère en car, à Batna, à Ampère, à Lamy, à Souk-Ahras. La nuit, des rebelles établissent de petits barrages de

---

29. « Les glorieuses victimes nous montrent la voie à suivre et notre devoir quels que soient les échecs. Il ne faut jamais rendre l'œuvre de la colonisation moins facile et moins visible surtout : elle se poursuit néanmoins et l'on est étonné du chemin qui a été fait quand on revient dans ce pays au bout de peu de temps. Il faut s'y attacher et la continuer avec persévérance », déclara le gouverneur d'Algérie, M. Cambon.

30. In Roger Vétillard, *La Dimension religieuse de la guerre d'Algérie, 1954-1962*, ÉditionAtlantiS, 2018.

31. « Bouchou » pour dire « Bugeaud », dont les exactions, durant la conquête militaire, sont restées traumatisantes. Perpétrées par l'armée française, elles sont restées gravées dans toutes les mémoires algériennes, du fait de la propagande, et sont devenues un des épisodes les plus violents du roman national algérien. Le souvenir de ces « enfumages » est encore relayé aujourd'hui dans l'imaginaire collectif et est un des points les plus cités dans le dossier instruit par l'Algérie sur la repentance exigée de la France.

pierres amoncelées en travers des routes qui obligent les voitures ou les cars à s'arrêter. Des hommes embusqués sortent des bas-côtés et le plus souvent abattent les Français qu'ils trouvent, épargnant les Arabes à moins qu'ils ne soient eux-mêmes des caïds ou des membres de leur famille. Si un certain *statu quo* est observable pendant l'hiver, comme si les forces de l'ordre avaient pu obtenir une trêve, accueillie en ce Noël 1954 avec joie, les opérations de ratissage systématique se poursuivent. Elles deviennent le lot des fellahs qui voient leur quotidien complètement bouleversé. Un ressentiment profond s'installe en eux, que la rébellion exploite. Celle-ci ne faiblit pas ; au contraire, elle est activée et entretenue en sous-main par le gouvernement égyptien, grand pourvoyeur d'armes et dispensateur de stratégie auprès duquel vient s'instruire le FLN. L'Égypte se voit déjà en pièce maîtresse d'un immense empire musulman qui occuperait tout le Nord de l'Afrique. Et Camus croit fermement à ce scénario et le redoute.

Les renforts d'effectifs venus de France sont envoyés dans les maquis où se déroulent les scènes habituelles de la guerre : traque des rebelles, campements de fortune, marches épuisantes dans des corridors de pierre, crainte des embuscades, retour dans les bases de fortune, repos, préparation des repas, visite dans des bordels de fortune improvisés.

Jacques Soustelle, le nouveau gouverneur général en Algérie, a de grands projets pour le pays, il envisage une Algérie certes rattachée à la France, mais qui bénéficierait d'une nouvelle autonomie, avec un parlement élu au collège unique. Le FLN ne veut pas de ces rêves qui peuvent séduire les Algériens, qui ne sont pas tous, tant s'en faut, sympathisants de la rébellion. Soustelle envoie des émissaires dans l'intérieur, en particulier Germaine Tillion (avec laquelle Camus tâchera bientôt de dialoguer), qui, en spécialiste ethnologue des Aurès et femme de gauche, pourra entamer un échange fructueux avec les Arabes. Pour cela, il conçoit de créer des centres sociaux auxquels ils seraient invités à participer, et quelques concessions à certains prisonniers rebelles sont faites.

Les Français d'Algérie ne voient guère d'un bon œil ces tractations qui se trament et sont plutôt favorables à une répression forte et radicale. De son côté, le FLN a le même point de vue que le petit peuple pied-noir : il faut radicaliser la guerre et instaurer la terreur afin que plus rien ne soit rattrapable par une quelconque négociation diplomatique. C'est Zighoud Youcef qui va se charger de semer la haine et la terreur, dans le Constantinois cette fois-ci. L'attaque grandiose est prévue le 20 août 1955, à Philippeville.

Et de fait, l'ampleur des massacres perpétrés envers la communauté française fera basculer inéluctablement la paix relative dans une guerre résolument brutale et sans appel.

Camus, qui est alors en Italie avec Maria Casarès, suit au jour le jour les nouvelles qu'on lui transmet via *L'Express* et ses réseaux personnels. Dans l'intimité des siens, il avoue déjà que tout lui paraît « fichu ». Mais il est aussi doté d'un caractère sinon optimiste, du moins espérant. Il ne peut admettre l'échec aussi cuisant auquel son pays d'enfance, et où vit encore sa mère, serait condamné. Mais comment arriver à cette fameuse conciliation qui a germé dans son esprit, comme unique solution et issue au drame algérien, quand il apprend l'horreur et la barbarie des massacres de Philippeville ?

Camus mange « le cœur des pastèques fraîches dans les rues chaudes de Vérone[32] ». Piero della Francesca l'émerveille, il se promène dans les jardins d'Arezzo, retourne admirer la Piazza del Campo en forme de coquille Saint-Jacques, à Sienne, admire « les harmonies d'étoiles », à Assise, marche dans la vallée de Sansepolcro, « entre les oliviers frêles et les longs cyprès », flâne avec Maria dans les rues d'Urbino, en ces jours funestes d'août 1955.

C'est le 20 août justement. Sur la route de Sienne, à midi, l'aplomb du soleil fige le paysage, la pierre rouge et or des édifices si gracieux. À la même heure, à Philippeville et dans tous les villages avoisinants du Nord-Constantinois, des hordes de fellahs dévalent des collines et envahissent les rues des villes et des villages de la région. Camus est très vite mis au courant. Le 22 août, tandis que se poursuivent les massacres, il note dans ses *Carnets* : « Roman. Les sauterelles – le tremblement de terre. L'attaque de la ferme isolée. – L'attaque de Philippeville – L'attaque de l'école – Typhon sur Nemours[33] ». Les notes habituelles qu'il écrit dans ses *Carnets* révèlent la part de

32. *Carnets III*, *op. cit.*, p. 213.
33. *Ibid.*, p. 214.

témoignage qu'il veut donner à son futur récit-roman, *Le Premier Homme.* Chacune des notations montre combien il est constamment en contact avec l'Algérie, même lors d'un voyage amoureux en Italie… Cette manière d'être connecté en permanence avec le drame qui se noue sur sa terre natale trahit son désespoir qu'il ne peut finalement que confier au mystère de l'écriture. L'angoisse est prégnante, même en parcourant les « campagnes d'olives et de raisins[34] », sur la route de Monte San Savino à Sienne…

Le récit que la presse et des amis lui font des émeutes l'a horrifié : il est clair aux yeux de l'opinion entière que la vraie guerre a commencé, cruelle et sans pitié. Irréversible.

Tout a donc commencé ce 20 août 1955. Soit dix mois et vingt jours après les émeutes de la Toussaint 1954. La paix certes n'avait pas été rétablie, mais des négociations politiques faisaient croire à un apaisement. La population européenne était cependant sur le qui-vive et se préparait à des temps redoutés.

Ce matin-là, le temps est particulièrement radieux, une journée souveraine, de plein soleil, un ciel d'un bleu cru, de celles qu'aime justement Camus et qu'il a retrouvées en Toscane.

À midi, l'attaque commence : comme sortis d'un péplum hollywoodien, des milliers de fellahs arrivent aux portes de Philippeville. Tous armés de gourdins, de fourches, de couteaux ficelés au bout de tiges de roseau, quelques-uns de fusils. Les femmes les suivent, excitées, poussant leurs youyous stridents qui déferlent dans les rues de la ville où vivent environ 30 000 Européens. Ils chantent des hymnes patriotiques, encadrés par des meneurs de l'ALN. Le service d'ordre, si l'on peut dire, de Zighoud Youcef organise la manifestation, des combattants algériens bordent pour l'instant le cortège un peu folklorique, les Français ferment leurs maisons, leurs volets, se barricadent, attendent prostrés dans les pièces les plus éloignées des rues ; certains, déjà armés, sont prêts à en découdre et à tuer s'il le faut. La police et l'armée repoussent le cortège en faisant usage de leurs armes. Des hommes tombent à terre. Le cortège est contraint de reculer. Mais Philippeville n'est pas la seule cible : d'autres villes de moyenne importance et des villages

34. *Ibid.*, p. 212.

sont aussi attaqués, tout le Nord-Constantinois est visé et s'embrase : Collo, Aïn-Abid, Guelma, El-Arrouch, Oued Zenati, Robertville, Saint-Charles, El-Kroub, Condé-Smendou, El-Halia. Les Français qui ont le malheur de croiser les tueurs sont immédiatement abattus. Ni les femmes ni les enfants, même les bébés, ne sont épargnés, mais assassinés, égorgés dans les rues, contre les portes d'entrée de leurs domiciles. Les musulmans pro-français sont aussi exécutés. Ceux notoirement connus pour leur fidélité à la France comme le neveu de Ferhat Abbas, qui tient une pharmacie, est assassiné dans son officine. On ne compte pas moins de 150 morts parmi la population française pour la seule journée du 20 août. Le vent de folie et d'hystérie qui a présidé à cette attaque d'envergure, voulue comme un acte décisif pour instaurer définitivement la terreur entre les deux communautés, n'est pas pour autant tombé, car le temps de la répression commence dès le lendemain.

Cette folie atteint son paroxysme à El-Halia : des centaines d'Arabes déferlent aux alentours d'une mine de pyrite, où travaillent et vivent des ingénieurs, des ouvriers et des familles.

Le directeur de la mine arrive en toute hâte au camp Pehau, où est installée une unité de parachutistes. Des convois s'ébranlent accompagnés d'une voiture pour les premiers secours. Ils traversent les forêts de chênes-lièges, que l'école d'Alger a peintes avec leurs troncs noueux et leurs feuillages gracieux, et arrivent sur le site, mais trop tard, puisqu'à terre gisent des dizaines de corps égorgés, mutilés, des bébés éventrés, tandis qu'un chauffeur de camion brûle à son volant. Beaucoup d'ouvriers de la mine se sont joints au massacre, forcés ou pas, indiquant aux combattants rebelles les entrées de la mine, les galeries, les guidant dans les couloirs.

Les obsèques sont très vite organisées à cause de la chaleur. Le maire de Philippeville, écœuré par la situation, piétine la gerbe de fleurs que Jacques Soustelle a fait parvenir, le jugeant incompétent dans la gestion de la rébellion. Lui-même se targue d'avoir abattu d'une rafale de mitraillette du haut d'un balcon de sa mairie un bon nombre d'Arabes. Dans ce chaos, un seul se réjouit vraiment : Zighoud Youcef. Son plan a fonctionné pleinement. Qui pourrait prétendre désormais à une politique de la main tendue parmi les Européens ?

Chauffés à blanc, ceux-ci réclament au contraire vengeance et justice pour leurs morts, prêts à s'organiser en milices pour pourchasser les tueurs. La propagande rebelle de son côté fait état de plus de mille morts dans ses rangs pour cette seule journée. Ce chiffre disproportionné face aux massacres des Français n'émeut pas les autorités qui vont poursuivre le ratissage, jugé cette fois légitime, de tout ce qui peut être suspect. Pas de procès bien sûr, mais des exécutions immédiates, les corps abandonnés à terre. Ce que voulait Zighoud est enfin arrivé. La terreur s'est installée partout, la guerre, aveugle, a commencé.

Peu importe le nombre de morts arabes, la vie ne compte guère dans la religion musulmane, veut-on croire, la mort au contraire est promesse de vie éternelle, sous le regard reconnaissant d'un Dieu cruel et vengeur. La répression sera aussi féroce que du temps de la prise d'Alger, que de Sétif, peut-être plus violente encore. La semaine qui suit est vouée à la traque des Arabes. Jamais le terme de chasse à l'homme, de « ratonnades » n'aura été aussi exact que ces jours-là. Villages, mechtas, hommes, femmes, enfants, vieillards, personne n'est à son tour épargné. S'ajoutent à cela les descentes de civils armés, raflant tous les Arabes qu'ils rencontrent sans distinction d'âge ou de sexe, les rassemblant dans des nasses et les abattant sans état d'âme. Les jours funèbres se poursuivent jusqu'au 29 août. L'ALN compte, mais les preuves ne sont pas livrées, plus de 12 000 morts. Les messalistes, plus de 15 000, et l'histoire officielle algérienne, pour servir sa propagande, parle de 30 000 morts tandis que l'armée française évoque le chiffre, qui n'est pas non plus vraisemblable, de 1 273 morts. La bataille des chiffres est moins importante aux yeux de Camus que le degré de folie que les deux parties ont atteint et qui ruine toute idée de réconciliation. Toutes deux font cependant le même constat : la guerre inéluctable sera féroce et sans pitié. Une conception de la guerre révolutionnaire – qui n'est pas celle de Camus – s'impose. Elle est légitime, légale et fondée sur le droit à la liberté des hommes, l'unique moyen de combattre l'oppression d'où qu'elle vienne. Une cause pourtant qui justifierait les moyens, quels qu'ils soient, n'est pas concevable pour lui. Là réside sa tragédie. Ali Kafi, second de Zighoud, évoque dans ses Mémoires « un massacre sans exemple dans sa sauvagerie sinon celui du 8 mai 1945[35] ». Les massacres en amont de la mine d'El-Halia seraient-ils donc moins sauvages que ceux dénoncés par le combattant de l'ALN ? Y aurait-il des massacres nécessaires et héroïques tandis qu'il y en aurait d'ignobles et de barbares ? Des massacres légitimes et d'autres qui ne le seraient pas ?

Le questionnement de Camus commence à s'esquisser. Dans son avant-propos aux *Chroniques algériennes* qu'il publiera en 1958, il écrira : « Les représailles contre les populations civiles et les pratiques de torture sont des crimes dont nous sommes tous solidaires... Bon gré, mal gré, nous retournons alors à la jungle où le seul principe est la violence[36]. »

Tout ce malheur accable ses frêles épaules. Il vient perturber l'équilibre italien dont il a perçu le fragile miracle. « Je suis bien angoissé », confie-t-il à Jean Grenier...

Est-ce pour cette raison que, dès son retour de Toscane, le 29 août, il demande à celui-ci de lui trouver une maison de campagne dans le Midi, pour enfin s'y retirer ? L'idée lui trotte dans la tête depuis longtemps déjà, comme si le vieux mythe de la maison de campagne ou de famille renaissait, qui serait pour lui un recours enfin réparateur et consolateur.

Dès son arrivée, il écrit à ses amis d'Alger, comme Edmond Brua, chroniqueur à *La Dépêche quotidienne* puis directeur du journal d'Alger, pour lui demander d'écrire des articles « dans le sens de l'apaisement » ; il est traumatisé par l'horreur des récits qui lui sont faits. *Paris Match* réalise un reportage édifiant totalement, en mémoire des pieds-noirs assassinés. Dans son for intérieur, Camus pense à sa mère : elle aurait pu, elle aussi, innocente passante dans la rue, se trouver face aux tueurs. Comment accepter cette hypothèse ? Il écrit à ses amis pour avoir des détails sur le déroulement des faits, reçoit des livres blancs sur la tragédie, assortis de photographies insoutenables ; il répond à des interviews, comme celle qu'il accorde

35. Cité par Benjamin STORA, dans son article intitulé : « Le massacre du 20 août 1955 : récit historique, bilan historiographique ». On observera que la communication est à charge contre les positions françaises et salue l'esprit de résistance et de liberté des rebelles algériens... Benjamin Stora a toujours été un historien engagé.
36. *Chroniques algériennes*, *op. cit.*, p. 15.

à la revue *Communauté algérienne*, dont le premier numéro paraît le 1er octobre. « Je veux croire à toute force que la paix se lèvera sur nos champs, sur nos montagnes, nos rivages et qu'alors enfin, Arabes et Français, réconciliés dans la liberté et la justice, feront l'effort d'oublier le sang qui les sépare aujourd'hui. Ce jour-là, nous qui sommes ensemble, exilés dans la haine et le désespoir, retrouverons ensemble une patrie... »

Camus demande à Charles Poncet des renseignements, des détails, des informations que lui donne volontiers son ami algérois. Très au fait de ce qu'il se passe en Algérie, grâce à des observateurs sur place, il craint désormais, après les événements de Philippeville, que la guerre ne soit longue, cruelle et sans recours. Poncet l'informe sur la position des Églises en Algérie, sur le racisme qui, à ses yeux, sévit un peu partout, aiguisé par les massacres perpétrés par les rebelles auxquels ont répondu des actes de vengeance non moins condamnables. Ils sont tous deux algérois et ont en commun leur jeunesse heureuse et intellectuelle, leurs années d'émancipation en tant qu'étudiants engagés. Toutefois, ils sont tous deux des Français d'Algérie : ce n'est pas un détail, comme le sous-entend la rébellion, qui est déterminée à ne pas prendre en compte la présence du million de Français qui, de pères en fils, a construit le pays et l'a créé de toutes pièces. Si les deux amis ne peuvent accepter ni même envisager cet effacement de la communauté française, ils conçoivent toutefois que cette même communauté ne peut continuer à se convaincre que la France est maîtresse de la situation, et que les Algériens (ou comme ils les appellent tous, les Arabes) ne peuvent rester des figurants éternels d'une colonisation injuste. « De grâce, lui écrit Charles Poncet, si *L'Express* veut conserver une audience, qu'il n'oublie jamais qu'il y a un million de braves gens mal informés, aux idées faussées depuis l'enfance par l'éducation, et une presse toute-puissante, contre peut-être cent mille personnes qui vivent de l'exploitation coloniale[37]. »

37. Charles Poncet, *Camus et l'impossible trêve civile, suivie d'une correspondance avec Amar Ouzedane*, textes établis, annotés et commentés par Yvette Langrand, Christian Phéline et Agnès Spiquel-Courdille, Gallimard, 2015, p. 62.

Poncet le met également en contact avec Amar Ouzegane, militant communiste dès 1934, qui s'est tourné vers un nationalisme plus radical en adhérant au FLN en 1955, après avoir rompu avec Ferhat Abbas et les messalistes pour leurs positions assimilationnistes. Mais le petit garçon pauvre et vendeur de journaux à la criée qu'il a été plaît à Camus qui voit en lui un autre fils d'Alger, conscient de la tragédie que traverse leur pays natal. Il ne sait pas encore à ce moment de l'histoire qu'il a rejoint officiellement le FLN : lui aurait-il alors confié ses points de vue qu'il croyait peut-être encore réversibles ?

Plus que jamais, Camus veut croire à une possible réunion des deux communautés. Au nom de leurs souvenirs de jeunesse et d'étudiants engagés, au nom du Théâtre de Travail, puis du Théâtre de l'Équipe, des soirées inoubliables passées au dancing de Padovani à Alger, face à la mer, à jouer Malraux, au nom des Amis du Théâtre d'expression arabe, il presse Poncet et ses amis, restés sur place ou très présents en Algérie – Emmanuel Roblès, Jean de Maisonseul, Louis Miquel –, d'expliquer aux Français d'Algérie de réfléchir à leur présence dans ce pays. Il sait que sans des réformes radicales, des concessions immenses, des échanges à favoriser, ils ne pourront y rester plus longtemps. Ils devront abandonner leurs biens, leurs morts, leurs souvenirs et repartir comme leurs lointains ancêtres sont venus, « une main devant, une main derrière », expression algéroise pour dire le total dénuement… Mais comment parvenir à faire entendre raison à ce peuple pied-noir, si attaché à sa terre qu'il ne peut imaginer en céder une once ? Comment alerter sans crisper ? Comment apprendre ce mot que Camus essaie de pratiquer depuis toujours : relier ?

Déjà Camus voit se profiler l'exode de ses compatriotes, il l'envisage du moins dans ses notes destinées à la rédaction du *Premier Homme* : « La mère obligée de fuir l'Algérie finit sa vie en Provence, dans la campagne achetée pour elle par le fils. Mais elle souffre d'exil. Son mot : "C'est bien. Mais il n'y a pas d'Arabes." C'est là qu'elle meurt et qu'il comprend[38]. »

Le 14 octobre, il rencontre durant plus de deux heures, à l'initiative de Jean Sénac, une délégation de l'UGEMA, l'Union générale

38. *Carnets III*, *op. cit.*, p. 214-15.

des étudiants algériens. Celle-ci a été fondée la même année et comptait parmi ses membres Redha Malek (qui deviendra chef du gouvernement entre 1993 et 1994) et Ahmed Taleb Ibrahimi (futur ministre des Affaires étrangères de l'Algérie de 1982 à 1988). Camus, qui ne s'attend pas à une délégation importante, se sent gêné et mal à l'aise. Il invite la délégation à s'asseoir par terre : « On s'assoit par terre comme chez nous », rapporte Jean de Maisonseul relatant lui-même les mots de Sénac. Sa phobie physique du groupe, dès lors qu'il dépasse un cadre amical, saisit Camus qui ne parvient pas à convaincre ses interlocuteurs. Ils se diront tous très déçus de cette rencontre.

Il poursuit cependant ses activités et livre régulièrement ses articles à *L'Express*. Le 16 octobre, c'est un texte intitulé « L'Absente ». C'est ainsi qu'il surnomme l'Algérie. Il condamne les politiques obsolètes et les lois sitôt promulguées, sitôt caduques. Ses motifs principaux, spirituels et moraux, sont repris dans une grande simplicité de ton qui touche le lecteur. En métropole, explique-t-il, on parle de l'Algérie comme d'une abstraction. Or, elle paye le prix fort, celui du sang. « Qui pense au drame des rappelés, à la solitude des Français d'Algérie, à l'angoisse du peuple arabe ? L'Algérie n'est pas la France. Elle n'est même pas l'Algérie, elle est cette terre ignorée, perdue au loin, avec ses indigènes incompréhensibles, ses soldats gênants et ses Français exotiques, dans un brouillard de sang[39]. »

Le ton est donné, vif, angoissé, percutant. Le lecteur sent sourdre la colère de Camus, mais aussi sa souffrance ; sa lucidité accroît son angoisse, et ce n'est plus une prédiction, mais une réalité tragique : « Le fossé entre les deux populations s'accentue, les extrémistes s'affrontent dans une surenchère de destructions[40]. » Le moraliste se double d'un polémiste, Camus dénonce à la manière de Saint-Simon, d'un trait de plume acéré. Son journalisme est passionnément vivant et humain. Il dit le sentiment d'exil dans lequel est plongé son pays natal, mais aussi, dans son septième article à *L'Express* intitulé « La bonne conscience », il démystifie la presse de gauche qui fait des siens des « colons à cravache et à cigare, montés sur Cadillac » !

39. *Chroniques algériennes*, *op. cit.*, p. 134.
40. *Ibid.*, p. 134.

Lui sait que seuls quelques grands propriétaires terriens et quelques industriels – qui, par ailleurs, ne vivent quasi plus en Algérie, mais ont racheté d'énormes domaines en France – peuvent être ainsi caricaturés. Les autres, le presque million, mènent une vie modeste, beaucoup moins aisée, à travail égal, celle de leurs homologues de métropole.

Dès lors, les articles s'enchaînent, tous aussi fermes et lucides que les précédents. L'Algérie est au cœur désormais de ses questionnements et de son souci d'être une conscience vigilante, d'autant plus éclairée qu'elle est originaire de cette terre et qu'elle en connaît toutes les singularités. Dans *La Table Ronde*, il insiste sur la présence des Français d'Algérie, « comme on a trop tendance, d'un autre côté, à l'oublier[41] ». Il rappelle le destin inévitable de l'Algérie et de ses habitants, « condamnés à vivre ou à mourir ensemble[42] ». Plus personne ne pourra refuser la politique de la table ronde ou alors ne pourra être évitée celle dite « du ravin » où le peuple d'Algérie sera sauvagement égorgé, donné aux chiens…

Il argumente pied à pied, même s'il observe que ni ses compatriotes français ni les rebelles ne veulent rien concéder. Avec Sartre et ses amis, la tension monte : Sartre soutient les rebelles algériens dans ce qu'il estime leur juste lutte, « leur meilleur combat », comme dira plus tard Ouzegane, quelles qu'en soient les victimes expiatoires. Camus ne peut accepter ce point de vue, criminel à ses yeux. Sartre admet l'idée d'avoir « les mains sales » pour atteindre son objectif et ironise sur « la belle âme » qu'est Camus. Aussi, jour après jour, sent-il sa vie gangrenée par cette sale guerre ; une angoisse profonde, déjà latente, l'envahit. Il s'en confie à ses amis, à Char notamment. Avec lui, pas besoin d'explications : le poète connaît ces choses-là. Cette terreur secrète et cachée que la pudeur empêche de rapporter.

Le 21 octobre, nouvelle salve dans *L'Express* : le huitième article est entièrement consacré aux Français d'Algérie. Ils ne ressemblent en rien aux grandes familles qui ont accaparé des milliers d'hectares dans les plaines algériennes et acquis ainsi d'immenses fortunes qu'elles mettent à l'abri en France. Comme les Borgeaud, véritable

41. *Ibid.*, p. 136.
42. *Ibid.*, p. 137.

empire dans l'État. Quatre-vingts pour cent des pieds-noirs ne sont pas des nantis et n'apprécient pas qu'on les traite de colons. Comment Camus pourrait-il ainsi accepter que l'on traite sa mère de « femme de colon » ? Son oncle, tonnelier sur le port d'Alger ? Sa grand-mère, vivant misérablement ? « Faut-il donc, martèle-t-il, que ces Français laborieux, isolés dans leur bled et leurs villages, soient offerts au massacre pour expier les immenses péchés de la France » ?

Car là est le dilemme que renvoie Camus aux autorités de la France. C'est la France qui est responsable d'avoir colonisé des terres en ne prenant pas en compte le peuple colonisé ; c'est la France qui a fait de ce pays une province grenier, prospère et féconde, et qui a exploité ceux qui la cultivaient ; c'est la France qui a considéré les Français d'Algérie comme ses agents de liaison alors qu'en réalité, ceux-ci ne se sont jamais imaginés être des serviteurs d'un État exploiteur, mais par amour et fidélité à leurs ancêtres, ont forgé un art de vivre, une micro-civilisation qui n'a pas de pareille dans tout le Bassin méditerranéen, une « patrie » nouvelle qu'ils ont créée de toutes pièces, qu'ils ont inventée... L'argumentaire camusien est-il seulement audible en France métropolitaine ? Et les arguments qu'il donne contre la colonisation ne vont-ils pas se retourner contre lui, les pieds-noirs le croyant favorable aux rebelles ? Ce serait faute de le lire précisément, mais il est vrai que Camus continue à évoquer avec une constante fidélité ce qu'il a déjà énoncé en 1939 dans *Misère de Kabylie*. Les Algériens méritent réparation. Ils ont été utilisés, asservis d'une certaine manière, spoliés de la plupart de leurs terres, leurs mosquées ont été désacralisées pour en faire des cathédrales et des églises, leur culture jamais respectée, alors que la culture française et son histoire ont été enseignées à leurs enfants, quand une certaine partie n'était pas encore scolarisée : trop d'affronts ont été commis pour que les choses continuent ainsi. Cette inévitable et exigeante réparation ne peut se faire cependant, écrit-il avec force, « avec le sang des Français d'Algérie. Qu'on le dise hautement, et ceux-ci, je le sais, ne refuseront pas de collaborer, par-dessus leurs préjugés, à la construction d'une Algérie nouvelle[43] ».

43. *Ibid.*, p. 143.

En ces temps compliqués pour l'écrivain, la relation avec la comédienne semble cependant quelque peu flottante. Maria trouve qu'il n'est pas assez attentif à elle ni assez présent, reproche injuste car si leurs emplois du temps respectifs sont peu compatibles avec des retrouvailles passionnées, Maria ne cesse de tourner et annonce déjà que 1956 sera une année forte et créative qu'elle aura négociée avec âpreté auprès des directeurs de théâtre.

Camus, de son côté, est préoccupé par les événements en Algérie et troublé dans son for intérieur par leurs répercussions. Il faut bien alors l'amitié sans arrière-pensée de René Char pour apaiser ce qu'il n'hésite plus à nier : son « angoisse ». Quelques mois auparavant, il lui a déjà signalé qu'il était « au bout de son rouleau » et qu'il vivait « au jour le jour[44] ».

En cette fin d'automne 1955, il confie de même manière son désarroi. Mais il espère toujours que le conflit dont il est le témoin douloureux peut s'apaiser et même se résoudre. Aveuglement naïf, comme le diront, quelques mois plus tard, les rebelles algériens à son encontre ou bien ultime acte de bravoure personnelle pour ne pas sombrer ? Il s'avoue encore une fois désespéré : « Les gens comme nous sont sur la corde raide, glissent sur la lame de l'épée. J'essaie, je m'épuise à définir les nuances dont j'ai besoin[45]. »

L'image est tragique tout autant que celle de Sisyphe, hissant sa pierre absurdement et il ne fait pas de doute qu'elle reflète l'état d'esprit du moment. Mais Camus n'est jamais un pessimiste absolu, il reste en lui de la clarté de Tipasa et la force énergétique du lieu tellurique qu'est la petite cité antique. Il garde toujours en lui cet espace d'espérance, cette parcelle de promesse que Tipasa lui a faite, et il ne peut se résoudre définitivement à accepter, selon lui, une défaite aussi sanglante que celle à laquelle les rebelles vont conduire l'Algérie. « Mais il faut se vaincre aussi, sur ce point, et continuer jusqu'à ce que le mur devienne[46] une porte, comme dit Emerson. » Paris n'est qu'un « cancer », dit-il à Char, et la perspective de s'installer près de lui dans le Midi se précise de plus en plus.

---

44. Albert Camus, René Char, *Correspondance*, *op. cit.*, p. 154.
45. *Ibid.*, p. 164
46. *Ibid.*, Emerson dit : « Chaque mur est une porte ».

Le 5 novembre, il semble que ses espérances se sont amoindries encore et que la vie à Alger ne sera guère plus possible pour les Français qui y vivent : il envisage même de ramener sa mère en France et de l'installer avec les siens, « dans un pays qui ressemble au sien et où elle puisse échapper à la peur[47] ». L'idée même que sa mère puisse consentir à s'exiler montre à quel point en cette fin d'année, l'impression que tout est perdu est réelle. *L'Express* continue de livrer ses articles sur l'Algérie. Camus se positionne face à Mauriac qui, auteur du Bloc-Notes dans le même hebdomadaire, semble sur plusieurs points rallier les intellectuels de gauche qui, à Paris, pactisent avec la rébellion. Un des plus percutants de ses articles est celui qu'il intitule « La vraie démission ». Il met en lumière le dilemme effroyable qui se présente aux Français d'Algérie et qui est certainement à ses yeux le choix le plus décisif qu'ils auront prochainement à faire : « choisir entre la politique de reconquête et la politique de réformes ». Camus est bien sûr pour la seconde proposition, solution qu'il a déjà suggérée en 1939 lors de ses reportages. Rien ne pourra se résoudre en Algérie si l'on ne réforme pas le pays en profondeur, c'est-à-dire en incluant à parts égales les Algériens dans le nouveau contrat.

Or, et il le sait bien, les Français d'Algérie ne sont pas prêts à cette situation. Ils optent en majorité pour la première proposition : la reconquête. Et celle-ci ne peut s'accomplir que par la répression. C'est une question d'orgueil que Camus estime mal placée. « La vraie démission », comme il dit, est de refuser les réformes. Un autre point est évoqué enfin : la nature inassimilable du peuple arabe qui « a gardé sa personnalité qui n'est pas réductible à la nôtre ».

Autant dire pour Camus que « les Arabes » ne pourront jamais se considérer comme des Français, que l'éducation qui est donnée à leurs enfants n'est pas acceptable et qu'ils ne seront jamais de petits Gaulois... Forcer cette nature que tout sépare de la culture française n'est pas digne de raison et il faut s'en faire justement une raison. Les Arabes ne seraient jamais que des Français de papier, non assimilables et non perméables aux idéaux de la République. Cette non-reconnaissance est la source de tous les malheurs. Dès

47. *Ibid.*, p. 164.

lors que ce constat est assumé, l'enjeu du dilemme et du drame reste entier : comment reconnaître l'identité arabe tout en exigeant « le droit à la sécurité des Français d'Algérie[48] » ?

Pour la première fois, Camus lève le voile sur ce qu'il entrevoit : le mur dont parle Emerson céderait-il de son aveugle puissance pour accepter que puisse être percée une fenêtre ? Clairement, Camus demande à ses compatriotes et aux Algériens de bonne volonté de « bâtir une communauté algérienne qui, dans une Algérie pacifique et juste, fasse avancer Français et Arabes sur la route de l'avenir[49] ».

La proposition est limpide et le message, frontalement proposé, a le mérite de poser en des termes sans équivoque une solution.

Il ne peut passer sous silence, comme il l'a fait l'année précédente, le premier anniversaire des attentats de la Toussaint 1954.

Onzième article intitulé sobrement : « 1er novembre ». L'idée d'une trêve civile lui tient à cœur et va désormais occuper son esprit jusqu'à la tentative d'une déclaration officielle qui serait comme la conclusion des articles publiés dans le magazine de Jean-Jacques Servan-Schreiber et de Françoise Giroud. Pour éviter « la logique sanglante d'une guerre totale », inspirée par ce qu'il appelle encore « un délire xénophobe » mutuellement libéré, il propose ce qui lui semble à présent son intime conviction : « Que les deux parties en présence prennent, simultanément, l'engagement public de ne pas toucher, quelles que soient les circonstances, aux populations civiles. [...] Cet engagement ne modifierait pour le moment aucune situation. Il viserait seulement à enlever au conflit son caractère inexpiable et à préserver, dans l'avenir, des vies innocentes[50]. » Reste à savoir si la communauté pied-noir acceptera cette proposition, elle qui se prépare à armer des milices civiles, prêtes à les défendre, et si les chefs de la rébellion ne la jugeront pas obsolète et dépassée.

Durant ces mois d'automne et d'hiver, Camus donne de sa personne tous azimuts. Non seulement l'Algérie bien sûr, mais aussi tout ce qui entrave la démocratie à travers le monde l'interpelle et lui répugne, et singulièrement, la dictature de Franco, en Espagne,

48. *Chroniques algériennes*, *op. cit.*, p. 146.
49. *Ibid.*
50. *Ibid.*, p. 153.

que l'opinion internationale est en passe de reconnaître, via les grandes institutions mondiales. Lui qui est d'origine espagnole, et qui a couvert en tant que journaliste la guerre d'Espagne, a admiré Malraux pour son engagement, lui qui est l'amant de la plus belle des Espagnoles, dit-il, la diva des plateaux de théâtre, comment pourrait-il accepter sans relever la tête et la plume pour dénoncer la faiblesse des institutions prêtes à admettre Franco à la table de l'ONU ? Il ironise sur la sincérité de Boulganine et de Khrouchtchev quand ils affichent leur admiration pour Gandhi, défend un condamné grec à Chypre, qu'il ne pourra, hélas, sauver, rend hommage au président colombien exilé par la dictature militaire qui l'a destitué, Eduardo Santos, dénonce le refus de la France de naturaliser un musicien hongrois, Tibor Harsanyi, défend une nouvelle fois à la suite de Beatrix Beck les ouvriers, etc.

Dans ce tourbillon d'activités, si loin de l'écriture à laquelle il aspire, Camus se sent plus que jamais exilé de ce fameux centre auquel il aspire, centre du monde, centre cosmique, qui lui permettrait enfin de jouir de ce que la beauté du monde lui a donné un temps d'apercevoir et dont il a gardé, en presque platonicien, l'idée rivée en lui.

Jean Sénac, qui a eu tant à cœur au début de cette année 1955 de faire entrer Camus dans le combat, et qui, à la suite de sa rencontre (mitigée) avec les étudiants de l'UGEMA, prétendait avoir « pleuré de joie » à l'idée que Camus ait prétendument rejoint la cause révolutionnaire[51], avoue le 4 octobre : « Camus malade. L'Algérie va tous nous crever. »

Il est en effet souffrant, non pas seulement de cette mélancolie constante qui gâche son existence, mais du fait de sa tuberculose. Cuivre, manganèse font partie du traitement que tente son docteur attitré, Jacques Ménétrier. Mais cette année 1955 se clôture par de graves décisions qui parachèvent des mois d'incertitude, de défaite intérieure, de poussées dépressives, de flottement affectif qui l'ont épuisé. Il a fait des choix et prononcé des paroles publiques qui ont

51. Dans ses *Carnets*, Jean Sénac, dans des termes dignes de Blaise Pascal et de sa fameuse « nuit de feu », s'écrie : « Joie, pleurs de joie. Camus rentre dans le combat avec nous. C'est peut-être cela ma mission. Maintenant je peux mourir. Il y a du blé qui va lever ! »

clarifié pour lui et pour les autres ses positions. Dès lors, il se sent sûrement plus libre et plus en accord avec lui-même : il est du côté des exilés, « tous ceux qui, comme moi, se séparent aujourd'hui de beaucoup de leurs amis traditionnels en refusant toute complicité, même provisoire, même et surtout tactique, avec les régimes ou les partis, qu'ils soient de droite ou de gauche, et qui justifient, si peu que ce soit, la suppression d'une seule de nos libertés[52] ! »

À Paris, certains intellectuels de gauche, écrivains, artistes, se radicalisent et se présentent comme des anarchistes et des libertaires, voulant aider la résistance algérienne, « citoyens français de la honte ». Ils provoquent frontalement le pouvoir et s'affichent comme des passeurs de la révolution, et se surnommeront eux-mêmes « des porteurs de valises ». Insoumission, désobéissance, subversion, désertion deviennent les mots d'ordre et les motifs de leur lutte. Maurice Blanchot est un de leurs leaders. À l'automne 1955, le groupe de la rue Saint-Benoît – qui a pris naissance dans l'appartement même de Marguerite Duras, sous l'impulsion de son mari Robert Antelme, rescapé des camps de la mort, et de Dionys Mascolo, son compagnon, de Louis-René des Forêts, d'Edgar Morin et d'André Mandouze – fonde le Comité des intellectuels contre la poursuite de la guerre d'Algérie. « C'était l'époque où une lame de fond semblait vouloir se former dans le pays, racontera plus tard Edgar Morin, dans son *Autocritique*. Nous voulions nous élever contre le principe même de la guerre coloniale et pour le principe même du droit des peuples. » Bien que le Comité soit créé à l'initiative d'anciens exclus du PCF, beaucoup d'intellectuels de gauche y adhèrent. Des communistes s'y joignent aussi, « déçus par la mollesse tacticienne du Parti », mais aussi François Mauriac, André Breton, Jean-Paul Sartre, Jean Cocteau, Jean-Louis Barrault, l'abbé Pierre, Jean Cassou, Roger Martin du Gard, Georges Bataille, Claude Lévi-Strauss, des universitaires renommés, en tout près de 250 personnalités, tous réunis le 5 novembre au matin, salle des Horticulteurs à Paris, pour réclamer « la cessation de la répression », en Algérie et en France,

52. In *Hommage à un journaliste exilé*, prononcé devant Les Amitiés méditerranéennes, le 7 décembre 1955, à propos d'Eduardo Santos.

et l'interdiction de toute « discrimination raciale outre-mer et dans la métropole », et enfin « l'ouverture des négociations[53] ».

Camus n'y adhère pas, René Char refuse d'y participer. Tous les deux échangent sur ce qui est à leurs yeux un non-événement. « On me sollicite, écrit René Char, de divers côtés pour faire partie d'un Comité pour protester contre la mobilisation du contingent et la guerre d'Afrique du Nord. J'ai opposé un refus... [...] Je n'accepte pas d'être manœuvré au nom des grands principes de 93 et d'être mêlé à un jeu infernal où les seuls gagnants sont les USA et l'URSS. Pas les pauvres Arabes certainement[54]. » À quoi Camus répond, le 5 novembre : « Vous avez raison, mon cher René, et j'avais aussi refusé de signer ce manifeste délirant. J'ai dit simplement que je n'avais aucune confiance dans ceux qui en prenaient l'initiative[55]. »

L'Express se fait l'écho du meeting militant du 5 novembre dans son numéro du 7, déclarant que pour la première fois « depuis 1935 et les comités de vigilance », cette présentation inaugurale a révélé le « caractère consensuel du Comité ». Quoique Camus soit un collaborateur du journal, et qu'il se soit opposé à ce Comité de façon presque désobligeante envers ses fondateurs, sa direction semble en approuver la constitution. De plus, un autre collaborateur, et pas des moindres, François Mauriac, y a adhéré très rapidement, sautant sûrement sur l'occasion pour marquer sa différence avec Camus et ainsi l'isoler davantage.

Cette effervescence, palpable, jette la France dans un trouble et une sorte de division qui inquiètent les sphères du pouvoir, elle alimente des rumeurs de guerre civile, accroît des faits de racisme dans le pays. Le divorce entre Camus, ressentant plus que jamais son exil ontologique, et tous les activistes fustigés par Char est consommé. D'un côté, Duras et toute l'intelligentsia de gauche à laquelle se sont agrégées des figures majeures de la droite progressiste (Mauriac, l'abbé Pierre, Jean Cocteau), de l'autre, quelques

53. Lire à ce sujet les développements de cette protestation dans l'ouvrage d'Alain Vircondelet consacré à Marguerite Duras, *Duras, la traversée d'un siècle*, Plon, 2014, édition de poche, L'Abeille/Plon, 2020, p. 269-273.

54. Lettre du 24 octobre 1955 in *Correspondance, Albert Camus-René Char*, *op. cit.*, p. 162-63.

55. *Ibid.*, p. 164.

isolés, d'autant plus consternés de cette situation qu'ils se sentent eux aussi solidaires des Arabes opprimés...

L'année se termine dans cette morosité oppressante pour Camus, dont la respiration est de plus en plus altérée, malgré des soins constants. Il reçoit même des menaces de mort dont il fait écho dans ses *Carnets*[56]. Amertume et angoisse. Une paix intérieure qui n'est plus guère qu'un profond regret.

56. *Carnets III* : il évoque ces menaces le 24 octobre 1955.

1956, au cœur de tous les conflits

« Retrouver l'étoile[1] » ?

L'étoile, la boussole sont autant de mots qui se relient à l'image de Tipasa. Camus ne veut pas penser comme Mallarmé que l'étoile est « inaccessible », parce qu'il sait qu'il l'a repérée depuis longtemps en se rendant dans l'antique ville romaine. Il suffisait de prendre un car poussiéreux et de longer la côte, depuis Alger, pour l'atteindre justement, quête éperdue qu'il conduit sans trêve.

De *Noces* au *Premier Homme*, le désir de « l'étoile » est partout. L'allée centrale de Tipasa, bordée de lentisques et de tamaris, mène à la mer, infinie sous un ciel non moins illimité et cru dans sa lumière. Le miracle de Tipasa, c'est d'être rendu à la disponibilité de l'apparition. Camus en fait l'expérience spirituelle, mais il sait aussi que la même apparition peut se dérober à lui : la vie, les passions l'ont un temps distrait, mais depuis les « terres de l'innocence », exaltées et tant aimées, il déclare « attendre » quand reviendront « les navires du retour[2] ».

« Retrouver l'étoile », tel est donc le vœu que fait Camus en ce tout début de janvier. Il se promet de retrouver l'Algérie heureuse et de chasser le cauchemar qui, depuis près d'un an et demi, souille sa terre natale. La passion qui a animé la campagne des législatives anticipées, provoquées par Edgar Faure, le 1er décembre 1955, arrive enfin à son terme. Il est temps, car la pression exercée par Poujade et l'extrême droite, les critiques et les injures antisémites

1. *Carnets III*, *op. cit.*, p. 215.
2. Lire à ce sujet, Alain Vircondelet, l'article « J'attends les navires du retour… », in *Revue Phaéton*, Bordeaux, 2020, p. 57-64.

à l'encontre de Pierre Mendès France, les débats enflammés autour de la question coloniale ont alourdi la vie politique et favorisé une certaine inquiétude dans l'électorat. Le 2 janvier au soir, les tendances du scrutin se dessinent : semi-échec de Mendès France, mais progression de ses alliés (27,10 %), défaite de Poujade malgré ses 11 % de suffrages, et victoire modérée toutefois du centre droit conduit par Edgar Faure. La nouvelle majorité, confortée par le PCF (25,36 % des voix) qui devient le premier parti de France, fruit d'un émiettement des autres partis, est de gauche, dirigée par Guy Mollet. Camus ne voit pas là pourtant de quoi se réjouir, déclarant à Jean Grenier : « Le résultat des élections est une catastrophe. Un Français sur quatre a voté contre la liberté en votant pour le communisme. » Le paysage politique de fait ne peut lui plaire, voyant dans cette nouvelle composition le reflet d'une France qui ne parvient à trouver ni son chef ni son unité, retrouvant l'esprit de division, étalant enfin et ainsi son affaiblissement général. Son engagement dans *L'Express* pour Pierre Mendès France, qu'il pense être le plus à même de rétablir un certain équilibre économique et moral dans le pays, a donc été vain. Il redoute les influences et les pressions de la participation communiste à la nouvelle majorité, ne se fie guère au nouveau président du Conseil, et craint qu'aucune réelle réforme ne puisse être réalisée tant les sensibilités coalisées sont diverses et même souvent contradictoires. L'hétérogénéité de la composition majoritaire condamne selon lui le pays à l'impuissance.

Le problème algérien est au cœur des nouvelles tractations. Il sait qu'elles ne seront pas à la hauteur de ce qu'il a préconisé dans *L'Express* : une association entre la France et l'Algérie comme seule issue au conflit, ou bien ce sera la fuite en avant de la répression, pimentée de petites réformes, remèdes ridicules qui ne feraient que repousser le problème. Il enrage, discute, au risque d'ébranler son équilibre personnel. Ne dit-il pas à Jean Grenier qu'il mène une vie hagarde, se sentant bousculé de toutes parts, et sommé de se dévoiler. Ce sont du moins les termes qu'utilisent ses détracteurs – et ils sont nombreux, le conflit algérien aiguisant les passions. Pour Camus, le débat ne porte pas sur le fait de se dévoiler ou pas ; il l'explique à son ami algérois, Jean Daniel, pour lequel il a une grande estime, mais dont il voit cependant que leurs points de vue convergent jusqu'à un certain point, non négociable pour Camus : protéger la communauté française qui est aussi légitime que celle arabe. Il condamne fortement, et il n'en démord pas, la tendance nouvelle : l'opinion publique commence à entériner l'idée de lâcher l'Algérie, les uns par paresse ou par intérêt, les autres par idéologie, d'autres encore refusant d'envoyer leurs enfants dans les djebels ou bien rêvant d'une France complètement décolonisée. Il s'insurge contre cette notion de nation que la rébellion proclame partout et particulièrement à l'étranger. Camus, au contraire, déclare qu'il n'y a jamais eu de nation algérienne, antérieure à l'arrivée des Français. De quoi auraient donc été spoliés les Arabes puisqu'ils n'étaient pas eux-mêmes constitués en nation ? S'élève alors le débat sur l'origine de l'Algérie que Camus entérine. Il se réfère aux mots de Ferhat Abbas lui-même qui, isolé dans cette affirmation par tous les chefs de la rébellion, s'exclame : « La France n'a pas colonisé l'Algérie. Elle l'a fondée[3]. »

Camus pense en effet, comme beaucoup d'historiens d'alors, que l'identité algérienne n'a jamais existé avant 1830. Bien avant l'arrivée des Arabes au VIIIe siècle, y vivaient les Phéniciens, les Berbères, les Romains et aussi les populations de religion chrétienne. À leur arrivée, les Arabes, venus du Moyen-Orient, ont contraint les populations nomades à se convertir à l'islam et ont dominé le pays jusqu'à ce que, profitant du chaos provoqué par les Espagnols, les Ottomans prissent le contrôle de la côte littorale et notamment d'Alger. La piraterie barbaresque sévit alors pendant trois siècles environ, razziant les populations du Bassin méditerranéen pour les réduire en esclavage. Au XVIe siècle, plus de 30 000 esclaves étaient comptabilisés ; Charles Quint, les Néerlandais, les Américains ne purent avoir raison du fléau qui ravageait les pays ourlant la Méditerranée. Jusqu'à l'arrivée des Français en 1830 qui fit cesser

3. En 1963, dans son livre de souvenirs, *Mon pays la France*, le bachaga Boualem réaffirme cette analyse réfutée aujourd'hui par le président algérien, qui parle de « fable » : « Quand les Français débarquèrent sur nos côtes, le mot Algérie n'existait pas. Notre histoire commence en 1845 comme celle de la France, en tant que peuple, a commencé avec les Capétiens. 1830, c'est le chaos, deux millions d'esclaves rançonnés par les pillards ou les féodaux, rongés par la syphilis, le trachome, le choléra, la malaria ; des déserts, des marais pestilentiels, plus rien de ce qui a été la paix romaine. »

définitivement le trafic humain et rendit la mer Méditerranée à un commerce plus sécurisé. Ce qui pourrait paraître un roman national, totalement fictionnel, est pourtant véridique, et Camus soutiendra toujours cette version. S'il ne peut accepter dès ses années étudiantes la misère du peuple indigène ni l'injustice qui lui était infligée, s'il défend ses droits et sa liberté, il ne remet pas en question la légitimité de la France dans son entreprise coloniale. De sorte que, face aux avancées de l'opinion qui admet volontiers de donner au peuple algérien le droit de disposer de lui-même, sans recourir à la France, Camus se trouve vite isolé et ses propositions jugées au mieux naïves, au pire réactionnaires. Pour lui, l'Algérie, en 1956, n'est pas une nation, mais une terre habitée par deux peuples, nés sur cette même terre, et qui forment à eux deux une véritable patrie. Il est donc impossible d'en chasser l'un. Et cela d'autant plus que c'est ce peuple-là, minoritaire toutefois, qui a « fait » le pays, l'a enrichi, fécondé, cultivé, l'a fait entrer dans le monde moderne. Il serait à ses yeux indigne et immoral de le lui dénier.

Son identité pied-noir veille donc farouchement sur son analyse du conflit. Il sait néanmoins que sa position sera vite intenable, face aux idéologies agressives qui revendiquent publiquement l'indépendance algérienne. Il voit de plus beaucoup de ses amis intellectuels rallier la cause de la rébellion, et d'une certaine manière le lâcher. « Les gens comme nous sont sur la corde raide[4] », dit-il à René Char, un des rares amis à le suivre. Se souvient-il de ce qu'il avait déclaré, en 1948, dans l'émission de radio que la Compagnie Renaud-Barrault avait consacrée à René Char ? « Cette grande voix, aujourd'hui solitaire, accompagne notre navigation difficile et nous parle sans relâche d'une Ithaque où nous aborderons, malgré les prétendants, et où nous retrouverons enfin la simple joie d'être homme. Rassembleur ! Voilà le mot qui convient à Char[5]. »

Durer, tel est aussi le verbe qui convient pour affirmer sa détermination et sa certitude : fidélité aux origines, à l'étoile, à l'idée de la beauté entrevue un jour à Tipasa, durer dans sa même foi, pour être sûr de rejoindre les rives aimées : c'est ce dont il veut témoigner

---

4. Albert Camus, René Char, *Correspondance*, *op. cit.* p. 164.
5. *Ibid.*, p. 235.

en citant l'injonction affectueuse de Char : « Dure, afin de pouvoir encore mieux aimer un jour ce que tes mains d'autrefois n'avaient fait qu'effleurer sous l'olivier trop jeune[6]. »

Déçu des résultats des législatives, inquiet de la détérioration progressive de la situation en Algérie, inquiet pour sa mère, éloigné quelque peu de Maria Casarès qui consacre l'année 1956 à ses tournées, toujours malheureux dans sa vie conjugale, il décrète qu'il lui faudrait plusieurs vies pour résoudre tout. Il se désespère de la fuite du temps et de l'exigence à laquelle le contraint le galop du monde. Le 10 janvier, il livre son trente et unième article à *L'Express*, qu'il estime capital. Intitulé « Trêve pour les civils », il résume à lui seul son combat. Il n'est ni idéologique ni partisan, ni colonialiste ni révolutionnaire : il n'est mené qu'au nom de la justice. L'article sort le 10 janvier. Le président Coty reçoit à l'Élysée les différents groupes politiques. Il essaie de composer avec les différentes parties mais n'a pas encore nommé son président du Conseil. De ce Paris qu'il déteste, il sait que rien de bon ne sortira des tactiques politiciennes. Il répète donc dans son éditorial ses certitudes, pour le moins scabreuses pour lui-même car elles peuvent être mal interprétées et très vite détournées. Il redit son horreur de la violence meurtrière et du cycle sans fin de la rébellion-répression. Comment sortir de l'engrenage fatal qui conduit les deux peuples de cette même terre à s'entredéchirer ? Les victimes sont des deux côtés, « de la même tragique famille, et ses membres aujourd'hui s'égorgent en pleine nuit, sans se reconnaître, à tâtons, dans une mêlée d'aveugles[7] ».

Ces images fortes renvoient aux mythologies anciennes, à Abel et Caïn, aux épopées grecques, aux stances brûlantes d'Agrippa d'Aubigné, appelant à la réconciliation entre protestants et catholiques. Néanmoins, la rébellion soupçonne Camus d'être avant tout guidé par son identité pied-noir dans son argumentation. S'il condamne la répression de toutes ses forces, il place toujours les « débordements de la rébellion » avant elle. L'antériorité coupable remonte donc bien aux Arabes. C'est par eux que tout a commencé. Reléguant

6. René CHAR, « Fureur et mystère », in *Le Bouge de l'historien*, Poésie/Gallimard, p. 47.
7. *Chroniques algériennes*, *op. cit.*, p. 156.

leur argument majeur : le péché originel date de la prise d'Alger à Sidi-Ferruch, en 1830...

La trêve s'impose à ses yeux comme étant l'unique solution pour sortir de la nasse de la haine. Ceux qui en sont « repus[8] », comme il l'écrit (c'est-à-dire les rebelles et ceux qui, en France comme dans le monde, sont aveuglés par leur idéologie), le somment de « choisir son camp » pour mieux l'abattre et le ranger du côté d'une droite dure et conservatrice voire poujadiste. Alors Camus s'emporte de nouveau pour clamer : « Ah ! je l'ai choisi. J'ai choisi mon pays, j'ai choisi l'Algérie de la justice, où Français et Arabes s'associeront librement[9] ! »

Aussitôt les critiques et les insultes fusent pour dénoncer une attitude que beaucoup de progressistes considèrent comme franchement de droite, voire fasciste. Les injures pleuvent, Camus riposte : « La gauche femelle », comme il l'appelle, fait allégeance à la rébellion, se couche à ses pieds. Il ne peut désormais la rejoindre. Bien qu'il juge dans son for intérieur la rédaction de *L'Express* ambiguë dans sa gestion du problème algérien, souvent pro-indépendance, il continue à écrire pour le magazine des articles, toujours sur l'Algérie. Aussitôt après l'appel sur la trêve pour les civils, il livre un nouvel éditorial intitulé « Le parti de la trêve ». Lui qui refuse obstinément de s'engager en politique (« Je me débarrasse mal enfin d'une défiance instinctive envers les jeux du tréteau parlementaire », écrit-il dans *L'Express*) parle à présent du « parti de la trêve » pour contrer ce qu'il appelle « les noces sanglantes du terrorisme et de la répression », il énumère tous les mots de son lexique : coexister, négocier, s'associer, dialoguer, se rassembler, s'accorder... Les maîtres-mots de son vocabulaire intime sont exigeants mais plus que jamais nécessaires pour sauver le pays. Qui pourrait, argue-t-il, refuser d'adhérer à un tel parti ? On le lit, chaque semaine, mais on pense à bas bruit qu'il est déjà trop tard. Obstinément, il enfonce son coin dans la plaie. Mais l'étoile dont il n'oublie jamais le sillage l'appelle : il s'y rend le 18 janvier, il prend de nouveau une Caravelle, et s'envole pour Alger pour ne rentrer en France que le 25. En janvier, le climat à

8. *Ibid.*, p. 157.
9. *Ibid.*

Alger est particulier. Jamais froid, mais plutôt sec, coupé d'averses drues, qui lavent le ciel et le rendent à sa clarté originelle, à son bleu éclatant, disponible à toutes les apparitions. Les nuits d'Alger sont vastes et cloutées d'étoiles, énormes, scintillantes, et quand le ciel a été justement lavé, c'est un firmament biblique qui s'offre à qui veut le voir. C'est donc avec une grande joie qu'il quitte la France et rejoint Alger. Dans ses *Carnets*, il note : « Cette angoisse que je traînais à Paris et qui concernait l'Algérie m'a quitté. Ici du moins on est dans la lutte, dure pour nous, qui avons ici l'opinion publique contre nous. Mais c'est dans la lutte que finalement j'ai toujours trouvé la paix[10]. »

L'*Hôtel Saint-George* où il descend toujours l'enchante. Bonheur de savoir qu'ici aussi, Maria Casarès descend lors de ses tournées, saisir son ombre, savoir qu'ici, elle a déjeuné sous cette tonnelle, bu là une menthe fraîche, répété un rôle peut-être, sentir sa présence est un jeu mélancolique et même érotique qui lui plaît. L'ancien palais mauresque bénéficie d'un personnel très stylé que Camus apprécie pour sa discrétion et sa distinction. Il lui semble qu'en ce lieu, quelque chose de l'accord est préservé ; ceint de murs, le palace offre à son visiteur la vastitude d'un ciel puissamment bleu, dans les arbres qui prospèrent ici, des multitudes d'oiseaux gazouillent comme ceux que l'on entend au square Bresson de son enfance. Être à Alger, qui n'a pas encore de stigmates de la rébellion, est un enchantement. La ville est toujours très soignée sous la mandature de son maire, Jacques Chevallier, il aime se promener à pied dans ses rues, il suffit de monter encore un peu au-delà du Saint-George, pour arriver au balcon Saint-Raphaël qui domine tout le port et porte le regard à l'infini de la mer ; le belvédère est le plus beau panorama d'Alger, niché entre les arbres, les citronniers et les amandiers, qui, en période de floraison, libèrent leurs parfums jusqu'à l'ivresse et, en descendant vers le centre-ville, il y a le fameux parc de Galland, qui est le lieu privilégié des enfants, le jeudi, avec ses ânes, ses kiosques à bonbons, ses marchands ambulants d'oublies, ces énormes gaufres qui se gardent à l'abri de l'humidité, dans un tambour de fer et que

10. *Carnets III*, *op. cit.*, p. 215.

le petit vendeur propose en se manifestant grâce à une crécelle en bois qu'il fait tourner dans sa main en criant : « Oublies, oublies ! »...

Il mesure combien il est loin, à Alger, de ce « marais » qu'est Paris où il déclare étouffer[11]. Il suit de près les événements, s'informe sur les actes de terrorisme qui ont été perpétrés « dans l'intérieur ». Il a des contacts avec des militants algériens qui lui rapportent à demi-mot que le FLN prépare une autre manière d'instaurer la terreur : la guérilla urbaine. La casbah, où les Européens ne mettent en principe jamais les pieds – sauf peut-être dans la rue qui longe la basse ville, où se trouvent la plupart des bordels –, est une sorte de lieu muet et mystérieux où se loge la rébellion. Camus le sait : la casbah, dans sa forme triangulaire, est une menace symbolique pour la ville française qui est en contrebas. Poing fermé, elle surveille à sa façon les allées et venues des Européens, et tôt ou tard, le poing s'ouvrira et laissera s'échapper les hordes de terroristes qui sèmeront la terreur dans la ville blanche... Cette vision n'est pas romanesque à ses yeux, elle est au contraire totalement réaliste. À coup sûr, il faut prévenir le drame qui se prépare. Organiser une ultime tentative de réconciliation. Il prend beaucoup de contacts auprès des amis algérois, notamment Jean de Maisonseul, très actif, l'ingénieur Rosfelder, Charles Poncet, l'ami fidèle, Miquel, Simounet, Raymond Dorgelès... Camus veut une rencontre avec les vrais acteurs de l'Algérie, c'est-à-dire le peuple, une rencontre populaire et libre de la parole, mais auparavant il faut la préparer, croiser d'autres avis, rencontrer d'autres représentants de la société civile, les religieux aussi, catholiques, juifs et protestants, et surtout les théologiens, appelés oulémas. Ces derniers y assistent timidement sans véritablement s'engager. Que sera-t-il dit à la réunion prévue le 22 janvier ? Et où pourra-t-elle se tenir, la municipalité semblant se dérober pour prêter une salle dans la mairie ? Même refus pour la salle de concert Pierre-Bordes. Il s'agit de cadrer la réunion, de ne pas se laisser emporter par son émotion ou ses convictions, faire attention aux susceptibilités de chacun, ne pas braquer les musulmans, déjà très méfiants. Une autre réunion préalable a lieu dans une salle du Mouvement pour l'Abondance, des hommes de

11. *Carnets III*, *op. cit.*, p. 215.

gauche s'y retrouvent, socialistes, communistes, enseignants. Mais plus Camus participe à ces séances préparatoires et plus il constate l'ampleur du problème. Les Arabes (il refuse toujours de les appeler Algériens, compte tenu que l'Algérie n'est pas une nation et donc n'a pas à ce titre de citoyens reconnus de ce pays), semblent dans leur grande majorité très remontés contre la France et estiment que l'heure est venue de réclamer leur indépendance. Tôt, il se rend compte que la terreur est déjà un levier d'action pour les négociations. La journée du 22 s'annonce rude. Beaucoup pensent que Camus pourrait fléchir et renoncer à ce que certains jugent inutile parce que trop tardif. On lui propose de déménager et de quitter le Saint-George par crainte d'un enlèvement ou plus radicalement d'un attentat. Il refuse catégoriquement. Dans ses *Carnets*, le 21 janvier, il note : « Menaces pour ce soir et demain[12]. » De fait, il reçoit des menaces de mort ; c'est la seconde fois en quelques semaines... Cette pensée le rend mélancolique : comment peut-il être menacé de mort par des rebelles algériens alors qu'il a toujours défendu les droits de ce peuple ? Par quel cruel paradoxe se trouve-t-il à présent condamné ?

Avant l'heure de la rencontre, Camus s'entretient avec tous ceux qui l'ont organisée. Du côté musulman, Ouzegane (dont Camus ne sait pas encore qu'il a déjà rejoint peu ou prou le FLN), Lebjaoui. Il pose encore une fois le cadre, non qu'il se méfie spécialement de ses interlocuteurs, mais la tension est si palpable qu'il commence à craindre des débordements et même à subir quelques violences, d'autant que l'extrême droite est en embuscade. La salle, au Cercle du Progrès, qui est le siège de l'Association des oulémas, est comble depuis plus d'une heure déjà – de 500 à 2 000 personnes selon les estimations... Des Français, des musulmans aussi, en plus grand nombre, et dehors, une foule qui se masse, scandant déjà des slogans hostiles à Mendès France mais aussi à Camus lui-même.

Il précise une nouvelle fois la teneur de son discours, celui qu'il a préparé au Saint-George, et dont les principaux axes sont déjà connus : ce sont ceux qu'il n'a cessé de décliner dans *L'Express* et auprès de ceux qui voulaient bien les entendre. Il ne sera pas question d'un débat politique sur la colonisation ou l'indépendance, mais sur

12. *Ibid.*, p. 216.

la protection absolue des civils, quelle que soit leur appartenance. Le préfet de police a promis de veiller au maintien de l'ordre, mais la pression est telle à Alger depuis les événements que tout débordement peut être possible. Aux alentours de la salle de conférences, les rues adjacentes sont noires de manifestants, on estime que mille personnes sont présentes – pour la plupart des hommes du FLN, dont il se dit à mi-voix qu'ils sont armés... L'ambiance est électrique. Camus se dirige vers le Cercle qui se trouve en basse casbah, au sortir de la rue Bab-Azoun, près de la place du Gouvernement. Il connaît bien ces lieux, pour les avoir traversés chaque jour en allant au Grand Lycée, depuis Belcourt. Confusément, il sent que cet après-midi de janvier va être capital pour sa participation future à un quelconque plan de paix. Ou bien pour son définitif retrait de la vie politique. Quand il entre dans la salle surchauffée, entouré de ses amis, il pressent le pire. Il est par nature très intuitif, et il sait quand les événements peuvent dégénérer. Il s'installe à la tribune auprès de ceux qui ont organisé la rencontre : Roblès, Poncet, le père Cuoq, le pasteur Capieu, le docteur Khaldi. Ferhat Abbas n'est pas encore là, mais il a fait prévenir de son arrivée imminente. On note qu'il n'y a pas de représentant de la communauté juive qui pourtant a été contactée. Emmanuel Roblès, président de séance improvisé, présente Camus et lui cède la parole. Il a la gorge serrée, il sort son texte plié en quatre de la poche intérieure de son costume et commence à le lire. Il n'est pas un orateur, quoiqu'il eût aimé être comédien, son émotion est perceptible, sa voix un peu sèche et sa diction saccadée.

La salle l'écoute dans un silence attentif et même respectueux : n'est-il pas un auteur très reconnu qui a fait cette démarche insigne de solidarité pour une terre dont il est lui-même issu et qui part à la dérive ? Son intervention doit durer une bonne demi-heure. Saura-t-il le lire en faisant des pauses, en pesant bien ses mots et ses formules ? Il en doute car l'émotion l'étreint, et il sait bien, pour fréquenter le milieu du théâtre et les comédiens, que rien n'est plus important que de créer des temps de silence, tout un art de la rhétorique dont il connaît les règles, mais qu'il ne parvient pas toujours à maîtriser...

D'emblée, Camus énonce son ambition première : ne pas diviser, mais réunir. Il rappelle son attachement à l'Algérie qu'il n'a, dit-il, cessé de servir et d'aimer, et qu'il s'agit là d'une tentative solidaire et personnelle, en aucun cas initiée par des négociations secrètes, pour contrer « le découragement général ». C'est donc en tant que moraliste et philosophe, en tant qu'écrivain et fils d'une terre où il est né, qu'il s'exprimera et non pas en tant que militant ou politique qu'il n'a jamais été. Cette sorte de *captatio benevolentiae* propre à rassurer son auditoire prononcée, il précise encore que la tragédie algérienne que tous vivent aujourd'hui est aussi pour lui « une tragédie personnelle ». Il place alors son propos sur le registre de l'amour commun que tous ici portent à l'Algérie. Il affirme parler à des hommes de bonne volonté, aspirant à « une Algérie heureuse ». Puis vient l'argument majeur de sa démonstration : « Aucune cause ne justifie la mort de l'innocent. » Ce principe, il l'affirme essentiel et non négociable : « Quelles que soient les origines anciennes et profondes de la tragédie algérienne », personne ne devra, pour arriver à faire triompher sa cause, utiliser des fins extrêmes et meurtrières. C'est sur ce préalable à toute discussion qu'il va fonder sa dialectique, tout en sachant au fond de lui-même que la partie est quelque part déjà perdue. Il le ressent à la tension qui règne, à une raideur visible chez certains militants algériens. Il poursuit sa lecture, qui devient un peu mécanique et n'a plus le pouvoir, le charme de convaincre et de séduire ; par bonheur, Ferhat Abbas vient d'arriver et rejoint la tribune. Camus s'interrompt pour le saluer chaleureusement, les deux hommes s'enlacent dans un geste de fraternité, puis l'écrivain reprend son discours. Il insiste sur cette notion qu'il a fait sienne depuis l'enfance : vivre ensemble. Il a connu cette « communauté de l'espoir », en fréquentant Arabes et Français, en jouant avec tous, en mangeant avec eux tous… « Sur cette terre sont réunis un million de Français, établis depuis un siècle, des millions de musulmans, Arabes et Berbères, installés depuis des siècles, plusieurs communautés fortes et vivantes. Ces hommes doivent vivre ensemble, à ce carrefour de routes et de races où l'histoire les a placés », martèle-t-il Il dénonce avec vigueur les intransigeances, « le bloc durci des haines et des folles exigences », par lesquelles ne pourrait que s'effacer le rêve d'une « association française et arabe, d'une Algérie pacifique et créatrice ». Il en appelle à la force morale de ses auditeurs, ses compatriotes, il les exhorte à se reprendre : seuls « la force du cœur, l'intelligence, le courage » seront déterminants pour retrouver cet accord qui sera un exemple pour le monde entier.

Vivre ensemble, se tenir les coudes, comme il dit : est-ce désormais suffisant pour sauver la situation ? Dans son for intérieur, il s'interroge : prononce-t-il ici de vains mots sans portée ? Des clameurs hostiles traversent les fenêtres, des projectiles sont même lancés sur elles.

En une fraction de seconde, Camus pense à cette soirée sublime, un des plus chers souvenirs de sa vie, quand une foule de Français et d'Arabes s'était rassemblée dans la salle de danse du club Padovani, à Bab-el-Oued, cabanon sur pilotis érigé sur la plage même, et où il avait fait représenter sa première adaptation théâtrale, à partir d'une nouvelle de Malraux[13]. C'était le 25 janvier 1936. Les baies vitrées étaient grandes ouvertes et laissaient passer les embruns, l'air de la mer, et le fracas des vagues parce que justement, ce soir-là, la mer était mauvaise malgré la saison.

Personne ne lançait alors de cailloux contre les vitres, tous communiaient dans le même amour du théâtre et de la fraternité, et personne ne songeait alors à séparer les communautés entre elles. Quelle malédiction soudain s'est établie pour que l'Algérie devienne à ce point méconnaissable ?

Mais il lui faut vite revenir au moment présent. Dehors, une foule conséquente lance des cris menaçants à une autre, qui lui fait face. Les tenants farouches d'une répression sans état d'âme, absolument pas disposés à céder une once de leurs privilèges et de leurs droits, scandent les cinq syllabes d'Al-gé-rie-fran-çaise...

Camus se retire enfin de la tribune avec ceux qui étaient à ses côtés. Tous se réunissent dans une arrière-salle, mais très vite, il sent qu'il n'a pas su convaincre. Ouzegane et Labjaoui lui disent sans ambages que le FLN brigue l'indépendance totale et sans condition. Les Français comprennent que le discours de Camus est un vœu pieux, pire même, un piège dans lequel lui-même est tombé, propre à le faire

13. Il s'agit du *Temps du mépris* d'André Malraux, nouvelles adaptées par Albert Camus, mise en scène par lui, avec Louis Pagès, Yves Bourgeois et lui-même comme acteurs et décors de Pierre Miquel. Malraux lui avait donné son accord pour adapter sa nouvelle : « Jouez ! », avait-il télégraphié devant le succès de la pièce, une seconde représentation eut lieu, cette fois-ci aux Bains Matarès, un autre établissement de bains situé à Bab-El-Oued, faisant office de dancing.

effacer de la scène politique. Camus ne veut pas se trouver confronté aux deux foules hostiles et rivales, craignant des échauffourées dont il serait indirectement responsable. Il s'échappe par une porte dérobée et rejoint le Saint-George. Dehors, les commentaires vont bon train. Les Français, présents dans la salle, rentrent chez eux rapidement : craignent-ils de se trouver au milieu de fanatiques qui pourraient tout aussi bien les lyncher ? Des militants communistes, des Arabes fraternisent cependant et constatent avec résignation et amertume que Camus n'est pas des leurs. Ils pensaient quelques heures encore auparavant qu'il pouvait rallier leur cause, s'engager auprès d'eux, lui qui parle tant de liberté ! Ils viennent de se rendre compte que la pensée de Camus est bien plus complexe et moins radicale qu'ils ne pouvaient l'espérer. Pour eux, il est et reste un Français d'Algérie qui défend les siens et se rangera donc du côté de la répression. Et cela, quoi qu'il dise ou s'en défende. Plus que jamais, Camus pense à ce qu'il a écrit, il y a peu encore, à René Char : « Le chemin de l'histoire, pour nous aujourd'hui, passe entre l'esprit d'injustice et l'esprit de démission. » La voie est étroite et le col est raide. Les solutions radicales et tranchées ne sont pas le fait des poètes et des amants du vivant, ceux-là choisissent plutôt l'art de la nuance. Ses amis tentent bien de le réconforter. Charles Poncet n'écrira-t-il pas, dans ses Mémoires[14], que « pour la première fois depuis les beaux jours du Front populaire, et malheureusement pour la dernière fois, il vécut ce jour-là dans une atmosphère de fraternité profonde qui autorisait tous espoirs » ?

Sous la lumière crue et limpide d'Alger, sous les pergolas débordantes de fleurs malgré la saison, dans les jardins du Saint-George, Camus boit un verre, mélancolique ; il essaie de croire encore à sa solution, tout en sachant que chaque jour qui passe la rend plus fragile. Le temps en ce début d'année est extrêmement clément. Depuis un Noël passé au balcon, par 25 degrés, une chaleur inhabituelle en cette saison a donné un air d'été et de joie dans la ville, qui n'ignore rien cependant de ce qui peut surgir à l'improviste, attentats, bombes contre des commerces ou des foules, etc. Le lendemain, Camus a rendez-vous avec le cardinal Duval. Il sait que

14. *Camus et l'impossible trêve civile*, ouvrage publié en 2015.

le prélat est favorable à l'indépendance, haï des Français d'Algérie qui l'ont surnommé « Mohamed Duval ». En homme d'Église et de paix, il sait aussi écouter, comme Jacques Soustelle qui accepte de recevoir Camus au Palais d'été, pas très loin de son hôtel. Mais Camus ne rencontre pas la chaleur et l'enthousiasme qu'il escomptait. De plus en plus, les états-majors français, même progressistes, voient dans la communauté arabe plus de fellaghas que d'honnêtes gens et des ennemis partout. Les Français d'Algérie, excités par une propagande poujadiste, sont partisans de la loi du talion et croient pouvoir éradiquer la rébellion par une répression sans faiblesse. Camus a hâte désormais de rentrer à Paris. Il attend avec impatience et inquiétude la décision du président Coty qui doit désigner très prochainement le président du Conseil qu'il a choisi. Il espère encore que Mendès France sera nommé, sa position sur le conflit algérien étant proche de la sienne : assimilationniste, hostile à une indépendance totale et attentive à la justice envers les Arabes.

Il rend visite à sa mère, qui devient à ses yeux le symbole même des mères d'Algérie, dont certaines ont payé le prix fort de la haine et du fanatisme. Il pense à sa mère et l'image insoutenable de ces femmes égorgées avec leurs bébés mutilés dans leurs bras (il a parcouru les livres blancs qui circulent sous le manteau à Alger et qui révèlent la cruauté de la guerre) se présente à ses yeux, renforçant sa position. Un écrivain, quel qu'il soit, ne peut ni déserter des luttes historiques ni « servir ce qu'elles ont de cruel et d'inhumain ». Il marche dans Alger pour rejoindre le quartier si vivant de Belcourt où il a grandi. Mais plus rien n'est comme avant. Une suspicion généralisée flotte dans les rues commerçantes. Il ne reconnaît plus les boutiques où il allait acheter de la farine, de la semoule, de l'huile, courses dont le chargeait jadis sa grand-mère redoutée et en même temps si respectée. Quelque chose a changé qui modifie sa perception de l'Algérie. Il est saisi soudain d'un doute : ferait-il fausse route ? Serait-il apparu comme le Don Quichotte de Belcourt parti en guerre contre le cours inéluctable de l'Histoire ? Il est fatigué, lassé de cette existence cruelle et lourde qu'il mène, rentrer en France est encore un poids : l'y attendent ses nombreuses occupations éditoriales, ses correspondants, sa mauvaise santé, « sans compter le poids des êtres », écrit-il à René Char.

À qui pense-t-il en écrivant cela ?

Maria Casarès ne le harcèle jamais ; il n'a pas vu Francine – qui s'est refait justement une santé à Divonne – depuis quelque temps ; les enfants, quand il s'en occupe, prennent certes beaucoup de son temps, mais il en assume avec devoir la nécessité. Il doit – il le sait, parce qu'un homme, « ça s'oblige », comme il le dit en toutes circonstances – exercer ses devoirs envers les siens, et une sourde culpabilité l'envahit.

Rentré le 25 janvier à Paris, il livre ce qui sera son avant-dernier article pour *L'Express*. Dans cet éditorial intitulé « Un pas en avant », il reprend l'idée de cette trêve civile fraîchement énoncée à Alger, quatre jours plus tôt. Il l'écrit, mais sans trop y croire lui-même. « Je crois fermement à la possibilité d'une association libre entre Français et Arabes en Algérie. » Il a beau affirmer, comme un credo – ce que beaucoup affubleront du nom de catéchisme –, sa foi en sa proposition, le message n'imprime pas les esprits. Même les dirigeants de *L'Express* dérivent à ses yeux vers une position qui n'est plus la sienne. Rester au journal devient intenable, où d'autres voix se font entendre qui parlent de céder aux exigences de la rébellion, sous couvert de droits de l'homme et d'humanisme... Les difficultés annoncées dès le début de son discours à Alger sont plus que jamais présentes. Elles vont se mettre en travers de sa route et le réduire au silence. Quant aux Arabes, rendant compte à Jean Grenier de son séjour algérois, il lui confie qu'ils aspirent dans leur grande majorité « à une nation algérienne indépendante ».

La guerre, dès lors, lui apparaît « inévitable ». Pourquoi continuer à écrire, dans un magazine, sur l'Algérie ? Il opte pour ce qu'il décidera être son dernier éditorial : un article sur... Mozart. On pourrait s'en étonner quand, écrit-il, c'est l'heure de « l'Algérie de la haine et de la France de la démission[15] ». Mais Mozart quand même. Génie libre et total, qui embrasse toute l'humanité, ses faiblesses et ses lâchetés, ses violences et ses solitudes, ses moirures impénétrables. Se souvenant de Saint Exupéry qui, dans *Terre des hommes*, en 1939,

15. *L'Express*, édition du 2 février 1956.

affirmait que la guerre et les injustices assassinaient dès l'enfance le Mozart qui y sommeillait, il ajoute que le compositeur de *Don Juan* « inspire en même temps notre résistance et notre espoir. Tout près de nous, dans le temps et dans l'espace, celui-là a vécu et créé. Notre vie et nos luttes s'en trouvent du même coup justifiées[16] ».

Camus tourne-t-il une page en revenant ainsi à des débats plus littéraires et plus intellectuels ? Il tourne en tout cas celle de la séquence *L'Express* pour retourner sans nul doute à une créativité plus personnelle et aussi à un recentrage de sa propre vie qu'il juge éparse et chaotique.

La veille de la parution de cet article, le 1er février, le président Coty a voulu nommer Pierre Mendès France à la présidence du Conseil qui en a refusé la charge. Il lui a suggéré cependant Guy Mollet qui partage beaucoup de ses idées, et notamment sur l'Algérie. Favorable à l'indépendance du pays, il considère la guerre qui a commencé de s'engager comme insensée et « sans issue ». Camus, avec beaucoup de circonspection, prend note de cette nomination et estime chaque jour davantage que ses positions ne pourront pas tenir dans ce contexte. Sitôt nommé, Guy Mollet annonce sa venue en Algérie. Mais auparavant, un de ses premiers gestes est de limoger le gouverneur général Soustelle, que les ultras apprécient, pour le remplacer par le général Catroux, perçu comme un libéral sur le dossier colonial. Cette nomination fait grand bruit dans les milieux des tenants d'une Algérie française et Guy Mollet s'aliène immédiatement la plus grande partie des pieds-noirs, qui voient se dérouler un scénario de cauchemar : Catroux pourra négocier avec les nationalistes une promesse d'indépendance à plus ou moins court terme, et les Français d'Algérie seront chassés de leur pays natal ! Cette double issue n'est bien sûr pas de leur goût et ils sont prêts à en découdre lors de sa venue prévue en Algérie. Le 2 février, Soustelle quitte donc le gouvernement général, le GG comme ici tous l'appellent, et escorté d'une foule immense d'Algérois, rejoint le port d'Alger où il va embarquer sur *L'El-Djezaïr*. La foule qui l'accompagne hurle des slogans hostiles à Guy Mollet, des injonctions adressées à Soustelle : « Soustelle avec nous ! » ou à son remplaçant :

16. *Ibid.*

« Catroux à l'asile ! » L'armée est convoquée, « Vive l'armée », clament les ultras. Tout au long du front de mer, boulevard Carnot, la foule est dense et ne veut pas lâcher le cortège où se trouve Soustelle. Des fanfares, des militaires, des spahis l'escortent. Dans le port, tandis que mugissent les sirènes du paquebot, des dizaines d'embarcations, petites et plus grandes, remorqueurs, barques, *pasteras*, bateaux de pêche veulent l'escorter pour lui dire de ne pas les abandonner, de les aider, en France.

Guy Mollet, qui a été mis au courant de la température ambiante à Alger, veut tenter une explication directe avec les manifestants ; il atterrit donc à l'aérodrome de Maison-Blanche, le 6 février. La population pied-noir, chauffée à blanc par les milices d'extrême droite et même par la droite traditionnelle, entend le recevoir avec hostilité : c'est la fameuse journée dite « des tomates ». Dès qu'il arrive, le président du Conseil se rend au monument aux morts, et dépose une gerbe de fleurs au pied du célèbre et imposant mausolée[17]. Le cortège officiel sent toutefois qu'une grande tension l'encercle. On envisage d'exfiltrer au plus tôt Guy Mollet. Des manifestants enfin lâchent des slogans, des injures fusent de partout, relayées par des cris de haine et des menaces de mort à l'encontre du président du Conseil et de son gouvernement. La gerbe de fleurs déposée par Guy Mollet et celle du maire sont, toutes deux, aussitôt piétinées, Guy Mollet est en effet reçu à coups de projectiles variés, dont des œufs et des tomates. Il est obligé de se réfugier dans des locaux administratifs sous la protection de la police qui est, elle-même, relativement complaisante envers les manifestants, et aucun dialogue ne peut s'engager. Même les ouvriers ont viré à l'extrême droite et exigent la répression. Ce voyage officiel est lourd de conséquences. Guy Mollet mesure l'ampleur du conflit sur place et, malgré sa faible majorité issue des urnes, constate à ses frais que ses positions libérales dans le conflit algérien n'obtiennent pas la majorité absolue. Mis en minorité, il est contraint de se positionner plus à droite et de mener

17. Il s'agit d'une œuvre monumentale créée par Paul Landowski et inaugurée en novembre 1928. À l'indépendance, le monument fut bétonné, et les plaques sur lesquelles étaient inscrits les noms des combattants morts « pour la France » détruites. La sculpture originelle a été remplacée par deux mains dont les chaînes ont été brisées.

une politique de répression, réclamée par l'Assemblée. Catroux est à son tour écarté avant même d'avoir inauguré son nouveau poste et remplacé par un ami de Guy Mollet, Robert Lacoste, peu au fait des affaires algériennes. La venue de Mollet en Algérie est rapportée dans toute la presse nationale et *Le Canard enchaîné*, toujours railleur et jamais avare d'un bon mot, titre *La Nuit du Catroux* en écho à celle du 4 août 1789 où les privilèges furent abolis... La presse de gauche en France se déchaîne et confirme avec amertume le virage officiel. Dans *l'Humanité*, André Stil écrit : « La démission du général Catroux est un recul avoué, contraire au vieux mot d'ordre républicain : on ne capitule pas devant l'émeute[18]. » Les Algériens, sympathisants du FLN sans y être totalement engagés, voient la situation tourner à leur désavantage. Ils comprennent que le nouveau gouvernement, trop faible, est contraint de céder à l'option répressive et va renforcer les intérêts de la communauté française... Le front républicain n'est plus en mesure d'appliquer ses promesses de campagne.

Cet état de fait durcit encore plus l'esprit de rébellion et nourrit des rancunes et autant de révoltes qui ne seront plus larvées. Les attentats reprennent ici et là. Mouloud Feraoun est un jeune instituteur algérien qui porte une grande admiration à Camus avec lequel il a échangé une correspondance ainsi qu'à son ami et écrivain algérois Emmanuel Roblès avec qui il entretient aussi des échanges amicaux. Mais « L'Appel », comme il nomme le discours de Camus à Alger, le 22 janvier, ne l'a pas convaincu : parlant de lui et de Roblès, il écrit dans son *Journal* : « Il vaut cent fois mieux qu'ils se taisent. Car enfin, ce pays s'appelle bien l'Algérie et ses habitants des Algériens. Pourquoi tourner autour de cette évidence ? Êtes-vous Algériens, mes amis ? Votre place est à côté de ceux qui luttent par la force et entendent y demeurer par la force. Tout le reste est mensonge, mauvaise foi[19]. »

Camus, dans ce brouhaha politique, supporte difficilement la situation, d'autant qu'il a d'autres sujets de préoccupation : trop de soucis l'accablent et le sentiment de l'exil, déjà terriblement ancré

18. In *L'Humanité* du 7 février 1956.
19. Lettre en date du 3 février 1956.

en lui depuis des années, s'installe durablement. Lui qui ne lisait guère autrefois de poésie, se réfugie dans la lecture des poèmes de René Char, et y trouve un peu de paix et de repos intérieur. Il relit justement cette *Lettera amorosa* que son ami lui a dédicacée. Doit-il être encore jeune pour ne pas, hélas, se sentir concerné par ces mots du poète : « Pourquoi le champ de la blessure est-il de tous le plus prospère ? Les hommes aux vieux regards, qui ont eu un ordre du ciel transpercé, en reçoivent sans s'étonner la nouvelle[20]. »

Il pense à sa vie sentimentale qu'il estime relativement ratée même s'il croit que sa rencontre avec Maria Casarès est sûrement le plus grand événement de sa vie amoureuse, auquel il tient plus que tout, surtout en ces temps incertains. Lui aussi a son « Amoureuse », sa « Continuelle », sa « fleur de gravité[21] », mais fera-t-elle céder le poids des inquiétudes ? Il veut bien croire l'ami Char quand il écrit : « Mon exil monte à sa tour de patience[22]. »

Il craint confusément que son action ne soit pas entendue et qu'il doive accepter d'être impuissant devant le drame de son pays natal. Son orgueil, inconsciemment, est aussi touché. Il a cette fierté castillane, ce désir d'être aimé, comme il le dit à l'homme de théâtre, Jean Gillibert. « Mais c'est un désir d'adolescent. Tôt ou tard, il faut vieillir, accepter d'être jugé, ou condamné, et recevoir ce qui est du règne de l'amour (désir, tendresse, amitié et solidarité) comme des dons immérités. » Empêtré dans une affectivité qu'il ne peut cependant rejeter, il est moqué par ce qu'il appelle globalement « Saint-Germain-des-Prés », dont les cellules activistes de la rue Saint-Benoît autour de Marguerite Duras et de Maurice Blanchot et celle de Montparnasse, sous l'autorité de Jean-Paul Sartre et de Simone de Beauvoir qu'il n'est pas loin d'appeler secte, ne cessent de le fustiger et de le déprécier. Il ne cède pas néanmoins, estimant que sa vision des choses est en accord avec ses valeurs de loyauté et de fidélité.

Il entretient des rapports épistolaires avec des amis et relations d'Alger qui lui permettent de tâter le pouls du pays. Entre autres

---

20. René CHAR, *Lettera amorosa*, Gallimard, 1953, édition Poésie/Gallimard, 2014, p. 43.
21. Termes en lesquels René Char qualifie la femme aimée.
22. René CHAR, *Lettera amorosa*, *op. cit.*, p. 43.

Jean Sénac, le poète qui a tôt pris fait et cause pour la rébellion, et trouve dans la lutte clandestine de quoi nourrir des accents quasi rimbaldiens. Sincère et idéaliste, il va se laisser entraîner aux yeux de Camus vers une dérive révolutionnaire qui n'est pas sans relation avec les difficultés existentielles que son homosexualité lui fait porter. À l'instar de Jean Genet, il voue une haine capitale à la civilisation occidentale, au patriarcat, à l'homme blanc en général. Ses vers et ses diatribes enflammées contre la France vont finalement heurter Camus, qui le qualifie, dans une lettre qu'il lui adresse le 21 février, de « cinglant égorgeur », tandis que dans les milieux littéraires progressistes, Sartre et Genet le glorifient. Pied-noir lui-même, Sénac est en train d'écrire en ce début d'année 1956 un texte que lui a demandé la revue *Esprit* : une lettre à un jeune pied-noir qui est visionnaire, mais pourra-t-elle être lisible à ce moment précis de la guerre ? : « Ton cœur souffre de l'injustice quand elle brise un visage français, mais s'ouvrira-t-il à la peine de tous les hommes ? [...] Depuis plus d'un siècle, l'Europe vit sur cette terre sans se soucier des neuf dixièmes de ses habitants. Il est juste que ceux-ci retrouvent enfin leurs droits... L'Algérie se fera avec nous ou sans nous, mais si elle devait se faire sans nous, je sens qu'il manquerait à la pâte qui lève une mesure de son levain... La réalité, c'est que ce pays est arabo-berbère et musulman et que nous sommes, avec les Israélites entre autres, une minorité qui, comme telle, risque d'avoir une place minoritaire. La réalité, c'est que sur cette terre indépendante, un million d'Européens devra abandonner ses privilèges pour participer, dans la proportion de un pour neuf, à l'édification d'un ordre égalitaire. La réalité, c'est que nous perdrons un peu de notre confort de seigneurs et de nos immenses propriétés. La réalité, c'est que si nous le voulons, dans l'égalité des droits et des devoirs, et la justice retrouvée, après une période où l'esprit de revanche nous aura certainement fait souffrir, il sera possible, en prenant appui sur nos différences, de donner au monde un visage généreux de l'homme. Ce sera une expérience difficile et unique... Mais accepterez-vous de lâcher quelques préjugés pour le salut de tous[23] ? »

23. In revue *Esprit*, mars 1956.

Il y a aussi André Rossfelder, qui, en 1942, s'est engagé dans la résistance algérienne et a failli être fusillé par les sbires de Vichy. Il rejoint la Résistance à 17 ans, manque encore une fois d'être fusillé par Vichy, sauvé *in extremis* par le débarquement allié. Il s'engage alors dans la première unité de parachutistes et participera à la libération de la France et particulièrement de Strasbourg dont il est originaire. Décoré, mutilé, il retourne en Algérie où il est né, en 1925 à Oran. Camus le fréquente et l'admire beaucoup pour son épopée personnelle et, son courage et aussi son amour de la patrie algérienne. Une amitié entre eux deux est née et il se confie volontiers à lui. Il lui dit son angoisse et son désespoir : « Nous dévalons vers l'abîme, nous y sommes déjà », lui écrit-il dans une lettre datée du lundi 27 février.

Il prépare un séjour dans le Midi en compagnie de ses enfants : il est temps de s'occuper d'eux, quoiqu'il n'ait guère l'esprit à cela, sans compter qu'il doit mettre au point l'adaptation du roman de William Faulkner, *Requiem pour une nonne*, qu'il a déjà réalisée mais qui ne lui convient pas tout à fait encore. Il envisage de donner le rôle principal à Maria Casarès, mais sa belle-famille et Francine ne sont guère favorables à ce que sa maîtresse officielle ait le premier rôle de cette pièce. Il cède à leurs instances parce qu'il est cet homme de conciliation et aussi parce qu'il sent sur ses épaules peser tout le poids de la culpabilité. Belle joueuse, Maria Casarès lui a soufflé le nom d'une comédienne qui monte, Catherine Sellers, qu'il a aussitôt contactée et qui demande quelques jours de réflexion pour accepter cette proposition qui l'enchante. Presque engagée dans une autre production, elle va, dit-elle, étudier la situation et le rappeler très vite.

Camus quitte alors Paris, fatigué de tout ce que son retour d'Alger a suscité en lui. Il rejoint la belle et vaste maison provençale de La Palerme, dans le Vaucluse, non loin de L'Isle-sur-la-Sorgue où réside son ami René Char et qu'il lui a conseillé de louer. La maison de maître un peu défraîchie apparaît au bout d'une belle allée de platanes, percée de nombreuses et hautes fenêtres. Camus l'apprécie pour son calme et sa sérénité. Il la trouve joyeuse, porteuse de vérité et de promesses ; peu à peu se forge l'idée que là est sa place, sur cette terre éclatante de soleil, si proche par sa luminosité et sa naïveté de l'Algérie natale. Depuis longtemps déjà, il lorgne du côté de cette Provence profonde et douce, sa campagne, son climat, ses champs d'oliviers, le chant des cigales… Tout lui rappelle une Algérie arcadienne qu'il a logée dans son esprit mais – il l'avoue avec déchirement – qui n'existe plus.

Il n'empêche : se rapprocher toujours davantage de cette terre d'enfance, quand au printemps, les amandiers d'Alger perdent leurs pétales sous le souffle d'un vent léger, venu de la mer, et enneigent la ville de leur blancheur ! Il s'est attribué une grande chambre-bureau de 45 m², fière de ses quatre mètres de hauteur sous plafond, et donnant sur les monts du Lubéron, située au second étage de la vaste bâtisse. La décoration y est très simple, presque austère, avec ses dalles de terre cuite d'origine et ses murs blanchis au lait de chaux. Camus retrouve là une paix qu'il sent croître en lui, cette impression illimitée d'équilibre que la nature, loin des conflits de toutes sortes, lui offre de manière presque sacrée. Il aime Jean Giono pour ce même sentiment de bonheur qui s'élève quand la chair est en contact avec les réalités de la terre, et que montent alors un chant, celui du monde, et une joie, vibrante. Dans le silence bruissant de La Palerme, il sent renaître en lui ce qu'il appelle « le goût triomphant de la vie[24] ». Et cela d'autant plus qu'il a invité dans ce paradis des sources toute sa famille d'Algérie, son frère et son épouse, sa mère surtout qui a accepté de traverser la Méditerranée. Il pense qu'elle ne sera pas trop dépaysée, plongée au cœur d'une nature dont elle connaît, bien qu'elle ne soit guère sortie de son quartier de Belcourt, les sortilèges.

Son arrivée est prévue le mardi 27 mars et il se prépare à ces retrouvailles avec bonheur. Il y est arrivé la veille avec la mauvaise surprise de trouver la maison dans un état assez inhospitalier. La pluie, qui n'a pas cessé de s'abattre sur la région, a provoqué des fuites un peu partout, et comme il l'écrit à Maria Casarès, « il a fallu faire des feux, mobiliser des ouvriers, remettre la maison en état, faire manger les enfants, et prévoir l'arrivée de mon frère ». Peu habitué à toutes ces contraintes domestiques, il se sent un peu dépourvu et dépassé, mais une dernière visite dans le grand jardin, alors qu'il est harassé du labeur accompli, lui fait retrouver son motif principal : l'étoile. « J'ai marché, lui écrit-il, sous une lune merveilleuse et un ciel fourmillant de grosses étoiles. Les grands bouleaux

24. In présentation de la revue *Rivages*.

et les platanes de l'allée ont leurs branches nues chargées seulement de ces étoiles. Une seconde, j'ai saisi la paix par son aile[25]. »

Pendant ce temps, à Paris, le gouvernement de Guy Mollet s'active et déploie sa nouvelle stratégie, imposée par sa mise en minorité. Le président du Conseil est contraint de conduire une politique répressive malgré sa volonté et son désir. Après avoir demandé, le 12 mars, les pouvoirs spéciaux et étendu aux militaires les pouvoirs de police, il double les effectifs militaires et envoie le contingent. Ces décisions ne font l'unanimité nulle part, elles répugnent à la gauche et satisfont en partie la droite, qui cependant se méfie du Front républicain d'où est issu Guy Mollet. La tendance est néanmoins à la lutte contre la rébellion. Si du côté algérien et progressiste en France, on insiste sur le fait que les militants du FLN sont des combattants, officiellement la France les considère comme des terroristes et même des meurtriers qu'il faudra anéantir sous peine de perdre le pays.

L'arrivée des jeunes appelés est pour le gouvernement un nouvel objet de tension et de pression : la population française ne laissera pas ses enfants se faire assassiner dans des djebels pour l'amour de l'Algérie française. Tôt ou tard, ils demanderont des comptes. C'est dans ce dilemme intenable que Guy Mollet est pris en étau. Camus, depuis la campagne du Vaucluse, est au courant de tout ce qui se passe et imagine ce qui se trame, à Paris et à Alger. Une fois sa mère et la famille de son frère installées, il doit se mettre sans tarder au roman de Faulkner, adapter le rôle principal de Temple à la nouvelle recrue, Catherine Sellers, qui l'émeut par sa beauté fragile et sombre, « une anémone au cœur noir », dit-il. Que de travail devant lui : le théâtre, une nouvelle à paraître mi-avril dont il a longtemps hésité sur le titre entre *Le Cri* et *La Chute* pour préférer le second sur le conseil de Roger Martin du Gard, la rencontre à venir avec Catherine Sellers...

Les attentats ont repris « là-bas » : il le constate avec fatalisme. « Inch'Allah ! C'est Dieu qui décide ! » À Bougie, des gardiens de phare ont été délogés de chez eux, mais pas massacrés, des explosions ont détruit le bâtiment. Le fait que le gardien et sa famille n'aient pas été tués serait-il une réponse à l'appel du 22 janvier prononcé

25. Albert CAMUS, Maria CASARÈS, *Correspondance*, *op. cit.*, p. 1186.

à Alger ? « Épargnez les civils innocents ! », a-t-il clamé et exhorté. « Si mon appel a servi au moins à épargner cette famille, je ne l'aurai pas prononcé pour rien », se convainc-t-il.

Mais la récolte est encore bien maigre. La même clémence n'est pas exercée sur tout le territoire. Les prisonniers politiques du FLN deviennent l'objet en France d'une puissante polémique concernant leurs conditions de détention. On parle ici et là de tortures perpétrées par des unités de maintien de l'ordre, et de manquements graves aux droits élémentaires de l'homme. Toutes ces suspicions – alimentées surtout par la presse de gauche et le journal *Le Monde*, et que le cabinet Mollet veut dissiper en ouvrant une commission d'enquête – minent lentement le moral du pays. Camus, lui, ne trouve refuge apparent que dans la nature, la Provence, sa famille, sa mère, ses enfants et l'écriture.

Maria Casarès est cependant au cœur de son dispositif salvateur, celui qu'il essaie toujours d'installer pour faire reculer l'angoisse et l'exil. Pas d'espoir néanmoins de la revoir avant le mois de mai, vu l'emploi du temps qu'elle lui communique, entre des tournées en France, en Hollande, en Russie, en Finlande, au Danemark, en Angleterre, en Belgique et en Suisse, sans compter la saison d'automne à Chaillot qui signera la fin de son contrat avec le TNP. La passion s'exaspère et l'incandescente Maria vit très mal cette « aussi longue absence[26] », comme pourrait dire Marguerite Duras, aussi la libère-t-elle dans une langue émotive et lyrique qui fait penser aux *Épiphanies*[27] d'Henri Pichette, sorte d'oratorio mystique qu'elle a joué en 1947 au Théâtre des Noctambules avec Gérard Philipe sur une musique de Maurice Roche. Dans un flux d'incantations, elle parodie le poète : « Je t'aime, je te désire, je t'idolâtre, je te souhaite, je te regrette, je t'espère, je t'attends, je te porte, enfin, je te téléphonerai de Rouen[28] » !

---

26. Marguerite Duras, coauteur du scénario avec Henri Colpi et Gérard Jarlot, du film *Une aussi longue absence*, réalisé par Henri Colpi, Palme d'or du Festival de Cannes 1961 et prix Louis-Delluc.
27. Henri Pichette (1924-2000), *Les Épiphanies*, Gallimard, 1948.
28. On pense au dialogue entre le « Poète » et « l'Amoureuse » qui s'échange dans ce « mystère profane », selon les mots de Pichette lui-même : « Je t'imprime, je te savoure, je te précède, je te vertige, et tu me recommences », etc.

Francine a prévenu de son arrivée dès le 4 ou le 5 avril.

Il ajuste une dernière fois le manuscrit du *Requiem pour une nonne* avant de le confier à Catherine Sellers, allège quelque peu l'intensité du rôle de Temple, le trouvant trop tragique pour la frêle (du moins c'est ce qu'il pense) constitution de la jeune comédienne.

La première semaine d'avril, il fait un saut à Paris pour lui parler du rôle qu'il lui propose et la rencontre pour la première fois chez Lipp où il a ses habitudes. Il lui répète son intention de lui confier le rôle principal et lui promet de lui faire parvenir au plus vite le texte. Il retourne à La Palmade pour rentrer de nouveau à Paris avec Francine et les enfants, après avoir raccompagné sa mère et son frère à l'aéroport de Marignane. Chacun revient chez soi. La Provence pour Hélène Camus n'est pas l'Algérie, même si elle lui ressemble par bien des côtés. « Il n'y a pas d'Arabes », comme elle dit en s'en désolant, car elle aime les croiser dans sa rue, leur parler, ressentir ce mélange des mœurs et des coutumes, entendre ces langues qui se croisent. Camus, en la quittant, sait que l'exil est fait de ces déchirements successifs, de ces trames qui s'effilochent inéluctablement après avoir été rompues et que malgré la croyance en un amour immense, peut-être même unique, les hommes vivent toujours dans cet état de séparation, en quête d'une trace de lumière qui pourrait les consoler.

Maria Casarès, très intuitive, sent le danger majeur qui guette toujours celui qu'elle appelle « mon prince », « mon seigneur » : une plongée toujours imprévue dans la mélancolie. Un autre danger semble poindre à leur horizon : la venue dans sa vie de dramaturge de Catherine Sellers. Aussi sombre qu'elle est solaire, aussi ténébreuse qu'elle est méditerranéenne, la comédienne apparaît comme l'étoile (encore une dans le firmament de Camus !) montante de la jeune relève théâtrale. Sa sensibilité est immense et se décline comme un millefeuille insondable pour apporter toutes les moirures et l'épaisseur à ses personnages. Excellente interprète de Claudel, de Tchekhov, elle a triomphé déjà en 1952 dans *Le Dialogue des carmélites* de Bernanos où elle incarne littéralement une bouleversante Blanche de la Force, et comme héroïne de *La Vie que je t'ai donnée* de Pirandello, dans une mise en scène de Claude Régy.

Maria se repent-elle d'avoir suggéré le nom de Catherine Sellers ? Née Jacqueline Toubiana, en 1926, à Paris, Catherine est issue d'une famille juive tunisienne ; son père, né à Constantine, était médecin. Il se sépare de sa femme, Marguerite Cohen-Choulal, et la jeune Jacqueline, alors âgée de trois ans à peine, va vivre avec sa mère. En 1940, toutes deux se réfugient à Alger où elles resteront jusqu'à la fin de la guerre. Jacqueline fait ses études au lycée de jeunes filles Delacroix, établissement accueillant les enfants de la bourgeoisie européenne. Son père, en septembre 1943, est arrêté à Paris par la Gestapo et est déporté à Birkenau où il mourra le 20 décembre de la même année ; elle obtient le bac brillamment, poursuit des études à Londres et passe un diplôme sur le théâtre élisabéthain. En 1946, elle épouse un poète anglais, Malcolm Sellers, et rejoint sa grand-mère restée à Alger. Elle retourne enfin à Paris, se sépare de Malcolm Sellers et suit l'école d'art dramatique de Tania Balachova et l'enseignement de Michel Vitold au Théâtre du Vieux-Colombier, inspiré des méthodes de Stanilawski, dont les principes reposent essentiellement sur le refus de la grandiloquence et la recherche du vrai intériorisé dont il faut aller à la recherche[29]. Tous ces éléments biographiques que Camus s'est sûrement procurés le troublent. Catherine Sellers est algéroise de cœur, elle est une des victimes collatérales de la Shoah, elle est symboliquement le contraire de Maria Casarès, Espagnole triomphante et rugissante quand son jeu est tout en demi-teinte, presque chuchoté, mais d'une inflexibilité tragique stupéfiante. Le 26 avril, il lui écrit une lettre pour la prévenir que Serge Reggiani, auquel il voudrait bien confier le rôle de Gowan Stevens, a encore en main le manuscrit et qu'il « ne peut donc le donner en pâture à (son) imagination... » Il la sait en Algérie, où elle interprète en tournée la Chimène du *Cid*. Il l'exhorte alors à respirer les jasmins et les chèvrefeuilles d'Alger, dont le parfum et le sillage jamais perdus pour lui, le ramènent, lui dit-il, aussitôt au royaume. Cette injonction sensuelle est déjà une manière de créer avec sa nouvelle recrue une intimité particulière,

29. Selon l'excellente recherche de Liliane Temime-Girard, cousine de Catherine Sellers, qui s'est vivement intéressée à la correspondance encore inédite de Catherine Sellers et d'Albert Camus (1956-1959).

une proximité d'âme et de cœur auxquelles Catherine Sellers n'est pas insensible puisque deux jours après, n'ayant en réalité jamais hésité à accepter le rôle, elle lui adresse un télégramme sans ambiguïté, acceptant le rôle, « avec joie », précise-telle.

À Paris, Camus savoure quelques jours passés dans l'amitié avec Jean Grenier, des comédiens de sa future distribution, Serge Reggiani, Jean Marchat de la Comédie-Française, Rika Radifé, directrice du théâtre des Mathurins, Françoise Vauclin… Mais il va, en solitaire heureux, voir le film de Gentilomo, *Les Frères Karamazov*, réalisé en 1947. Le roman de Dostoïevski le fascine et il a l'intention d'en faire une adaptation. Tout ce qui touche à ce sujet et à l'écrivain russe l'intéresse donc fortement, mais il ressort de la salle assez dépité, trouvant que les coupes, certes inévitables, sont aléatoires et provoquent même des contresens. Il se rend aussi à l'Olympia pour entendre chanter Amalia Rodrigues, la reine du fado, dont le chant troublant et la voix rauque et plaintive correspondent très souvent à son état d'âme. La sensibilité de la chanteuse portugaise n'est pas celle, solaire et furieuse, de son aimée, espagnole et vibrante. Mais il admire les déclinaisons de l'âme, les vibrations singulières que la diva peut révéler chez chacun. Il prévoit aussi une rencontre avec René Char, et souhaite particulièrement assister à un match de boxe, sport dont il est très amateur. Aussi charge-t-il le poète de leur retenir des places au Palais des Sports ou à Wagram. Il va aussi au théâtre Montansier, à Versailles, avec les Gallimard pour voir jouer Tatiana Moukhine (qui fera partie de la distribution de *Requiem pour une nonne*), dans *Les Amants puérils* de Crommelynck.

Ce temps mêlé de solitude et de rencontres amicales est réconfortant pour lui, sans les enfants, sans sa femme et même sans Maria. Il en jouit rarement et il veut en profiter avec avidité. Chaque instant est un privilège. Il envisage de trouver un petit studio, où il pourrait se retrouver seul et travailler à l'abri de toute distraction domestique ou familiale. René Char, qui occupe un appartement dans l'immeuble appartenant au comte de Tocqueville, rue de Chanaleilles, lui propose un studio qui se libère, mais il hésite encore un peu, ledit studio se trouvant en rez-de-chaussée…

Toujours en avril 1956, Jacques Soustelle, l'ancien gouverneur général de l'Algérie révoqué par Guy Mollet, fidèle à la promesse de les défendre qu'il a faite lors de son départ héroïque, salué par tous les pieds-noirs d'Alger, a créé l'USRAF, l'Union pour le salut et le renouveau (le terme a été proposé par Michel Debré) de l'Algérie française. Jean Paulhan demande à Camus de signer cet appel qui se tient en ces mots :

« Les Associations d'anciens combattants soussignées, groupées sous l'égide de l'Union pour le salut et le renouveau de l'Algérie française, considérant la situation générale de nos départements d'Algérie et l'évolution des opérations militaires, tiennent à saluer nos soldats et à les assurer de leur solidarité ; demandent aux pouvoirs publics de poursuivre avec résolution l'œuvre de pacification et de rénovation entreprise en Algérie et les assurent de leur appui et de leur concours pour faire accepter par tous les sacrifices encore nécessaires au maintien de l'Algérie dans la communauté française, affirment leur opposition irréductible à toute tentative de solution du problème algérien basée sur des principes susceptibles de porter atteinte à l'unité de la France et à son prestige. »

Camus refuse de signer l'appel, estimant que ses termes ne laissent aucune place à une possible négociation et reviennent à obliger les deux parties à camper sur des positions fanatiques.

Il le voit, toutes ses propositions sont rejetées en bloc, ses avertissements depuis 1939 ignorés superbement, et ce qu'il redoutait dans son propre appel se vérifie : la guerre totale est inévitable. Car, de cela il est certain, la rébellion ne lâchera jamais ce qu'elle a inauguré en novembre 1954. Depuis, ses idées et sa propagande se sont insinuées dans toutes les consciences algériennes, et il n'y a plus guère d'Algériens qui ne souhaitent vraiment rester dans le giron de la France, au risque de s'en séparer et au péril du million de Français qui y résident. De fait, les exactions se poursuivent de manière exponentielle. Une certaine subversion s'est emparée des appelés qui, quelquefois, refusent même d'embarquer pour rejoindre l'Algérie. Guy Mollet doit gérer cette confusion, et souvent en opposition avec ses propres idées. Aussitôt débarqués, les jeunes mobilisés n'ont guère le temps de découvrir Alger dont le calme apparent les étonne toujours. Ils pensaient arriver dans un pays en guerre et ils constatent que la ville est soignée, belle, et que ses habitants vaquent à leurs occupations comme si de rien n'était. Mieux encore, les Arabes, potentiels ennemis, circulent dans la ville européenne sans être inquiétés. En revanche, ils appréhendent leur départ pour l'intérieur, dont on leur a rapporté des récits effrayants : embuscades permanentes, reliefs escarpés et dangereux, villages et douars franchement ralliés à la rébellion, meurtres, mutilations, etc. C'est la guerre, mais c'est une guerre spéciale, cachée, faite de ruses et de masques, de chausse-trapes et de pièges, dans le Constantinois surtout où les rebelles sont très implantés. Alger semble préservée, c'est du moins l'impression que les autorités veulent donner de la seconde capitale de la France. Elles tiennent à ce qu'Alger reste une sorte de vitrine de la réussite coloniale, mais les nouveaux venus voient très vite qu'en son cœur, trône la ville arabe, véritable cheval de Troie.

La victoire est loin d'être acquise et en effet les accrochages se multiplient. Dans les gorges de Palestro, magnifique défilé de roches, à la végétation dense et luxuriante qu'en des temps plus pacifiques, les touristes fortunés visitaient, émerveillés, des embuscades prennent par surprise des convois de jeunes appelés[30]. Quelques jours à peine après leur arrivée dans la rade éclatante d'Alger, de jeunes Français de métropole agonisent à terre. Il n'en faut pas plus pour qu'un sentiment de révolte s'empare des Français qui sont de plus en plus nombreux à proclamer qu'ils ne vont et ne veulent pas livrer leurs enfants au feu des rebelles assassins pour défendre les intérêts de colonialistes qui ont fait durablement « suer le burnous » pour s'enrichir[31].

À ce titre, le massacre de Palestro est resté gravé dans la mémoire collective, tant algérienne que française, comme un des événements les plus symboliques de la guerre d'Algérie. Les pires clichés de

30. L'ouvrage de Raphaëlle Branche, *L'Embuscade de Palestro* (Armand Colin, 2010), étude à charge de la colonisation française, explique bien que ce massacre repose sur « une violence coloniale ». Du coup, les exactions qui y ont été commises, mutilations, profanations, énucléations, émasculations, etc. à l'encontre des soldats français, deviennent selon la sociologue, un « acte pour taire l'humiliation du passé… Une façon d'affirmer le courage social (des rebelles et des villageois), partageant avec eux des codes et des valeurs ». Tuer n'est pas suffisant, mutiler, c'est, écrit-elle, « construire une image de soi en relation à l'altérité ». C'est précisément ce que condamne Albert Camus : une violence et une cruauté légitimes et légales.

31. Camus déplore l'image fausse que les Français véhiculent de leurs compatriotes en Algérie : fumeurs de cigares, conducteurs de Cadillac…

l'anticolonialisme circulent, renforcés et entretenus par le PCF : le pied-noir devient l'ennemi et non pas le « fellagha » qui défend courageusement sa liberté et son droit à disposer de lui-même... L'image du pied-noir exploiteur prend forme. Jusqu'alors, il était un personnage folklorique et pittoresque, exotique même, il se transforme en un homme cupide et raciste : Camus a prévu le coup que la propagande anticoloniale est en train de mettre en place. L'ennemi n'est donc plus celui que l'on croit. Ce renversement idéologique, il l'a déjà dénoncé dans un de ses articles pour *L'Express*, sans que cela ait ému véritablement ses lecteurs et l'opinion en général : « Les Français d'Algérie à 80 % ne sont pas des colons, mais des salariés ou des commerçants. Le niveau de vie des salariés, bien que supérieur à celui des Arabes, est inférieur à celui de la métropole [...]. Un père de famille de trois enfants perçoit à peu près 7 200 francs contre 19 000 en France. Voilà les profiteurs de la colonisation[32]. » Mais rien n'y fait. L'idée bien ancrée d'une Algérie qui ne sert qu'à engraisser des intérêts particuliers et de surcroît racistes progresse dans l'opinion.

Le printemps 1956 s'annonce sous des auspices peu encourageants. Camus voit s'éloigner ses propositions. Les fanatismes gagnent contre l'esprit de réconciliation. Il en est désolé et meurtri. Est-ce pour cette raison qu'il avoue à René Char que la poésie est peut-être à présent précisément la seule consolation possible, le seul refuge qui soit en des temps aussi troublés ? L'Algérie est le centre de ses préoccupations, mais il se doit aussi à l'écriture et à son œuvre : il est près souvent de les sacrifier pour retrouver cet accord intérieur qui, une fois acquis, peut se passer alors de toutes ces béquilles que sont les livres. *La Chute* sort chez Gallimard le 16 mai : quel en sera l'accueil ? Il s'y intéresse malgré ses préoccupations et quoiqu'il ait pour la critique littéraire un mépris immense : entre son public et lui-même, il y a, écrit-il à Maria Casarès, « l'écran de cette pègre journalistique, de cette petite société provinciale et râleuse, sèche, vulgaire, complexée qu'on appelle ici l'intelligentsia, sans doute parce qu'elle n'a avec la vraie intelligence et la culture que des rapports de nostalgie[33] ».

---

32. *Chroniques algériennes, op. cit.*, p. 140.
33. *Correspondance Albert Camus-Maria Casarès, op. cit.*, p. 1211.

Au fond de lui, il éprouve toujours cette impression de « creux » qu'il exprimait déjà à René Char, qu'il attribue à l'exil. Il ne peut vivre à demeure dans l'appartement conjugal, rue Vaneau, pas assez de silence, pas assez de paix, aussi cherche-t-il sans cesse un lieu où s'installer. Tout compte fait, le rez-de-chaussée, rue de Chanaleilles, ne lui convient pas tout en espérant que le propriétaire lui trouve prochainement une autre location dans son immeuble. Hébergé jusqu'alors chez Jules Roy qui rentre toutefois à Paris le 3 mai, il loue désormais une chambre à l'hôtel Royal Beaujolais, rue de Beaujolais, dans le 1er arrondissement. Maria Casarès est à Londres pour jouer *Marie Tudor*. Il mène malgré tout une certaine vie parisienne sinon mondaine. Toujours les mêmes interlocuteurs, généralement du milieu du théâtre, avec lesquels il déjeune ou dîne. Il se rend au spectacle, dans l'impatience avouée de commencer les répétitions de *Requiem*… Mais en général « rien fait ni vu qui vaille la peine », conclut-il lapidairement auprès de Maria.

Un jeune appelé, Michel Rachline, lui a écrit pour lui parler du livre qu'il voudrait publier sur sa vie en Algérie. Camus lui répond aussitôt pour lui témoigner sa sympathie et sa reconnaissance.

« Monsieur, si j'ai pu, sans le savoir, vous aider là où vous êtes, ce sera peu de dire que j'en suis heureux. Ce qui vous retient en Algérie, c'est ce qui pèse ici sur mes journées, qui m'a retranché définitivement d'une société intellectuelle prête à toutes les démissions et qui m'a fait choisir enfin une retraite provisoire. Je ne me sens pas seul pour autant. Car je n'ai jamais mieux senti mes liens avec notre malheureux pays et avec tous ceux qui, comme vous, témoignent qu'il n'a pas été édifié seulement sur l'injustice ou le verbiage, quels qu'aient été ses torts et ses erreurs[34]. »

Intimement, Camus signe son malaise et sa peine. Et aussi redit son silence. À René Char, il évoque de même cet « hiver » dans lequel la situation actuelle le met. « La question est seulement de savoir ce que la vie, ou du moins ce qu'il y a en elle d'adorable, va devenir. Cela seul suffit à faire souffrir[35]. »

34. Cette lettre, ici *in extenso*, est devenue la préface de l'ouvrage que Michel Rachline a publié : *Courrier d'Algérie : 1955-1956*, chez Luneau Ascot éditeurs, 1980.
35. Albert CAMUS, René CHAR, *Correspondance*, *op. cit.*, p. 168.

Finalement, il obtient un deux-pièces, rue de Chanaleilles, à la grande joie de René Char. Lui au 3e étage et Char au 1er, voilà qui favorise de plus étroits contacts et une plus grande solidarité sur une « planète », comme il dit, qui est la leur. Ils griffonnent désormais de petits billets qu'ils glissent sous leur porte. Cette solitude partagée entre poètes réconforte Camus, qui regarde avec consternation la suite des événements en Algérie : rétablissement de la censure, doublement des effectifs militaires, refus des pieds-noirs de céder un pouce de leurs droits, cycle incessant d'attentats/répression/attentats, extension de la lutte à l'international, ralliement de beaucoup de forces étrangères, sympathie des pères fondateurs du Mouvement des non-alignés de Nasser à Tito et enfin faiblesse du gouvernement français : son appel est désormais oublié, on parle dans les couloirs du pouvoir d'un Camus utopique et idéaliste, hors du réel.

Tous ces événements qui se succèdent l'ont rendu « étranger » à sa manière d'être et de vivre. Il sent qu'il est à côté de lui-même, flottant et ballotté par le destin. La publication de *La Chute* confirme cette évolution. Cette impression que tout lui échappe et que les digues qu'il a placées ici et là pour maintenir les mauvais flux de l'existence rompent les unes après les autres. Francine, qui a beaucoup participé à l'élaboration de son récit-roman, a bien compris le trouble de son mari en le comparant au personnage de Clémence. Sa créature est multiple, moirée, composée de plusieurs visages, à la fois juge et pénitent, procureur et avocat de lui-même, indiscernable et de toute façon éternellement malheureux et incompris. Elle qui connaît si bien les nuances des sonates de Bach, les déclinaisons de leurs partitions, pour tenter de les interpréter, lit dans *La Chute* l'insondable puits dans lequel il se démène.

La presse non plus ne s'y trompe pas. Sartre se fend quand même d'un article qui n'est pas féroce comme à son habitude. Il a toujours eu la dent dure envers son ex-ami, mais lui trouve des qualités. Pourtant Camus ne se prive pas de glisser dans le profil de Clémence des traits qui pourraient bien ressembler à ceux de Sartre. Se moquant de ce temps pas si lointain où Clémence « mastiquait toute la journée » le sacro-saint mot de liberté, « l'étendant au petit déjeuner sur (ses) tartines », il ajoute toujours à propos de la liberté : « J'assénais ce maître mot à quiconque me contredisait, je l'avais mis au service de mes désirs et de ma puissance. » Comment ne peut-il se souvenir des mots si blessants que Sartre a proférés en 1951 à son encontre, soutenant Jeanson qui l'avait exécuté dans *Les Temps modernes*, à propos de *L'Homme révolté* ? Comment oublier l'ironie mordante et voltairienne qu'il avait mise alors en le comparant à un Rousseau de pacotille, et surtout en faisant allusion à ses origines algéroises ? C'était bien lui, Sartre, qui avait écrit ces mots cruels et gratuits : « Un mélange de suffisance sombre et de vulnérabilité a toujours découragé de vous dire des vérités entières. Le résultat, c'est que vous êtes devenu la proie d'une morne démesure qui masque vos difficultés intérieures et que vous nommez, je crois, mesure méditerranéenne. Tôt ou tard, quelqu'un vous l'eût dit, autant que ce soit moi[36]. » Le même cauchemar se répète à quelques années de différence. Dans le numéro 123 de mars-avril des *Temps Modernes*, Sartre mène la charge anticoloniale et répond implicitement aux appels pathétiques de Camus pour une trêve civile : « La seule chose que nous puissions et devrions tenter – mais c'est aujourd'hui l'essentiel –, c'est de lutter aux côtés des Algériens pour délivrer à la fois les Algériens et les Français de la tyrannie coloniale. »

Camus sait qu'il n'a plus d'autorité intellectuelle en Algérie, du moins en ces temps précis. « Le cercle dont j'étais le centre se brisait et ils (mes semblables) se plaçaient sur une seule rangée, comme au tribunal. »

Quelle que soit la polémique, la quatrième de couverture qu'exceptionnellement Camus a rédigée lui-même, sobrement signée AC, pose les questions que soulève le livre : « Celui qui parle dans son livre fait-il son procès ou celui de son temps ? Est-il un cas particulier ou l'homme du jour ? Une seule vérité en tout cas dans ce jeu de glaces étudié : la douleur et ce qu'elle promet. » Jamais, dans un ouvrage, Camus ne s'est autant révélé. En se confessant, en se repentant, en se mentant à lui-même, en se dérobant, en ironisant… *La Chute* se lit selon lui comme un kaléidoscope de visages : où peut-il se retrouver lui-même ? Peut-être dans le seul portrait qu'il donne incidemment de Clémence, celui qui joue au football et sur scène ?

---

36. Lire à ce sujet la controverse Sartre-Camus dans *Albert Camus, fils d'Alger* d'Alain Vircondelet, Fayard, 2010, p. 265.

L'autobiographie déguisée qu'a écrite là Camus, peut-être la plus belle de ses œuvres, la plus géniale par le style et par les mises en abîme qu'il lui fait accomplir, ne manque pas de soulever des questions auprès d'une critique globalement, sinon au *Figaro* (et encore !) ou à *L'Aurore*, plutôt hostile à ses positions. Il se dit de plus en plus que, du fait de ses origines pied-noir, il est devenu proche des ultras d'Alger. Mais ceux-ci mêmes ne le reconnaissent pas comme étant des leurs. Peu à peu, on le (et il se) marginalise, il s'isole et se tait, cherchant refuge dans le théâtre, qui réveille son vieux rêve d'être un chef de troupe.

L'Algérie continue à être le centre de toutes ses pensées. Il y revient à son insu, elle se représente à lui sous diverses formes, elle l'occupe au sens militaire du terme, tient le siège de son existence. Il apprend, bouleversé, que son ami Jean de Maisonseul, qui est alors chef du département de l'urbanisme à Alger, est incarcéré à la prison de Barberousse sur les hauteurs de la ville, pour « non-dénonciation de malfaiteurs ». À la suite d'une délation émanant d'un de ses employés, la DST a retrouvé dans un tiroir une lettre à remettre à un avocat algérois, que lui a confiée une amie marocaine et contenant les noms de sympathisants marocains menacés et proches du FLN. Maisonseul avait pris la lettre mais décidé de ne pas la communiquer à cet avocat. En prison, il se voit poursuivi pour atteinte à la sûreté intérieure de l'État. Camus prend cette affaire très au sérieux et remue « terre et ciel », selon ses mots, pour faire sortir Maisonseul. Une première lettre au *Monde* est écrite : « Je me suis jusqu'ici obligé au silence sur l'affaire algérienne, afin de ne pas ajouter au malheur français et parce que, finalement, je n'approuvais rien de ce qui se disait à droite comme à gauche. » Il évoque la personnalité de son ami. Faire croire que Maisonseul aurait tenté de contribuer à « l'établissement d'une République algérienne indépendante » est inconcevable, argue-t-il. Camus en profite pour dénoncer l'action du Front républicain et la faiblesse du gouvernement qui « devient elle aussi un délire, ce qui explique tous les égarements ».

Un second article, très virulent, est écrit dans la foulée au titre très explicite : « Gouvernez ! » adressé au gouvernement et le menaçant d'en appeler à l'opinion publique.

Cette présence de Camus dans l'actualité journalistique en fait « L'Homme de la semaine », article signé Thomas Lenoir, dans *L'Express*, dont d'aucuns pensent qu'il s'agit de Françoise Giroud. Portrait éblouissant qui remet d'une certaine manière Camus en scène et au premier plan. Mais les conclusions du portrait révèlent ce que Camus lui-même sait déjà de lui : à cause de sa « vigilance crispée », et de sa notoriété si précoce, « qui l'a très vite transformé en statue, il est possible qu'il ne puisse plus sortir de ce désert où retentit sa voix, celle de *L'Homme révolté*, celle d'une génération ». Le voici « homme écorché », livré à la vindicte publique, ayant raison dans une foule hostile, criant dans le désert de la solitude, en vain.

L'Algérie, néanmoins, n'est pas son seul sujet de réflexion et d'observation. Le journaliste qui a toujours frémi en lui s'intéresse aussi à ce mouvement de jeunes étudiants en Hongrie cherchant à se libérer de l'étau soviétique et de l'emprise communiste. Il suit de très près leurs travaux et leur offre sa notoriété pour les faire avancer. Il contacte ses amis écrivains et artistes pour les convaincre de signer une pétition destinée à l'ONU.

Maria Casarès, durant ce temps, ne cesse de jouer. Ils se voient très peu, des rendez-vous ciblés et programmés en amont, qui deviennent des horizons heureux et fantasmés. Elle est partie en tournée à la mi-juin aux Pays-Bas où elle goûte avec bonheur, avant de se rendre au théâtre, la lumière voilée et poudrée d'or des ciels de Ruysdael. Camus ne lui épargne jamais (mais elle les lui réclame) la liste de ses occupations, ses chagrins personnels, ses manques, ses souffrances personnelles et intimes. Et toujours cette nécessité impérieuse, unique de la revoir trouvant la vie facile « et chaude, et légère[37] » grâce à elle.

Il se souvient de sa première rencontre avec Maria Casarès, le 6 juin 1944. Francine est à Oran, la zone sud étant encore occupée par les Allemands. Mais ce 6 juin est une date historique : les troupes alliées débarquent en Normandie. Ils ont passé la soirée chez Charles Dullin, et cette nuit-là précisément, ils deviennent amants. La fébrilité de Camus est extrême. « Ce qui tremble en moi, c'est une sorte de joie folle. Il y a quelque chose qui n'est qu'à nous… » Des années

37. Albert CAMUS, Maria CASARÈS, *Correspondance*, *op.cit.*, p. 1217.

et des épreuves ont passé, mais l'amour fou ne s'est pas altéré. « Je suis né jeune vieillard, il y a douze ans[38] ! », lui écrit-il le 6 juin 1956. Il se dit usé et épuisé par les difficultés de la vie quotidienne et de cette roue du temps qui ne cesse de tourner et ne prévient aucun malheur. Il aime à retrouver les émotions de sa jeunesse quand il était chef de troupe au Théâtre de l'Équipe et du Théâtre du Travail : ces heures fastes et fécondes passées à rendre les œuvres les plus universelles accessibles au peuple algérois, et dans le vivier odieux où il se dit être, à Paris, des images remontent, qu'il revit avec nostalgie. Être l'amant d'une comédienne aussi célèbre, aussi puissante, est pour quelque chose dans ce désir de théâtre qui l'étreint. Il se sentirait capable de tout adapter, les grands Russes d'abord, mais aussi Cervantès, Marlowe, Claudel, tous les chefs-d'œuvre de la littérature universelle. On lui dit qu'il se fourvoie et qu'un talent comme le sien devrait plutôt s'occuper de sa propre création et ne pas se contenter de « relire » les grands maîtres du passé. Il persévère néanmoins dans ce sens. Adapter des œuvres majeures est une manière pour lui de traverser le temps et de restituer leur vérité dans l'actualité du moment. Il aime à se rappeler qu'il avait ainsi adapté Malraux dans cette perspective. *Le temps du mépris*, cet essai de création collective, joué à Alger en 1935, faisait bel et bien écho aux crises ouvrières du moment en France et en Europe en général et il lui paraissait alors faire œuvre engagée. Le théâtre et surtout l'esprit de la troupe redeviennent à ses yeux le grand relais de la fraternité entre les groupes, les communautés et les peuples. C'est pourquoi, en cette fin du printemps 1956, il essaie de s'y raccrocher parce qu'il est sûr que le théâtre est aussi une forme de salut. Les premières répétitions de *Requiem pour une nonne* commencent le 18 juin. Il est ravi d'avoir confié le rôle principal à Catherine Sellers, la petite Algéroise de 23 ans, si fragile et si forte intérieurement, diamant noir qui le fascine comme l'avait fasciné en 1944 le rayonnement solaire de Maria Casarès. Est-il tombé sous son charme ? Il se méfie de lui-même surtout, connaissant sa faiblesse de don Juan réputé, mais qu'il interprète à sa manière. Cette faiblesse, celle de succomber à son désir, cet amour irrépressible des

38. *Ibid.*, p. 1213.

femmes qu'il a manifesté depuis sa jeunesse, ne relève pas tout à fait du « cas » donjuanesque, mais bien plutôt d'une sorte de manque originel qu'il essaie de combler par tous les moyens, voire dans une polygamie frénétique qui lui est finalement douloureuse. Dans ses *Carnets*, il décrit Catherine Sellers en ces termes : « J'aime ce petit visage soucieux et blessé, tragique parfois, beau toujours ; ce petit être aux attaches trop fortes mais au visage éclairé d'une flamme sombre et douce, celle de la pureté, une âme [...] Pour la première fois, depuis longtemps, touché au cœur par une femme, sans nul désir, ni intention, ni jeu, l'aimant pour elle, non sans tristesse. » L'éloge est beau et fort, mais pas tout à fait exact. L'aiguillon du désir a déjà percé son âme et Camus est touché. Il sait cependant ce que cela signifie, le redoublement du mensonge, les précautions à prendre, la culpabilité renouvelée envers Francine (aussi une sœur), la peur de perdre le feu ardent de Maria (aussi une mère), et en même temps, comment laisser passer devant soi cette comète ténébreuse ou cette géode obscure, qui, fendue par l'amour, laissera éclater des brillances d'un nouveau monde.

Tout se trouble en Camus en écoutant Catherine Sellers dire son texte, jouer ce rôle implacable de Temple, auquel son tempérament shakespearien se prête si admirablement. Catherine reflète à la fois le malheur du siècle – celui de la Shoah, qui élimina son propre père – et de cette nuit de Birkenau où il fut transformé en cendres, dont elle a gardé la lumière noire. C'est cette singularité-là qu'il a vue dans cette jeune comédienne qui éclipse toute la distribution par sa force intérieure et surtout spirituelle. Cela, Camus l'a bien perçu. Il y a en Catherine Sellers un secret d'âme qu'il entrevoit, quelque chose qui pourrait les faire se rejoindre. Il n'en connaît pas encore la nature, mais confusément, Catherine Sellers lui apparaît comme un aimant au rayonnement fascinant qui dégage une lumière nervalienne.

Pour autant, Maria n'est pas délaissée. Il lui écrit des lettres enflammées, « Reviens vite ! », lui répète-t-il, comme s'il demandait du secours. Maria lui répond toujours à sa manière, ancrée, terrienne, solaire. Elle ne laisse jamais percer ses angoisses, ses doutes, ses misères profondes. Ses lettres et ses récits de tournées sont faits pour stimuler Camus, lui apporter des forces, elle aime parler des paysages, de la force de la nature, de la beauté des éléments.

L'Algérie non plus n'est pas délaissée. Elle fait partie du quotidien de Camus. Il ne démord pas de sa position médiane. Dans ses *Carnets*, il note ce qui fonde sa pensée : « L'opprimé n'a aucun devoir réel, parce qu'il n'a pas de droit. Le droit lui revient avec la seule révolte. Mais dès qu'il a acquis le droit, le devoir lui incombe sans délai. Ainsi la révolte, source du droit, est au même titre mère des devoirs[39]. » Belle leçon adressée aux combattants algériens !

En Algérie, les atrocités perpétrées justement par ces combattants révoltent l'opinion française. Le gouvernement général a publié cette année 1956 une sorte de livre blanc, intitulé *Documents sur les crimes et attentats commis en Algérie par les terroristes*, exhibant les massacres et les meurtres des rebelles[40]. Images atroces que Camus a pu voir et qui confortent son idée que les combattants du FLN sont des « assassins ». Ici un chauffeur égorgé, sur lequel on a épinglé un papier où est écrit : « Liberté pour l'Algérie », là un agriculteur arabe, égorgé lui aussi alors qu'il allait faire paître son troupeau sur un plateau, avec dans une de ses oreilles un papier roulé : « Liberté pour le peuple algérien, à bas les traîtres »... Et ainsi de suite au fil des pages. Camus est choqué par ces images : est-ce bien le reflet de ce pays lumineux, dont il a chanté la beauté antique dans *Noces*, qui est ainsi défiguré, et surtout désacralisé, pour atteindre l'abjection ?

Les conditions de vie des militaires dans les Aurès et ailleurs sont déplorables. Confrontés à un hiver assez rude, à des pluies importantes, les rappelés doivent remodeler sans cesse leurs camps, prévenir des attaques surprises, se disant exposés aux rebelles sans grands moyens de protection.

Camus est aussi préoccupé par la situation en Pologne et en Hongrie. Tous ces foyers d'incendie peuvent embraser de nouveau l'Europe.

---

39. Albert Camus, *Carnets III, op. cit.*, p. 221.
40. Raphaëlle Branche, dans son ouvrage déjà cité, déplore que l'imaginaire métropolitain et donc colonial transforme le mot « embuscade », synonyme à ses yeux de révolte libératoire et cathartique, en « massacre »... Analogie évidente avec les thèses de Franz Fanon.

L'été arrivant, il retourne en Provence dans la belle bâtisse de La Palerme. Sa mère l'a rejoint par avion. Il est heureux de la revoir et de lui apporter de l'affection. Il la trouve « vieillie », confie-t-il à René Char ; elle ne s'ennuie pas à La Palerme, mais Alger lui manque, le brouhaha de son quartier, l'air de la ville… La nature provençale exalte l'écrivain : il se livre dans ses *Carnets* à des descriptions que ne renierait pas Jean Giono, lyriques, puissantes, des vagues déferlantes de mots qui embrassent le paysage sous la pluie. « Déluge exultant… la fête[41]. » Avec sa mère, il contemple la nuit étoilée. Le silence de la nuit rejoint celui habité qui les a toujours unis. Camus est inquiet soudain, il prend peur : si jamais elle était victime d'un attentat aveugle dans les rues d'Alger ? « Je crains toujours de ne plus la revoir », avoue-t-il, avec cette sincérité dont il est coutumier. Il se console en écrivant des petits poèmes. « L'odeur des jeunes cyprès. Ne nie plus rien[42] ! », écrit-il à la manière d'un haïku. La mère, toujours, petite femme sans pouvoir sinon celui de l'amour. Mère millénaire semblable à toutes celles qui l'ont précédée, et qui dans son silence, enclôt toute la vérité du monde. Il la voit, ce 5 août, à l'aérodrome de Marignane, embarquer dans une Caravelle qui va la ramener à Alger. Sa patience admirable « dans ce monde de machines et de bureaux qui la dépasse, à attendre sans un mot ». Douleur déchirante de l'apercevoir depuis le grand hall, définitivement séparé d'elle, sur le tarmac, « toute petite, un peu cassée, […] vers les monstres hurlants ».

Et toujours en tête cette obsessionnelle pensée, cause de son déchirement intérieur : « Si un terroriste jette une grenade au marché de Belcourt que fréquente ma mère et si elle la tue, comment accepter cette mort ? J'aime la justice, mais j'aime aussi ma mère[43]. »

En Algérie, dans la vallée de la Soummam, dans cette région bouillonnante où la révolution nationale a commencé bien avant le début des hostilités en 1954, partout à travers la vallée, de Tazmalt à l'ouest jusqu'à Jilel à l'est, des accrochages se multiplient avec les

41. *Carnets III*, *op. cit.*, p. 223.
42. *Ibid.*, p. 225.
43. Il déclare pour la première fois cette phrase qu'il déclinera régulièrement pour justifier son rejet de ce qu'il appelle « le terrorisme aveugle », auprès d'Emmanuel Roblès.

soldats français. Très déterminées, des bandes d'hommes encore inexpérimentés à la guerre procèdent à des sabotages réguliers (poteaux télégraphiques abattus, colons égorgés, fermes brûlées, lignes de chemins de fer et ponts détruits). Il se dit aussi que de jeunes appelés ont déserté et ont rejoint les maquis.

Du 9 au 20 août est organisé le Congrès de la Soumamm à Ifri-Ouzellaguen, les principaux acteurs de la rébellion s'y réunissent pour planifier la nouvelle Algérie qu'ils espèrent faire naître. Les congressistes se retrouvent au douar Igbal. Y sont présents en l'absence des autres chefs à l'extérieur (Boudiaf au Caire, Ben Bella dans l'impossibilité d'entrer en Algérie, retenu à Madrid, Ahmed Machas à Tripoli), Krim Belkacem en Kabylie, Larbi Ben M'Hidi (Oranie), Ouamrane (Algérois), Zighoud Youcef et Larbi Bentobbal (Constantinois).

Durant ces semaines d'été, alors que les soldats français bivouaquent alentour, les rebelles réorganisent l'ALN, débattent des opérations déjà entreprises durant les mois précédents, de la légitimité des massacres perpétrés tant à Palestro qu'à Philippeville, réfléchissent à la justesse d'une guerre de terreur (est-elle productive ou contre-productive dans l'opinion ?) et décident d'accorder au FLN l'exclusive représentation nationale. L'Algérie est désormais découpée en willayas, pied de nez aux découpages préfectoraux de l'Algérie coloniale. Contre l'avis de certains congressistes est acceptée cependant l'idée que les communautés non musulmanes ne seraient pas forcément écartées de la nouvelle nation algérienne. Les procès-verbaux, une fois établis et rédigés par l'ancien secrétaire général du Parti communiste algérien, Amar Ouzegane, sont adressés à Ben Bella qui est entre-temps revenu au Caire. Il réajuste certains points (Oranais et Est algérois mal représentés, tonalité marxiste trop évidente) et surtout refuse l'éventuelle représentation des communautés non musulmanes. Des batailles brutales et meurtrières ont lieu dans l'intérieur du pays qui conduisent à des revers importants dans les forces rebelles. Dès que ces combats ont lieu de manière franche et exposée, l'armée française, forte de moyens logistiques plus importants, décime les troupes éparses et désorganisées des rebelles. Aussi, le FLN désormais tout-puissant, décide-t-il de mener une bataille plus subversive, urbaine de préférence, frappée du sceau de la terreur.

Une sourde inquiétude commence à naître dans l'opinion française. Camus redoute des exactions contre les pieds-noirs, ne supportant pas l'idée d'une vie à Alger soumise à la suspicion, à la délation, à l'arbitraire.

Ici, dans le Vaucluse, il admire « la colline inondée de lumière fraîche, un tapis de liserons roses ». La grâce d'un jour d'été est offerte dans son innocence sans crainte et sans menace. Qu'en est-il des journées d'été sur les plages du bonheur qu'il a fréquentées ? Des joyeux embouteillages sur la route de la corniche au retour des plages ?

La guerre sévit donc en Algérie et l'embrase. Les forces françaises ont décidé de décapiter la rébellion et jettent toutes leurs forces dans la bataille. Camus n'est pas favorable à ce déchaînement de fanatisme. Le pays, quelle que soit l'issue de la guerre, en sortira meurtri, dit-il.

Il quitte la villégiature exquise et fruste à la fois de La Palerme, pour rejoindre Paris où l'attend la première répétition de *Requiem pour une nonne.* Il a aussi d'autres rendez-vous professionnels importants, liés au théâtre, à l'écriture, à la presse. Revoir enfin Catherine Sellers. Si beaucoup d'observateurs, témoins de leur rencontre, vont fixer la date de leur liaison au début du mois de septembre, des échanges de correspondance ne faisant plus de doute sur la question, une lettre de Catherine, inédite, datée du 4 août, semble déjà annoncer leur histoire d'amour : elle vient d'arriver à Biarritz et écrit à « son cher seigneur » un courrier bref qu'elle conclut par des paroles sans équivoque sur la relation qu'ils inaugurent, murmurant entre ses mots qu'elle l'embrasse doucement…

Camus retrouve l'esprit des plateaux, du collectif, l'agitation créatrice. Ce n'est plus le Paris de la critique journalistique qu'il rencontre dans le monde du théâtre, mais un Paris bohème et inventif, une communion d'esprit qui lui a tant manqué et une fraternité rayonnante. Il sent qu'il fait du bien à ses comédiens, la mise en scène lui apporte une joie immense, il a des avis sur tout, choisit ses décorateurs, une autorité naturelle lui prouve qu'il n'est plus seul. On le respecte, on le désire. Dans cette période aussi difficile pour lui, dans ce déchirement profond que la guerre d'Algérie lui inflige, le théâtre lui met du baume au cœur, des raisons d'espérer. Avec le théâtre, il recouvre une meilleure santé. Diriger une troupe ou tout au moins l'animer réclame un mental et un corps disponibles à tous les aléas qui peuvent surgir. C'est une sorte de marathon qu'il livre avec ferveur, se souvenant de ses matches d'autrefois, où il se donnait complètement. Il veut avoir la force d'un Rodin, gagner l'art du sculpteur, toucher la matière, faire corps avec les mots et ses comédiens, sentir la salle, circuler entre les praticables, faire enfin que les mots s'incarnent et ne s'isolent pas seulement dans un livre. C'est ce qu'il confie à Catherine Sellers : ce regret de n'être pas devenu un sculpteur, plus fort en lui que celui de devenir un footballeur, un acteur de théâtre ou même un écrivain !

Il est ébloui par le jeu en creux de Catherine Sellers et la façon qu'elle a de ramener de ses plus lointains territoires des éléments que ni Camus ni Faulkner n'avaient même repérés. Élève de Balachova, elle a appris que le théâtre est par définition tragique, et qu'il s'agit de retourner toujours davantage aux sources les plus obscures, les plus lointaines. Elle a en elle cette force élisabéthaine qui lui permet d'aborder le tragique antique et d'en rapporter des traces inconnues, « innocentes », dirait Camus. Répétition après répétition, Camus la découvre, et le charme au sens le plus magique du terme va opérer. Peut-être contre lui. À son insu.

Il s'est remis au labeur de l'écriture. Il prépare alors une suite de nouvelles qu'il a l'intention de rassembler dans un volume qu'il intitulera *L'Exil et le Royaume*. L'alternative reprend le motif principal de sa pensée philosophique. Le recueil est composé de six textes : *La Femme adultère, le Renégat, les Muets, l'Hôte, Jonas, La Pierre qui pousse.* Quatre d'entre eux ont pour cadre l'Algérie, le cinquième se situe à Paris – et révélera un des grands principes de l'auteur : l'antonymie solitaire/solidaire sauve de la « chute » – et le dernier se déroule au Brésil, où le personnage principal, sorte de Sisyphe heureux, au cours d'une fête de village au rite syncrétique, trouve la sérénité en portant en procession une pierre au cœur d'une entreprise collective.

Il travaille à ces textes, les donne à lire à quelques-uns de ses amis, dont René Char et Jean Grenier et aussi à Francine. Tous perçoivent bien l'évidente douleur de l'écrivain, miné par la question algérienne, ce dont témoigne Jonas ou l'instituteur pied-noir Daru : cette incompréhension du monde face à la réalité de la guerre et des choix qu'elle impose. Tous lisent au travers des nouvelles le malaise et la peine qui accablent Camus livré aux ostracismes et aux cabales, aux dénigrements et même aux injures.

Septembre à Paris l'occupe complètement. Il ne tyrannise pas ses comédiens aux répétitions de *Requiem pour une nonne* mais les épuise quand même avec des séances quotidiennes de près de dix heures avec une petite interruption pour manger un sandwich. Il est très exigeant, fait retravailler Catherine plus que tout autre, non qu'il veuille l'asservir mais aussi peut-être par orgueil. Elle accepte tout de lui, et l'appelle « Seigneur », tout comme Maria Casarès. Camus aime cette sujétion à laquelle Casarès ne s'est pourtant pas totalement pliée, trop indépendante pour cela. Il avait pourtant tenté de juguler sa bouillonnante nature, de la dominer, ne niant pas son côté misogyne voire machiste. Mais Catherine, et c'est nouveau, l'émeut profondément et ses répliques ont dans sa bouche une résonance particulière. Les lettres qu'il lui écrit depuis quelques semaines déjà témoignent de ce que lui apporte la jeune comédienne : de la douceur, de l'écoute, de la passion. Elle devient peu à peu celle qu'il n'appellera plus que « ma petite pluie », « ma douce nuit », « mon amour », « mon petit compagnon ». Les mots d'amour abondent comme une pluie divine, de pétales et de rosée : ces termes qu'il emploie renvoient toujours à une interprétation sacrale. Catherine est la messagère du Royaume auquel il croit, elle est celle qui est apparue, pour le sauver du malheur, de l'exil. Il lui avoue qu'elle lui est destinée, qu'ils sont faits l'un pour l'autre, qu'il y a une différence entre faire l'amour et vivre l'amour et que c'est elle qui la lui a révélée. Dans cette période passionnelle, Camus s'exalte et se prend au jeu de l'amour fou. En oublie-t-il Maria Casarès ? Pas tout à fait car, à mêmes dates, il lui écrit aussi des lettres d'amour, mais sûrement plus mesurées que celles qu'il adresse à présent à sa nouvelle muse. En écho à son signe astrologique (elle est scorpion), il surnomme Catherine du nom de cet animal auquel il ajoute des nuances qui lui ressemblent, triste et noir. Il la supplie de ne pas se retirer « dans le sable des scorpions » et de lui offrir toujours l'émerveillement des premiers jours...

En Algérie, les grandes villes sont les nouvelles cibles du FLN, la décision a été prise à l'issue du Congrès de la Soumamm.

Le FLN a bien observé l'impact que l'attentat du 7 juillet 1956 a pu provoquer auprès de la population civile française. Un autocar a en effet explosé en plein centre d'Alger, faisant aveuglément sept blessés. La ville désormais n'est plus sûre et là où autrefois une animation innocente remplissait les rues commerçantes et grouillantes de monde, règne une ambiance oppressante de suspicion. Qui se cache sous les voiles de cette « fatma » ? Ces paniers de légumes et de fruits recèlent-ils en leur fond des grenades ou une bombe artisanale ? Les épiciers des quartiers sont-ils commerçants le jour et fellaghas la nuit ? Tous ces Arabes croisés dans la ville européenne ne pratiquent-ils pas l'art de la dissimulation que leur prescrit le Coran même pour faire le djihad ? Le cycle infernal a repris. Des unités civiles (Organisation de la résistance de l'Algérie française, première ébauche de la future OAS) font justice elles-mêmes, la casbah, vigile menaçante qui semble surveiller la ville française et le port, est le lieu de tous les fantasmes. Yacef Saadi, qui est le chef que le FLN a nommé pour administrer la casbah, veut en faire l'épicentre de la révolution, le cheval de Troie d'Alger. Les pieds-noirs évitent depuis longtemps ses abords, mais leurs amis font sauter des bombes dans les rues commerçantes qui sont à sa lisière. Les pieds-noirs réclament du gouvernement général et du gouvernement de Guy Mollet une répression exemplaire pour briser définitivement la rébellion. Mais devant leur faiblesse, ils menacent de mort le président du Conseil, Pierre Mendès France, pourtant démissionnaire du gouvernement, et pêle-mêle, le maire d'Alger Jacques Chevallier, Gaston Defferre, Christian Pineau, Alain Savary, etc.

Le FLN donne alors son feu vert pour frapper fort. La dissimulation va être portée jusqu'à l'horreur et à l'abjection. Yacef Saadi est chargé des opérations et emploie des combattants déterminés et souvent sortis de prison, comme le redouté Ali la Pointe. Ils contactent trois jeunes filles au visage européen, ravissantes, habillées à l'européenne, Djamila Bouhired, Samia Lakhdari et Zohra Drif. Elles sont chargées de déposer des bombes, le dimanche 30 septembre, dans trois lieux : le hall de l'immeuble du Mauritania, qui héberge les locaux d'Air France, la Cafétéria, appelée plus communément la Cafét', haut lieu de rendez-vous de la jeunesse étudiante d'Alger, située rue Michelet, tout près des universités. Et enfin le Milk Bar, place

Bugeaud, bar-glacier très fréquenté par les familles venues déguster les meilleures glaces de la ville, particulièrement le « créponé », fameuse glace au citron vert dont raffolent les enfants. Si la première bombe n'explose pas, les deux autres sont ravageuses. Les poseuses de bombes, habillées comme le veut la mode de l'époque, jupe de vichy bordée de croquet, bustier et petit foulard posé en triangle sur la tête, ressemblent à toutes celles qui imitent Brigitte Bardot à Saint-Tropez... Elles se sont assises à l'intérieur mais tout près de la terrasse. Dans leur joli sac d'osier tressé, une bombe est programmée pour exploser à 18 heures 35 précisément. Une dizaine de minutes auparavant, elles sont allées aux toilettes et ont laissé leur sac à leurs pieds. Elles sortent des toilettes lentement, sans le récupérer. Chacune d'entre elles marche dans la rue encore pleine de promeneurs. Sans se retourner, elles entendent les déflagrations énormes puis se perdent dans la foule qui cherche à fuir... Les attentats ont choqué les Algérois au point de les tétaniser. Ce n'est que le lendemain que des mouvements de foule vont se créer, et que menaces et injonctions à l'adresse de Robert Lacoste vont être proférées. Les nouvelles parviennent à Paris. Camus est au courant. Sa mère est à Alger, son frère, sa belle-sœur, ses deux nièces aussi. Il reste muet de colère et de désespoir. L'opinion française est bouleversée par la violence des attaques et horrifiée surtout par la jeunesse et la candeur apparentes des poseuses de bombes. Leurs victimes sont, entre autres, une petite fille de 8 ans qui a perdu sa grand-mère dans la déflagration et une jambe[44] : elle émeut tout le monde. Camus trouve « répugnants de tels actes que personne ne pourrait cautionner au nom d'une cause, si juste soit-elle ». De telles « actions urbaines » comme les appelle le FLN délégitiment à ses yeux toute action révolutionnaire et rangent leurs auteurs du côté des assassins. Au contraire, la plupart des intellectuels français admettent que tout doit être accompli pour servir la cause des peuples. Parmi eux, l'écrivain antillais Frantz Fanon, quoique se sachant malade, poursuit

44. Des décennies après, la petite fille, Danielle Michel-Chiche, publiera le récit de ce traumatisme : *Lettre à Zohra D.*, Flammarion, 2012, déplorant l'absence de compassion de l'auteur de l'attentat, personnage public de premier plan, membre du FLN, sénatrice nommée par Bouteflika, qu'elle définit comme une « apparatchik glaciale, sans idéal et sans regret ».

son œuvre et rédige avant de mourir *Les Damnés de la terre.* Il traite de l'aliénation du colonisé et des guerres de libération. L'Algérie est bien sûr son terrain d'observation. Sartre suit la réflexion de Fanon, pour lequel il a une vraie sympathie. Il lui a promis une préface dès lors qu'il achèvera son livre. Ses mots sont déjà prêts : « Car en premier temps de la révolte, il faut tuer : abattre un Européen, c'est faire d'une pierre deux coups, supprimer en même temps un oppresseur et un opprimé : restent un homme mort et un homme libre ; le survivant, pour la première fois, sent un sol national sous la plante de ses pieds[45]... »

La position de Camus est diamétralement opposée à celle de Sartre. Dans son avant-propos aux *Chroniques algériennes*, il déclare : « Le rôle des intellectuels ne peut être, comme on le lit tous les jours, d'excuser de loin l'une des violences et de condamner l'autre, ce qui a pour double effet d'indigner jusqu'à la fureur le violent condamné et d'encourager à plus de violence le violent innocenté[46]. » Il redit une fois encore la nécessité de prôner l'apaisement, mais ses recommandations semblent inaudibles en France.

Le 22 octobre, la France, interloquée par l'audace d'un gouvernement peu habitué à un tel coup de maître, apprend que les quatre chefs historiques du FLN, Ben Bella, Aït Ahmed, Mohamed Khider et Mohamed Boudiaf qui devaient se rendre à la conférence de Tunis, organisée en vue de structurer les nouvelles bases d'une union du Maghreb, ont été interceptés en plein vol Rabat-Tunis, via Palma. Sitôt après l'annonce de l'arrestation des chefs du FLN, les pieds-noirs descendent dans les rues d'Alger et clament leur satisfaction. Beaucoup croient naïvement à la fin de la guerre. Mais c'est compter sans les retombées diplomatiques du détournement d'avion. Celui-ci, salué par toute la presse algéroise (« Chef-d'œuvre de maîtrise de l'armée de l'air » titre *Le Journal d'Alger*), l'est un peu moins par la presse française qui parle d'acte de piraterie. Le sultan du Maroc considère qu'un affront lui a été infligé, le monde arabe signe collectivement sa réprobation et, de Tunis au Caire, est prêt à soutenir

45. Frantz Fanon, préface de Jean-Paul Sartre, *Les Damnés de la terre*, Maspero, 1961 (la sortie du livre sera interdite cette même année).
46. Albert Camus, *Chroniques algériennes*, *op. cit.*, p. 18.

d'autant plus militairement et financièrement la rébellion. La presse internationale est aussi très réprobatrice, particulièrement aux États-Unis (des journalistes du *New York Times* se trouvaient dans l'avion). L'influence américaine n'est pas innocente dans cette affaire – la sympathie affichée de Washington envers le FLN trahissant par là son féroce appétit pour une Algérie indépendante qui aura besoin tôt ou tard de structures nouvelles et d'aides au développement. L'automne 1956 connaît une flambée de fureur et de violence inouïe. Des bombes explosent de nouveau dans Alger, désormais siège de toutes les attaques du FLN. Un dancing, La Pergola, un Monoprix à Maison-Carrée, la gare d'Hussein Dey, partout des attentats sèment la mort et la peur, Alger est proche de la guerre civile, des groupes de pieds-noirs, bien décidés à se venger, interviennent et se font justice. Des Arabes sont interceptés et lynchés, certains tués et même torturés, d'autres kidnappés et portés disparus ; les troupes de Yacef Saadi, chef de la « willaya » de la casbah, sont déployées dans la ville et tuent aveuglément des Français. La 4e compagnie du 9e Zouaves chargée de veiller au maintien de l'ordre dans la casbah est commandée par le capitaine Sirvent, intraitable et pied-noir. Il surveille la casbah et essaie d'en contrôler les entrées, sachant bien que les rebelles en ont fait leur quartier général. L'entrelacement des ruelles, les passages secrets d'une maison à une autre favorisent leur clandestinité et il est difficile de s'aventurer dans la casbah sans risquer un attentat. Un grand coup en effet se prépare. Saadi veut marquer une nouvelle fois les esprits et réfléchit à un assassinat symbolique : un attentat perpétré contre une personnalité puissante et reconnue, estimée de l'opinion générale.

De tous ces événements, Camus est informé : il a suffisamment d'amis dans Alger pour lui rapporter l'ambiance générale qui le désespère. Le divertissement, celui dont parle Pascal, l'aide néanmoins à en supporter la douleur : *Requiem pour une nonne* est un vrai triomphe, sa liaison avec Catherine Sellers l'émerveille, il a commencé enfin son roman, programmé pourtant depuis des années, *Le Premier Homme*, son autre liaison avec Maria Casarès se poursuit dans les mêmes termes malgré son infidélité... Il aborde ses 43 ans avec une certaine indifférence.

Au conflit algérien, Camus ajoute cependant le conflit personnel, affectif et sentimental qui structure chaotiquement sa vie d'homme.

Les lettres adressées à Maria Casarès et à Catherine Sellers se croisent et même se superposent durant cet automne 1956 : mystification ou mythification de ces correspondances ? Camus écrit le même jour des lettres passionnées à Maria, sa « sainte Marie, protectrice, refuge, amante, et ma reine[47] » et à Catherine des mots non moins passionnés. Il prétend qu'elle est devenue sa vie, et que sans elle, il n'est plus rien ! Qu'en penser ? Qui croire ?

De même, alors qu'il écrit à Maria son désespoir de ne pas pouvoir la revoir tandis qu'elle est en tournée (« Je me sens seul, incapable de reprendre mon travail avec l'envie de fuir, et de me soûler à mort (???) [...] Oui, tu me manques, je maudis la distance et les doctrines, j'erre, sans toi[48] »), le même jour, 1er octobre, il écrit à Catherine Sellers qu'il l'aime plus que tout et s'avoue bouleversé de cet amour qui le déchire. Comment vivre sans elle ? lui confesse-t-il, transi... Et ainsi de suite jusqu'à l'accident fatal...

Ce flagrant délit de mensonge est assez fréquent dans le registre sentimental et atténue la réputation d'homme sincère qu'il a acquise depuis longtemps déjà et à laquelle Jean-Paul Sartre ne croit pas du tout. Mais les qualités humaines de Camus ont souvent prévalu dans l'opinion par rapport à celles de Sartre, considéré comme plus féroce et plus cruel. L'auteur de *L'Être et le Néant* aurait-il touché là, dans un accès de lucidité, un point faible de Camus en le considérant sinon comme un manipulateur du moins comme un « petit truand d'Alger[49] » ? L'amoureux, qui a la solide réputation d'être un homme à femmes, un coureur de jupons, un fin limier, n'aurait-il donc aucun scrupule envers ses conquêtes ? Ou bien ces courriers simultanément écrits dans un bel exemple de polygamie seraient-ils le fruit d'une errance intime (il emploie d'ailleurs le verbe « errer » pour décrire sa situation), la preuve d'un être déchiré et qui ne sait plus très bien comment conduire sa vie, et à cause de cela, se rattache

47. Albert Camus, Maria Casarès, Correspondance, *op. cit.*, p. 1246.
48. *Ibid.*, p. 1245.
49. Comme il le dit férocement à son ami Gerassi.

à toutes les preuves d'affection rencontrées[50] ? Nul ne le saura, cette réponse appartenant au secret de son cœur, insondable finalement.

La fin de l'année 1956, riche en événements tragiques et en déséquilibres internationaux, l'accable d'autant plus. L'insurrection hongroise est sur toutes les lèvres. L'entrée des chars dans Budapest est un nouveau coup dur, renforçant son animosité et sa défiance envers tous les partis communistes du monde et envers la doctrine qui les anime. Aux jeunes Français en faveur de la Hongrie, il explique : « Il nous a fallu pendant dix ans lutter d'abord contre la tyrannie hitlérienne, et contre les hommes de droite qui la soutenaient. Et pendant dix autres années, combattre la tyrannie stalinienne et les sophismes de ses défenseurs de gauche. » Il met ainsi dos à dos Hitler, Staline, Franco et tous les tyrans du XXe siècle, et ceux qui, en France, les ont défendus, de Maurras à Rebatet, d'Aragon à (sous-entendu) Sartre… Le coup de Budapest est celui de trop. Il n'a qu'une envie, cesser de combattre, de s'engager poitrine nue, au risque d'une lapidation publique, se retirer du monde en quelque sorte, dans une ascèse spirituelle qui seule pourra peut-être le sauver de la mort. À cette époque-là précisément, il se tourne vers des lectures plus spirituelles, voire chrétiennes qui lui permettent de se recentrer, de retrouver son Étoile, qu'il a perdue de vue depuis longtemps.

Maria, elle, tourne en province et à l'étranger, on la voit en Russie, à Oslo, à Bordeaux, aux Pays-Bas, et partout triomphe. Chaque soir, elle écrit à son « seigneur » des lettres enflammées, semblables à sa nature, excessive et solaire. L'excès de passion sature sa prose, il semble même quelquefois qu'elle surjoue sa passion, se conduisant comme une grande tragédienne du siècle dernier.

À Alger, les hommes de main de Saadi continuent à exercer leur terreur. Les habitants sont fatalistes et vaquent malgré tout à leurs occupations, mais désormais en sachant que l'Arabe est leur ennemi. Ils se méfient de tous ceux qui passent à côté d'eux et esquivent toute relation inutile. Des terroristes tuent à l'aveuglette, mais malgré tout,

50. On retrouve la même dualité dans la correspondance de Saint Exupéry adressée à ses diverses maîtresses. Mêmes mots employés pour sa femme Consuelo, et pour ses « poulettes », comme il appelle ses conquêtes…

les bars sont remplis le soir, à l'heure de l'anisette, et les terrasses de café ne désemplissent pas. Il y a une peur rivée au ventre et le désir de vivre « comme avant ». C'est la particularité et le génie d'Alger.

La répression orchestrée souvent par des civils contre des Arabes pousse la rébellion à monter d'un cran le curseur de la violence et de la terreur. L'arrestation digne d'un roman policier des chefs fondateurs de la révolution aiguise l'esprit de vengeance. L'éternel cycle infernal attentat-répression se poursuit. Saadi a donc prévu de tuer une personnalité connue et estimée de l'Algérie française. Il a pensé au maire de Boufarik qui est de plus président des maires de la région. Il habite Alger et ses allées et venues sont bien connues.

Vendredi 28 décembre, l'assassinat est programmé à 10 heures du matin. Ali la Pointe, dont le FLN fera plus tard un héros de la bataille d'Alger, est le tueur désigné. Il tire devant le domicile d'Amédée Froger, au 108 de la rue Michelet, alors qu'il est en train de monter dans sa voiture, accompagné de sa fille et de son petit-fils encore adolescent. Ali la Pointe tire trois coups, Froger s'écroule. Tout se passe très vite. Le tueur s'enfuit vers la rue Horace-Vernet, une voiture l'attend qui le recueille et disparaît, une ambulance arrive, traverse Alger à toute allure vers l'hôpital Mustapha, mais la victime meurt dans les bras de sa fille.

L'émotion est immense dans Alger dès que la nouvelle se répand. Les paras quadrillent la ville, encerclent le quartier, mais c'est trop tard, le commando est déjà loin, sûrement réfugié dans le cœur historique de la casbah, dans une de ces rues où Ali la Pointe se cache depuis quelque temps déjà.

Le maire d'Alger craint des mouvements de foule et des débordements, mais les funérailles doivent avoir lieu, Amédée Froger étant de surcroît un insigne représentant de l'administration française en Algérie. La célébration religieuse a lieu tout près de son domicile, au plateau Saulière, dans l'église paroissiale construite en 1944 par Mgr Lynaud, en l'honneur du Sacré-Cœur, tout juste cent ans après que les Dames du Sacré-Cœur, arrivées à Alger fin 1842, ont fait elles aussi le vœu de bâtir un collège qui fut très florissant jusqu'aux jours funestes pour l'Église des lois laïques du début 1900. C'est sur cet emplacement que commence à se bâtir le projet grandiose d'une autre église, de facture très moderne, qui deviendra en 1962 la cathédrale du Sacré-Cœur d'Alger en remplacement de la cathédrale Saint-Philippe au pied de la casbah qui devra retrouver son culte musulman dont l'édifice avait été spolié à l'arrivée des Français.

Une foule compacte rameutée des environs par les ultras de l'Algérie française se masse pour honorer la dépouille d'Amédée Froger. Un immense cortège se forme qui défile lentement, précédé par la veuve de la victime et ses enfants. À hauteur du lycée de jeunes filles Delacroix, en plein centre-ville, des manifestants commencent à molester des passants arabes qui ont eu le malheur de s'aventurer là. Des cris surgissent, des coups de feu éclatent, des Arabes sont lynchés et dès lors, la manifestation devient incontrôlable tandis que le cortège poursuit sa lente marche sans faire attention à ce qui se passe sur les trottoirs. Le cortège de tête avance et la police observe sans intervenir. Saadi qui est au courant aussitôt, lâche ses hommes dans la ville qui se mettent à lyncher tout Français qui passe devant eux, les commerces sont pillés et dévastés, des rafales de mitraillette éclatent partout. Des corps tombent à terre, certains piétinés. La fureur est à son comble et la barbarie de tout bord, aveugle, se déchaîne. Le cortège traverse tout Alger jusqu'à Saint-Eugène sur les hauteurs de Bab-el-Oued. Le bilan de la journée est terrible : aux six morts recensés officiellement par la préfecture, les Arabes rétorquent par un autre chiffre, plus impressionnant : 300 morts, affirment-ils, parmi les leurs, exécutés gratuitement…

Ce nouvel acte de violence réciproque fait d'Alger une ville en pleine guerre civile. Mais nul ne sait encore comment le vent va tourner.

Depuis Paris, Camus observe la situation avec épouvante. Elle crédite ses propres réflexions sur le drame algérien, qui se joue depuis deux ans maintenant, de leur bon sens et de leur discernement. L'immense malheur qu'il a entrevu est en train de s'accomplir sous ses yeux sans qu'il puisse le freiner, comme si l'Algérie était entraînée dans un galop infernal qui se répandra dans tout le pays et dans « une addition de misères et de souffrances[51] ». À Claude Sarraute, Camus avait, fin août, déclaré pour le journal *Le Monde* qu'il ne croyait pas en Dieu, mais qu'il n'était pas athée pour autant,

51. Albert CAMUS, *Chroniques algériennes*, *op. cit.*, p. 29.

l'irréligion lui paraissant « vulgaire[52] ». Une même tonalité spirituelle le possède en ce Noël douloureux de 1956 : il écrit quatre lignes, courtes comme des poèmes japonais ou comme les flèches vives de René Char :

> « *Il est le fleuve et le rocher*
> *Il lavera et séchera nos plaies*
> *Il nous délivrera du tourment de la mort*
> *Merci Seigneur*[53]. »

52. Interview donnée au journal *Le Monde* et menée par Claude Sarraute, à propos de *Requiem pour une nonne*. Cette réflexion avait déjà été délivrée en des termes quasi identiques dans ses *Carnets* en date du 1er novembre, date de l'insurrection officielle en Algérie (*Carnet*, *op.cit.*, p. 149).
53. Albert Camus, Maria Casarès, *Correspondance*, *op. cit.*, p. 1261.

1957, vers la voie silencieuse

« Accepter cette solitude[1]… »

Les vœux qu'il formule sur le mode incantatoire à Maria Casarès le premier jour de la nouvelle année : « Heureuse et glorieuse / année à mon unique ! » sont-ils aussi ceux qu'il se souhaite à lui-même ? Glorieuse, sans doute, puisque ce sera l'année du Nobel, heureuse, le vœu est moins certain. Camus, toujours déchiré par la guerre d'Algérie, ballotté entre des liaisons qui, à la fois le satisfont mais aussi le culpabilisent, isolé sur la scène politique et méprisé par une grande partie des intellectuels de gauche, s'enfonce lentement dans une dépression qui culminera dans le courant des années 1958-59. Malgré les apparences, son moral est profondément entamé et ses certitudes, ses convictions commencent à se fêler, ne trouvant plus guère de plaisir à l'existence. Pourtant ses lettres à Maria sont lumineuses et passionnées, il lui dessine même des soleils, mais y croit-il vraiment ? Ne trouve-t-il pas plutôt dans sa liaison secrète avec Catherine Sellers de quoi alimenter sa mélancolie, elle si ténébreuse, « anémone au cœur noir », comme il la surnomme ?

L'Algérie continue à occuper les esprits à Paris comme à Alger. Tous les pouvoirs sont donnés à Guy Mollet, la conscription est générale et de nouveaux effectifs d'hommes sont toujours envoyés sur le terrain. La résistance algérienne semble s'être de fait quelque peu essoufflée, harcelée par les forces françaises, autrement plus armées et équipées que les « armées » occasionnelles et à l'entraînement aléatoire de la rébellion. Ses troupes sont composées de fellahs venus

1. In lettre d'Albert Camus à Jean El-Mouhoub Amrouche, 5 janvier 1958.

des douars reculés de Kabylie et du Constantinois ; elles sont faiblement armées et peu habituées à l'exercice de la guerre, mais fortes d'une volonté et d'une foi inébranlables dans une Algérie nouvelle dont elles auront été les artisans. Cela même les rend presque invulnérables. L'armée française le sait et cherche à casser leur moral par des actes radicaux et souvent meurtriers. Cette période compte des pertes très importantes chez les combattants arabes. Aussi la décision des chefs de willayas de combattre subversivement dans les villes et de pratiquer une guérilla urbaine de harcèlement dans la tradition des rebelles d'Amérique latine s'impose-t-elle naturellement. Les attentats de septembre 1956 dans des brasseries célèbres d'Alger ont fait plus de victimes que l'attaque d'une ferme dans l'intérieur et frappé plus durablement les esprits. La peur s'est installée à Alger et l'insouciance de la vie algéroise, si célèbre au-delà des frontières et des mers, est quelque peu éteinte. Une morne ambiance règne dans la ville, comme à Oran pourtant d'ordinaire si joyeuse, ou à Constantine, déjà minée depuis des mois par les exactions des rebelles. Yacef Saadi a été arrêté à la suite de l'enterrement d'Amédée Froger, à la fin de l'année précédente, mais telle une hydre, d'autres chefs sont nommés. Le radicalisme des forces françaises et le va-tout qu'elles installent les conduisent à pratiquer la torture. En France, des pétitions circulent contre les violences perpétrées par l'armée envers des combattants de l'ALN. Camus entretient avec Jean Sénac des rapports de plus en plus conflictuels au fur et à mesure que Sénac s'engage lui-même pour le FLN. Les paras français ont tous pouvoirs et, dans des officines obscures, pratiquent la « gégène », sans contrôle. Guy Mollet est au courant, il tente de créer une commission d'enquête à laquelle Camus est invité à participer. Mais ce dernier refuse, prétendant que cette commission n'a aucune liberté d'enquêter. Dans l'obscure revue *Exigence*, Jean Sénac attaque nommément Camus : « Celui qui écrit ne sera jamais à la hauteur de ceux qui meurent, déclarait Camus à une époque où il ne reniait pas encore l'injustice des *Justes*. » La formule « pas encore » fait sursauter l'intéressé qui répond aussitôt (maladresse qu'il regrettera), que sa position n'a pas changé depuis cette pièce de théâtre qu'il a écrite : « Ce refus, cette certitude passionnée qu'il y a dans le meurtre et dans l'injustice une limite à ne pas dépasser, je les ai donnés en exemple, dans ma pièce et dans *L'Homme révolté*, parce qu'ils sont les seuls selon moi à garder à la révolte sa vérité et sa grandeur. » Toujours fidèle à sa position réconciliatrice, seul salut possible, il poursuit selon les mêmes termes déjà utilisés : « Si je peux comprendre et admirer le combattant d'une libération, je n'ai que dégoût devant le tueur de femmes et d'enfants. »

Le texte de Sénac sera censuré une semaine après sa publication, tandis qu'il reprenait une conférence qu'il avait prononcée en mai 1956 à Paris, dans le cadre de l'Union des étudiants de la nouvelle gauche. Jean Sénac écrit des poèmes très engagés qui exaltent la révolution algérienne : ce sont à ses yeux des braises dissimulées dans les maquis propres à enflammer le pays tout entier, à la manière de ceux qu'écrivaient au fond du Vercors les poètes de la Résistance en France. Mais selon lui, ce ne sont que des passages nécessaires pour inventer une future Algérie où une fraternité de nouveau verra le jour. Mots pieux ? Vœux hypocrites relayés par la rébellion ? C'était en effet ce qu'avait esquissé, dans un élan vite refoulé, le FLN dans son fameux rapport du Congrès de la Soumamm en 1956 : « L'Algérie libre et indépendante, brisant le cloisonnement racial fondé sur l'arbitraire colonial, développera sur des bases nouvelles l'unité et la fraternité de la nation algérienne dont la renaissance fera rayonner sa resplendissante originalité. » Camus ne peut accepter ces étapes préliminaires à l'établissement d'une Algérie idéale qui pourrait, une fois la victoire acquise, accueillir tous ceux qui se revendiqueraient d'une sensibilité algérienne... Les pieds-noirs devraient-ils faire les frais de ce passage ?

Un jeune étudiant, Djamal Amrani, âgé de 21 ans en 1956, issu d'une famille cultivée de notables algériens, est arrêté pour avoir participé activement à une grève d'étudiants à Alger réclamant des droits aux Algériens. Il est jeté en prison et torturé par les paras dans la fameuse villa Susini, centre de détention et d'interrogatoires situé sur les hauteurs d'Alger. Expulsé en France, il devient une icône de la résistance algérienne aux yeux des intellectuels français, protégé par Simone de Beauvoir et Jean-Paul Sartre, le pressant d'écrire son témoignage[2]. Tout le tapage médiatique autour de ce jeune poète mutilé et persécuté par les forces de répression françaises encourage la résistance algérienne à redoubler d'efforts pour se rallier ainsi la reconnaissance internationale et apparaître comme un peuple martyrisé par la France prétendument mère des droits de l'homme…

De même une jeune poétesse, Anna Greki, née Colette Grégoire, écrit des poèmes révolutionnaires qui sont chantés et récités dans les maquis à la manière de ceux que Louis Aragon faisait parvenir à la Résistance. Née à Batna, elle vit sa jeunesse dans les Aurès, et poursuit des études de lettres à la Sorbonne après avoir obtenu son baccalauréat à 16 ans. Elle tombe amoureuse à Paris d'un brillant étudiant, Ahmed Inal, qui s'engagera dans l'ALN. Rentré avec Anna en Algérie, il devient officier de l'ALN dans la wilaya 5 et mourra à 25 ans. Anna Greki, arrêtée en mars 1957, est elle aussi torturée par les paras français à la sinistre villa Susini, puis transférée à la prison Barberousse et enfin au « camp de triage » de Beni Messous[3]. Jetée en prison, elle y écrira des poèmes qui circuleront après son internement. Camus en lut sûrement, apportés par Jean Grenier, pas encore rassemblés en un recueil, quand ils se rencontrent dans son bureau de Gallimard, comme en ce tout début d'année 1957 et qu'ils parlent de l'Algérie :

« Ils m'ont dit des paroles à rentrer sous terre
Mais je n'en tairai rien car il y a mieux à faire
Que de fermer les yeux quand on ouvre son ventre
Je ne sais plus aimer qu'avec la rage au cœur
[…]

2. Ce qu'il fera dans *La Question*, récit poignant, publié en 1960 aux Éditions de Minuit, salué par toute la critique. Dès lors, Djamal Amrani poursuivra une œuvre poétique très reconnue en Algérie. Devenu un des plus grands poètes algériens, il obtint le prix Pablo Neruda en 2004. Menacé pendant la guerre civile par le FIS, obligé de se protéger pour des raisons liées peut-être à son orientation sexuelle, chez des religieuses catholiques près de Notre-Dame d'Afrique, il y mourra en 2005. Il était le beau-frère d'Ali Boumendjel, avocat algérien renommé, lui-même assassiné par les paras et reconnu comme un des héros et des martyrs de la révolution.

3. Elle sera expulsée, comme Djamal Amrani, d'Algérie en 1959, alors qu'elle a été condamnée à un an de prison avec sursis. Elle rejoindra le GPRA à Tunis et reviendra en Algérie à l'indépendance. Elle y décédera prématurément en 1966, âgée de 35 ans.

Plus souvent qu'à mon tour parce que je suis jeune
Je jette l'ancre dans ma mémoire et j'ai peur
Quand de mes amis l'ombre me descend au cœur
Quand de mes amis absents je vois le visage
Qui s'ouvre à la place de mes yeux – je suis jeune
Ce qui n'est pas une excuse mais un devoir
Exigeant un devoir poignant à ne pas croire
Qu'il fasse si doux ce soir au bord de la plage
Prise au défaut de ton épaule – à ne pas croire. [...] »

Mais peut-être aime-t-il encore davantage ces poèmes qu'elle écrit sur le temps du royaume révolu, celui que connaît bien Camus, qui se déploie, le sien, de Belcourt à Tipasa :

« Même en hiver le jour n'était qu'un verger doux
Quand le col du Guerza s'engorgeait sous la neige
Les grenades n'étaient alors que des fruits – seule
Leur peau de cuir saignait sous les gourmandises
On se cachait dans le maquis crépu pour rire
Seulement. Les fusils ne fouillaient que gibier. Et si la montagne granitique sautait
À la dynamite, c'était l'instituteur
Mon père creusant la route à sa Citröen. Aucune des maisons n'avait besoin de portes
Puisque les visages s'ouvraient dans les visages
Et les voisins épars, simplement voisinaient. La nuit n'existait pas puisque l'on y dormait. C'était dans les Aurès... »

La lutte pour l'indépendance fait tache d'huile en Algérie et en France dans les milieux ouvriers et syndicalistes. Camus est tenu au courant de leurs activités souvent subversives qu'il essaie quelquefois de protéger, plaidant en leur faveur auprès des autorités françaises. Son statut d'écrivain célèbre l'aide souvent à tirer d'affaire quelques-uns d'entre eux, quoiqu'il ne partage pas toujours leurs idées. Ainsi pour Pierre Liddi, qui est un syndicaliste de l'électricité et du gaz en Algérie. Ayant bénéficié d'un détachement syndical en 1947, il est élu président du Conseil central algérien des œuvres sociales de l'électricité et du gaz, le CCAOS, jusqu'en 1956 où cet organisme est dissous, suspecté de couvrir des activités subversives avec la rébellion. Militant du PCA, il joue un rôle très actif dans la révolution algérienne. Il est arrêté en octobre 1956, à la suite de la dissolution des syndicats UGSA et UGTA, détenu comme opposant politique et est expulsé au camp de Lodi, à 100 km au sud-ouest d'Alger, funeste centre d'hébergement pour les personnes suspectées d'être favorables au FLN, et composé de 80 % de pieds-noirs et de 20 % de métropolitains, en général membres du PCA[4]. Camus lui écrit une lettre le 8 janvier 1957 pour l'assurer de son soutien et de son intervention auprès du gouvernement pour sa libération.

Il s'achemine ainsi lentement vers une voie silencieuse, nouant à l'intérieur de lui sa douleur et sa solitude. Il ne se désintéresse pas toutefois des injustices qu'on lui signale ici et là, touchant des prisonniers, des menacés, des gardés à vue, même s'ils ne partagent pas ses propres convictions. Il défend ainsi beaucoup de combattants du FLN, sollicité par leurs avocats auxquels il répond généralement favorablement, réclamant néanmoins qu'aucune publicité ni exploitation ne soit faite autour de ses interventions. Il joue sa partie en coulisses, dans cette sorte de retraite qu'il a toujours privilégiée et même enviée. Il confie au révérend père Bruckberger, devenu son ami, cet appel intérieur qui le taraude, fasciné par la figure de Jésus, mais d'un Jésus qui ne serait pas ressuscité et auquel il ne peut croire. L'esprit du mont des Oliviers et celui aussi des catacombes, lui plaisent et le touchent beaucoup. La vie parisienne le répugne et ceux qui l'animent encore plus. Il n'a qu'une hâte, celle de pouvoir loger son âme dans un endroit respirable, où l'air vif raviverait ses poumons et son esprit, un lieu de vie qui pourrait lui rendre le souffle.

En janvier de cette même année, il remplace sur les planches un comédien malade, pour quatre représentations. Le voilà jouant dans *Requiem pour une nonne* aux côtés de Catherine Sellers alias

4. Il y restera jusqu'en 1960. Le centre, autrefois colonie de vacances pour les enfants de la Compagnie des chemins de fer algériens de l'État, était connu sous le nom de « petit cheminot à la montagne »... C'est dans ce camp que fut interné Henri Alleg, directeur du journal communiste *Alger républicain*, dont l'internement fut condamné jusqu'en métropole, et qui est l'auteur en 1958 de *La Question*, paru à Lausanne, dénonçant la torture en Algérie.

Temple, sa récente conquête ! Il n'éprouve pas de trac, étrangement, mais plutôt une sorte de sérénité, comme s'il avait retrouvé sur scène cette communion fraternelle dont il avait gardé la nostalgie depuis le Théâtre de l'Équipe.

Avec Maria Casarès, qu'il ne voit plus guère souvent du fait de ses incessantes tournées qu'elle a acceptées de par le monde, comme si elle-même voulait fuir un amour dont elle sait qu'il n'est au fond pas viable, mais dont elle ne peut se délier, sa correspondance opère un nouveau tournant : moins passionnées, mais en apparence toujours fidèles, ses lettres marquent une certaine distance. Est-ce parce que cet amour, comme il lui écrit, « ne peut plus grandir[5] » et que, s'approfondissant entre eux, il prend une tournure plus apaisée, moins pressante ? De même avec Catherine Sellers, il est entré dans une liaison dont il sait qu'elle va encore une fois le confronter à des mensonges, à des ruses, à des aménagements de son temps qui l'épuisent, mais auxquels il est obligé de se plier pour respecter ses engagements avec Francine. Il est ému devant la beauté pure de Catherine, il n'ose pas la blesser, et il sait cependant que cela est inévitable. Elle-même n'ignore rien de ce qui va suivre, le sentiment de jalousie, l'ennui, les plaintes, les découragements, les déceptions… Déjà, en quelques semaines, elle lui écrit des lettres de reproches marquant son incompréhension, se plaignant d'être traitée en étrangère…

Étreint sans cesse par une sourde angoisse, Camus est assez versatile et gère sa vie sentimentale selon ses humeurs et le temps qu'il a décidé de lui octroyer, plus ou moins long. Sa quête des femmes est constante. Char et son frère Lucien se sentent même obligés d'entrer dans son jeu amoureux et même érotique, et de parler avec lui des femmes sur un mode très « algérois » : Char, seul à Paris, lui écrit et évoque la ville déserte, heureusement, lui dit-il, que l'on croise quelques jolies poitrines serrées dans des corsages, et Lucien parle aussi des filles qu'il croise avec des accents très machistes. Tous deux savent l'appétit de Camus pour les femmes en général, irrépressible, et capable de détourner momentanément bien des projets et des soucis. Parenthèses heureuses qu'il associe

5. Albert Camus, Maria Casarès, *Correspondance*, *op.cit.*, p. 1266.

à la volupté d'être au monde, et à cette forme d'hédonisme qu'il apprécie chez les Anciens, à un donjuanisme qu'il essaie de rectifier à sa façon, n'ayant guère de sympathie pour le *burlador* originel de Tirso de Molina…

Un rapport ultérieur du FBI, dressé à son sujet, ne signale-t-il pas cette même appétence. Le service de renseignements américains le cerne ainsi : « Enjoint à vivre en toute lucidité dans l'absurde, à jouir d'autant plus pleinement de la vie qu'elle est dépourvue de sens et à profiter de la liberté maximale ici-bas puisqu'il n'y a pas de liberté éternelle »…

Au début de février, il entre au Café de Flore, boulevard Saint-Germain avec Pierre Bénichou, son ami algérois. Il repère au fond de la salle une jolie jeune fille d'une vingtaine d'années, blonde d'origine nordique. Il demande à Bénichou de l'inviter à leur table. Bénichou s'exécute et ramène la jeune fille. Camus en tombe aussitôt amoureux. Elle s'appelle Mette Ivers, elle est danoise et se déclare artiste peintre. La troisième compagne de Camus entre en scène. Faut-il qu'il y succombe nécessairement ? De vingt-deux ans son aîné, il ne craint pas la différence d'âge, sûr de son charme, de sa disponibilité, de son désir. La jeunesse de Mette, au contraire, lui donne l'impression de revenir aux années heureuses d'Alger quand, étudiant, il charmait toutes les filles de sa promotion, ne répugnant pas à conquérir les petites amies de ses meilleurs amis, comme ce fut le cas avec Max-Pol Fouchet auquel il ravit sa fiancée Simone Hié, dont il fit sa première femme légitime.

L'Algérie n'est pas négligée pour autant. Elle est de toute façon en lui et il ne peut s'en détacher. Avec Jean Sénac, il ferraille toujours autant, chacun déplorant de ne parvenir à une véritable entente. Mais Camus ne déroge pas à ses convictions fondamentales : « La cause du peuple arabe en Algérie n'a jamais été mieux desservie que par le terrorisme civil pratiqué désormais par les mouvements arabes. Et ce terrorisme retarde, peut-être irréparablement, la solution de justice qui finira par intervenir[6]. » À cette date, il réitère son engagement de ne plus intervenir publiquement, ulcéré par l'échec de son « Appel à la

6. Hamid Nacer-Khodja, *Albert Camus, Jean Sénac ou le fils rebelle*, Paris-Méditerranée, EDIF, 2000, p. 155-56.

trêve civile » et par les incompréhensions générées par son apparent désengagement pour la cause FLN. La critique acérée et venimeuse ne désarme pas autour de lui : puisqu'il n'est pas pour la lutte de libération, il est contre et donc il a rejoint la droite dure, pas même celle chrétienne et sociale qui, elle, s'est engagée très clairement pour la rébellion. Ces a priori et ces jugements à l'emporte-pièce le désolent et l'encouragent à se taire. C'est ce qu'il redit à Sénac. Il donne cependant quelques articles et textes à divers journaux étrangers, au *New York Times* comme au *New York Herald Tribune* sur des sujets divers, touchant aux récents événements de Budapest ou plus littérairement à Dominique Aury, au sujet de *La Chute*[7].

Mais en Algérie la tension ne cède pas. Les grandes manœuvres sont en cours, le gouvernement veut aller vite, talonné par les Français d'Algérie qui réclament la sécurité et la paix. Contraint de durcir le ton, le gouvernement de Guy Mollet est lui aussi déchiré en son sein ; des personnalités comme François Mitterrand sont amenées, peut-être contre leur gré, à aller dans le sens de la répression et à maintenir l'idée d'une Algérie française, indissolublement rattachée à la mère patrie. Les pleins pouvoirs, dont ceux de police, sont donnés au général Massu, le commandant Aussaresses est chargé avec ses hommes de contrôler les fichiers obtenus des services de police pour dresser des listes de suspects qu'ils vont arrêter arbitrairement. La casbah est investie : lieu de tous les secrets et considérée comme le centre névralgique de la guérilla urbaine, menée par le FLN et son armée, elle est quadrillée, fouillée de fond en comble, et les arrestations suivent en masse. À l'entrée de chaque porte, des barbelés interdisent tout mouvement. Les paras ont tout pouvoir, même celui de vie et de mort. Dans l'intérieur, le FLN essuie aussi de nombreux revers : la répression est féroce et intraitable. Mais des « soldats de la paix » tentent aussi de rétablir, si cela est encore possible, le lien avec les fellahs des douars. Ils y arrivent peu ou prou, et certaines familles leur sont même reconnaissantes de les aider à se nourrir. Ce qu'avait écrit Albert Camus, juste avant l'entrée en guerre de la France, en 1939, sur la misère en Kabylie, est toujours d'actualité et ils en font l'amère expérience. Mais au fil des mois, les

7. Dominique Aury, « A talk with Albert Camus », *New York Herald Tribune*, 24 février 1957.

enjeux de la guerre se sont affirmés et plus rien ne semble vraiment réparable. Les jeunes appelés, solidaires d'une population misérable et souvent affamée, doutent cependant de leurs efforts : comment assimiler une telle population ? Comment leur faire intégrer à parts égales la grande communauté française quand beaucoup ne sont pas encore psychologiquement prêts à y accéder, tributaires de leurs usages ancestraux, de leurs rites, de leur religion, de leurs mœurs, si différents (et inassimilables) des usages européens ? Tout porte à croire que le tissu social s'est délité et, désormais, chacun a choisi son camp, comme les Arabes, souvent forcés (et terrorisés) par les forces de l'ALN qui pratiquent une véritable tyrannie auprès des villageois du bled, les contraignant à les aider sous peine d'être assassinés, et considérés comme des traîtres. Il se dit dans les campagnes que les fameuses « ratonnades » ont atteint un degré d'horreur sans limites. Souvent « la corvée de bois » est le jeu de société des jeunes appelés, d'abord afin de tester leur capacité d'adhésion à la répression avant de devenir un divertissement, au même titre qu'une passe au bordel militaire de campagne, le BMC, ou une visite dans des salles de torture, beaucoup voulant s'initier à la gégène, comme une expérience à ne pas rater… Massu lui-même, pour fortifier le courage de ses paras, s'est employé à se faire torturer pour bien montrer aux récalcitrants et aux trop sensibles que ce n'est finalement pas si terrible !

Ainsi va la guerre en Algérie en ce début d'année 1957. Les camps sont si bien établis que chacun d'eux attend le moment que leur état-major aura désigné, pour accroître ce que Camus appelle, avec un certain lyrisme, « le malheur », en écho à celui évoqué dans la mythologie grecque.

À Paris, il s'occupe d'écrire ses réflexions sur la guillotine : elles deviendront le titre même de l'ouvrage à venir[8], et prépare la sortie chez Gallimard de *L'Exil et le Royaume*. Le titre lui-même reflète bien sûr la douleur secrète du manque et l'aspiration à l'idéal. Mais ce royaume n'est pas celui, biblique, promis après la mort, il est celui auquel il croit toujours, celui accessible sur la terre, occulté par les guerres et les fanatismes de tous ordres. C'est à sa restauration qu'en tant qu'intellectuel il se doit de travailler et non pas à attiser

8. Albert Camus, *Réflexions sur la guillotine*, NRF, juin et juillet 1957.

au contraire les haines par des appels inconsidérés à la violence et à la mort. C'est ce qu'il affirme à Maria Casarès : « L'homme est une dégoûtante créature, c'est un fait, et j'espère un peu d'air, de lumière, et un tendre visage[9]. » L'amour qu'il lui porte est, semble-t-il, total, sauf à penser qu'il surjoue cet amour, compte tenu des moments heureux qu'il passe auprès de Catherine Sellers au même moment et à présent avec Mette Ivers qu'il vient de rencontrer et dont la passion ne sera pas une passade. « Tout m'ennuie, sauf toi, et mon travail », confie-t-il, et plus loin : « Il faudrait couper dans ma chair pour me séparer de toi, ma nourriture, mon pain et mon eau. Je t'embrasse sournoisement, te mange et te bois[10]. »

Simultanément, par une sorte de donjuanisme douloureux, il défie l'amour qu'il porte à Maria en séduisant Mette et Catherine. Il les aime toutes deux, sincèrement, mais dans le regret aussi de ne pouvoir trouver d'accord suffisant en lui pour connaître l'immaculé équilibre de Tipasa. L'idéale beauté tant recherchée, dont il perçoit la trace dans le visage si profond de Catherine, dans la lumière de Maria, dans l'innocence diaphane de Mette, comment les faire se rejoindre pour se relier à l'équilibre sacré de la ville antique, signe de cette éternité qui a traversé les siècles ?

Le croisement des trois maîtresses rend à Camus une forme de jeunesse, peut-être un leurre auquel il veut s'habituer : seule Maria est considérée comme la « reine » « l'Unique », à la façon dont Wagner surnommait Cosima. Ayant accédé tous deux à la plénitude de l'amour, ne pouvant plus exiger de lui d'autres états, elle est l'irremplaçable, l'absolue présence, celle avec laquelle ils pourraient arriver paradoxalement à la chasteté « seule victoire conquise sur l'amour et la sexualité ». Catherine et Mette, malgré ce qu'il en dit et écrit, ne sont pas pour autant des divertissements, des dérivatifs au sens pascalien du terme, mais bien des êtres qu'il chérit et respecte parce qu'elles lui apportent de la vie en plus et qu'elles l'aident à se sentir innocent.

La guerre d'Algérie est toujours là, dans sa lumière aiguisée, rappelant le chaos à « l'ordre immuable[11] » du monde. L'amour aussi

9. Albert Camus, Maria Casarès, *Correspondance*, *op. cit.*, p. 1267.
10. *Ibid.*
11. Albert Camus, *Carnets III*, *op. cit.*, p. 231.

est une autre guerre : il lutte et il combat, s'en fait la victime, et même les baisers dont Mette dit qu'ils sont si « violents » !

Les deux guerres se conjuguent ensemble et se vivent dans le même sentiment du tragique. Il aime pour cela Catherine Sellers, car elle a « le cœur affamé de malheur. Sa fureur contre son corps[12] ». Désir alors de « l'aimer sans cesse à vif », parce que la Temple de *Requiem* est désarmante de douleur et d'évidence tragique : « j'étais là en face de ce qu'il y a de plus profond, blessé, solennel, désarmé, chez l'homme » et « je suivais, fasciné sur ce petit visage éclairé de l'intérieur par une autre lumière, un jour de souffrance, toutes les émotions que douleur de vivre peut faire naître sur la face humaine[13] ». Aussi, devant toutes les menaces du monde moderne, engendrées depuis la dernière guerre et par Hiroshima, à présent, la destruction de son Algérie mythique, s'agit-il peut-être de se frayer seulement, et sans colère, un passage dans les flux contradictoires du monde présent.

Dans Alger, définitivement offerte à la violence et à l'insécurité, chaque communauté mène sa propre guerre, fourbit ses propres armes, ourdit ses complots, tend ses pièges. Depuis la casbah, Yacef Saadi donne des ordres de guerre totale. Ne pas laisser passer un jour sans qu'une bombe ait été posée dans la ville. Le 26 janvier 1957, des bombes éclatent de nouveau dans des brasseries très fréquentées par les pieds-noirs. Situés en pleine centre-ville, Le Coq hardi, l'Otomatic et, pour une seconde fois, La Cafétéria sont la cible des terroristes : le bilan s'élève à 5 morts et 32 blessés. Saadi recrute depuis sa cache des jeunes filles à l'instar de celles qui ont œuvré l'année précédente dans les brasseries d'Alger. Il faut toujours qu'elles aient le type européen, parlent français couramment et ne laissent en aucun cas à penser qu'elles pourraient être musulmanes. Et il s'en trouve beaucoup pour cacher dans leur sac leurs précieux explosifs…

Baya Hocine et Djouher Akrour, escortées de Mohamed Belamine, sont ainsi choisies pour aller déposer des bombes au stade municipal d'Alger et à celui d'El-Biar, un quartier populaire de la ville. Bilan : deux morts dans l'un des stades, huit dans l'autre. Robert Lacoste

12. *Ibid.*, p. 235.
13. *Ibidem.*

ordonne à Massu d'éradiquer les poches de résistance active dans la casbah. Ses paras se déploient plus grandement encore et ratissent, quadrillent, arrêtent et embarquent les suspects, direction les centres d'internement où sont pratiquées les séances de renseignements et de torture. C'est l'année où les tirs à vue sont tolérés, où les jugements ne sont pas même expéditifs, mais inexistants, où l'on tue sans sommation. L'année aussi où les rebelles rivalisent de cruauté dans les campagnes de plus en plus désertées mais où résistent encore quelques fermiers qui n'ont pas assez de moyens financiers pour quitter leurs propriétés et les confier à des employés arabes. Ils restent donc, s'arment et constituent des provisions, prêts à soutenir un siège. Mais quelquefois leurs prévisions sont incertaines et leur attention distraite par le travail. Au nord de Sétif, quinze rebelles descendent dans la maison des Barral et massacrent toute la famille, dont leurs enfants de 20, 16 et 12 ans. La cadette est violée avant d'être égorgée. C'est le 11 mai 1957. Mêmes assassinats en ce mois de mai funeste, à Bordj-Menaïel le 12 mai, à Colombes, le 26 mai, des tueries ont lieu dans les villages d'Aïn-Manaa et de Wagram, le 30 mai. Les représailles se poursuivent, l'armée déploie ses hommes, rafle des habitants des environs, les torture ou les tue sans même les questionner. Il n'en faut pas plus pour déchaîner une vague de protestation en France, surtout dans la presse de gauche et catholique.

Si le FLN semble perdre la partie sur le terrain, il n'a pas perdu la bataille de l'opinion. L'ONU s'interroge sur la répression conduite par la France et les États-Unis commencent à se rapprocher des dirigeants rebelles. Les massacres perpétrés sous leurs ordres émeuvent moins que l'injustice dont les Algériens seraient victimes depuis l'occupation française. On s'indigne des pratiques dégradantes de la torture, à quoi Aussaresses et Bigeard répondent qu'il n'y a pas d'autre moyen d'obtenir des renseignements précieux pour démanteler les réseaux. Comment gagner une guerre en dentelles et en gants blancs, disent-ils, ou en brandissant la Déclaration des droits de l'homme, quand ces droits-là sont justement bafoués par ses propres ennemis ? Dilemme tragique et insurmontable ! Pour répondre à ces attaques venues de France surtout, les pouvoirs en place en Algérie publient de nouveau des livres blancs aux images insoutenables. Une sorte d'album d'images atroces recensant les dernières exactions des rebelles : on y voit des hommes égorgés et émasculés, des femmes aux seins tranchés et égorgées, des enfants éventrés, des enfants cloués sur les portes de la ferme familiale, des Arabes eux aussi assassinés sauvagement parce qu'ils sont censés avoir trahi leurs compatriotes, leur nez tranché. Les insoutenables clichés sont diffusés sur tout le territoire, mais ne font pas taire les indignations de ceux qui, comme dit Camus, font la guerre depuis Saint-Germain-des-Prés, bien calés dans les banquettes de velours rouge ou de moleskine de Lipp et des Deux Magots. L'argument est fort mais la dénonciation de la torture, principalement par le Parti communiste français via *l'Humanité*, et par *Témoignage chrétien*, porte quand même ses fruits et trouble l'opinion. La mort pour le moins suspecte de l'avocat algérien, Ali Boumendjel, survient le 23 mars. Il se serait défenestré depuis sa cellule, mais l'opinion générale pense qu'il a été exécuté par les services de renseignements. Il devient héros national et martyr de la révolution[14]. Les bonnes pages du livre de souvenirs de Jean-Jacques Servan-Schreiber, libéré en janvier de la même année, intitulé *Lieutenant en Algérie* et publié chez Julliard, font l'effet d'une nouvelle bombe. Il y décrit ses mois de service dans le bled et désavoue publiquement les méthodes employées, jugées indignes. Son plaidoyer contre la torture est très mal reçu par les autorités françaises qui le condamnent pour atteinte au moral des troupes. Dans son sillage, Jacques Pâris de Bollardière, promu en 1956 général de brigade (il devient alors le plus jeune général de l'armée française), et qui dirige deux brigades en Algérie, publie une lettre qui lui vaudra soixante jours de forteresse. Déjà sensibilisé à ce problème, il avait déclaré : « Je pense avec un respect infini à ceux de mes frères, arabes ou français, qui sont morts comme le Christ, aux mains de leurs semblables, flagellés, torturés, défigurés par le mépris des hommes. » Soutenant Jean-Jacques Servan-Schreiber, il déclare dans sa lettre incendiaire : « La guerre n'est qu'une dangereuse maladie d'une humanité infantile qui cherche douloureusement

14. Dans son rapport remis au président Macron, Benjamin Stora dresse une liste de préconisations à son intention, dont celle de reconnaître officiellement l'assassinat de l'avocat algérien par la France. Le général Aussaresses avait peu avant sa mort avoué ce meurtre en le justifiant par le tribut habituel donné à la guerre...

sa vie. La torture, ce dialogue dans l'horreur, n'est que l'envers affreux de la communication fraternelle. Elle dégrade celui qui l'inflige plus encore que celui qui la subit. Céder à la violence et à la torture, c'est, par impuissance à croire en l'homme, renoncer à construire un monde plus humain. »

Ces paroles, pétries d'humanité et de respect pour l'ennemi, ne sont pas audibles pour les hommes de Massu et du général Aussaresses. Comment le pourraient-elles quand tombe entre leurs mains celui qui a assassiné un enfant ou affreusement mutilé un des leurs ? La machinerie de la guerre tourne donc à plein et sans pensée… Elle accomplit les gestes éternels de la vengeance et de la mise à mort, enlisée dans les derniers cercles de l'enfer.

En France, la colère du général Salan parvient jusqu'à l'Assemblée nationale. Il dénonce « une campagne systématique de dénigrement [qui] tend actuellement à jeter le doute dans l'esprit des cadres et à démoraliser l'armée[15] ». Dans le djebel, près de Médéa, des embuscades de plus en plus périlleuses sont tendues contre les rebelles. Décimer des *katibas* entières de plus de cent hommes, tel est l'objectif de Bigeard. L'ALN a multiplié ce type d'unités légères de trente à cent combattants, extrêmement mobiles et qui opèrent surtout la nuit, entraînant les forces armées françaises à leur poursuite dans des corridors de pierre, des mechtas abandonnées, des forêts profondes, des oueds asséchés. Quand les appelés sont réveillés en pleine nuit pour partir à la recherche d'une *katiba* ou bien pour lui tendre un piège, alertés par un agent de renseignement de son passage imminent, ils savent qu'ils vont participer à une vraie bataille, aux enjeux mortels. Chacun s'habille en silence, s'arme et monte dans un camion qui va tous les mener dans la nuit, sur le lieu des opérations. Dans la casbah, à Alger, des petites mains s'affairent à fabriquer des bombes artisanales. Pas un seul habitant ne souhaite la victoire des Français, tous finissent par croire à l'heure venue d'une Algérie indépendante et enfin libre, quel qu'en soit le prix à payer.

Camus travaille à d'autres ouvrages, *Le Premier Homme* en chantier, et ses réflexions sur la peine de mort, qu'il a l'intention d'associer au travail de son ami Arthur Koestler. Il défend toujours

15. Cité in Georges FLEURY, *La Guerre d'Algérie*, *op. cit.*, p. 160.

avec vigueur les Hongrois, prisonniers d'un système totalitaire, qui fait honte au communisme des sources, dit-il.

Le vendredi 15 mars, à l'initiative de l'association libertaire Solidarité internationale antifasciste, qui a organisé un grand meeting à la salle Wagram en faveur de l'insurrection hongroise, le jour de la fête nationale du pays, Camus prend la parole et énonce avec force ses principes fondamentaux dans une allocution intitulée « Kadar a eu son jour de peur ». Il dénonce les règles mêmes du pouvoir totalitaire qui obligent « le père à dénoncer le fils, le fils à réclamer le châtiment suprême pour le père, la femme à témoigner contre le mari, et qui a élevé la délation à la hauteur d'une vertu ». Sous les applaudissements, il poursuit son raisonnement et sa charge libertaire contre les idéologies aveugles et les partis uniques, sources de toutes les terreurs : « L'idée encore soutenue, chez nous, qu'un parti, parce qu'il se dit prolétarien, puisse disposer de privilèges spéciaux au regard de l'histoire est une idée d'intellectuels fatigués de leurs avantages et de leur liberté. L'histoire ne confère pas de privilèges, elle se les laisse prendre. » Ainsi, poursuit-il, « Au premier cri de l'insurrection dans Budapest libre, de savantes et courtes philosophies, des kilomètres de faux raisonnements et de belles doctrines en trompe-l'œil ont été dispersés en poussière. Et la vérité nue, si longtemps outragée, a éclaté aux yeux du monde. » Il profite de l'occasion qui lui est donnée d'accabler les intellectuels occidentaux, aveuglés par la propagande communiste et qui, zélateurs indignes d'un pouvoir tyrannique, ont fait croire depuis trop longtemps que le « peuple était enchanté de son propre travail puisque s'il faisait, pour des salaires misérables des heures supplémentaires, c'était dans le bon sens de l'histoire »... Au passage, il dénonce à son tour la torture, « aussi méprisable à Alger qu'à Budapest[16] ».

Il retrouve souvent Jean Grenier, tant à Paris dans son bureau de la rue Sébastien-Bottin, aux éditions Gallimard, qu'au Café de Flore ou encore chez lui, pour déjeuner, à Bourg-la-Reine. L'Algérie est toujours au cœur de leurs discussions. Le théâtre également, pour lequel Camus a toujours une vive passion, exaltée sans doute par

16. Albert Camus, *Kadar a eu son jour de peur*, in Tibor Meray, *Ce jour-là, 23 octobre 1956. Budapest*, 1956, Robert Laffont, p. 11 et suivantes.

ses amours avec ses deux comédiennes, parmi les plus étonnantes et les plus talentueuses de leur génération. Devant tout le travail à accomplir, entre autres commencer vraiment son roman *Le Premier Homme*, programmé depuis si longtemps et toujours repoussé par les événements contingents, il prétend y échapper en se limitant à la stricte observance d'une devise : « Écrire. Signer. Silence. Fierté[17] ». Il achève l'adaptation du *Chevalier d'Olmedo* de Lope de Vega, qu'il mettra en scène le 21 juin tandis que se prépare une reprise, dans sa mise en scène, de *Caligula* au Théâtre de Paris. Tandis que Maria est à Oran en tournée, il lui écrit des lettres passionnées : « Je te déclare mon amour et ma foi », lui avoue-t-il, tandis qu'il aime aussi à se couler dans les bras de Catherine Sellers et de Mette Ivers. Pas de commentaires sur la guerre, sur la sécurité des comédiens de la troupe à Oran, pourtant très menacée par le FLN, pas de mise en garde. Avec Maria, Camus est un chevalier castillan qui n'a d'yeux que pour sa « loyale, [sa] généreuse[18] ».

À Paris, les députés ont refusé la confiance à Guy Mollet qui la leur réclamait. Le président du Conseil donne sa démission au président de la République, mais René Coty la refuse. Tant bien que mal, un nouveau gouvernement se met en place, ravaudé, rafistolé, la défiance s'installe partout... Même état d'esprit du côté du FLN, qui observe que le MNA de Messali Hadj ne semble pas vouloir se soumettre au parti hégémonique. Dans le bled, les hommes du FLN tentent de rallier à eux des villages, des territoires entiers. Ainsi le douar de Mélouza, au nord de M'Sila, est le théâtre d'une opération de représailles conduite par le lieutenant-colonel Argoud. Un capitaine ayant été tué par les rebelles dans la région, il fait exécuter sans jugement quelques suspects dont il exhibe les cadavres sur le toit d'un véhicule, en signe de ce qui attend ceux qui pactiseraient avec la rébellion... Le FLN demande à la population du douar et des environs de rallier la cause révolutionnaire, mais celle-ci semble ne pas accepter les conditions imposées par l'ALN : impôts prélevés et aide logistique. Pris entre deux feux et ne voulant pas subir le sort infligé aux rebelles par Argoud, ayant de surcroît peu

17. Cité in Albert CAMUS, Maria CASARÈS, *Correspondance*, *op. cit.*, p. 1272.
18. *Ibid.*, p. 1274.

de sympathie pour les rebelles kabyles, les villageois décident au contraire d'aider les soldats français, se croyant certainement plus en sécurité auprès d'eux, du fait de leur armement plus sophistiqué et aussi de leur loyauté réputée. Des membres de diverses wilayas sont envoyés pour négocier avec eux, en vain, pire encore, ils sont donnés aux forces françaises et tués. Saïd Mohammedi, le chef de la wilaya kabyle, décide alors de frapper fort. Il désigne le capitaine Arab et lui demande de faire un exemple spectaculaire : encercler le douar, estimer les réactions et riposter sans état d'âme, autant dire massacrer toute la population… Une *katiba* de 350 hommes dirigée par Arab, ancien chauffeur de taxi parisien, bien décidé à en découdre, s'ébranle et se dirige vers Melouza, dans la nuit du 28 mai 1957. Ils encerclent le douar, certains hommes tentent de riposter, mais ils sont abattus rapidement. Les femmes et les enfants jusqu'à 16 ans, épargnés, sont emmenés hors du village, et à midi, les tueurs se déchaînent : ils placent les hommes par groupes de quarante dans les mechtas et des bandes d'égorgeurs se livrent à un massacre exemplaire, digne de ceux perpétrés par les Allemands pendant leur déroute, à Oradour-sur-Glane. Le village résonne du cri des blessés et de la terreur de certains fuyards qui sont abattus aussitôt par des rafales de mitraillettes. Dans les maisons de terre battue, on égorge, on mutile, on se livre à des actes d'une rare violence et d'une totale cruauté. Tous les bas instincts sont convoqués, des rigoles de sang que la terre et la poussière épongent difficilement serpentent entre les maisons ; en une demi-heure, 374 villageois sont lâchement assassinés par leurs propres frères algériens… Au raid exécuté dans un silence particulier, les *djounouds* opérant de manière fanatique et sûrement sous l'effet de drogues, rejoignent leur maquis. Un silence terrible règne sur le lieu du meurtre collectif. Des femmes et des enfants partent donner l'alerte auprès des forces françaises. Le capitaine Combette, muet, semble ne pas croire au récit d'épouvante de ces témoins. Le 29, les secours arrivent par hélicoptère pour soigner les éventuels blessés ; le 30, deux pelotons arrivent sur les lieux, suivis des femmes. Un terrible spectacle s'offre à leurs yeux, les femmes désespérées poussent des cris, s'arrachent la peau du visage, hurlent, partent à la recherche de membres de leur famille, découvrent les cadavres, dans une puanteur généralisée accompagnée du bourdonnement des mouches. Le sang séché, devenu noir, tapisse le sol. Les hommes de Combette sécurisent le lieu et mettent en sécurité les survivants. Le FLN profite de l'émoi que ce massacre a suscité dans toute l'opinion internationale pour en faire porter la responsabilité... à l'armée française. Du Caire, des messages radio sont envoyés pour dénoncer les meurtres et des tracts diffusés à l'intérieur du pays pour semer le trouble et la confusion. Cyniquement, le FLN déclare : « Un drame affreux vient d'ensanglanter la terre algérienne déjà si éprouvée par les crimes sans nom d'un colonialisme aux abois. Toute la population mâle du douar de Melouza a été sauvagement assassinée. Si ce carnage s'inscrit normalement dans la longue liste des crimes collectifs organisés avec préméditation et exécutés froidement par l'armée française dite de "pacification", il dépasse de beaucoup tout ce qu'un esprit sain peut imaginer. Aux crimes délibérés s'ajoute cette fois une exploitation politique savamment orchestrée. [...] En fait, l'abominable machination politico-militaire tend à démontrer qu'avec le départ de la France, l'Algérie serait à feu et à sang. [...] C'est pourquoi le FLN peut s'adresser solennellement à la conscience universelle pour proclamer à la face du monde civilisé son indignation devant la sauvagerie de cette tuerie dont seule l'armée française assume l'entière responsabilité. »

Le cycle des attentats reprend de plus belle. Alger est de nouveau la cible : il faut que la ville soit le théâtre constant d'une insurrection active et violente. Frapper les esprits, c'est le maître-mot de la rébellion. Yacef Saadi s'y emploie avec un zèle particulier. Le 3 juin 1957, est lancée l'opération dite « des lampadaires ». Des employés qui, le jour, sont des salariés sans problème des services municipaux et, la nuit, des rebelles prêts à tout, travaillent de manière habituelle à la réparation technique de lampadaires électriques prétendument détériorés. En réalité et aux yeux de tous, ils déposent dans les circuits électriques de petits engins explosifs de forte détonation, puis referment la base des lampadaires et repartent tranquillement dans une voiture de la Mairie. Les explosions font sursauter la ville à une heure de pointe : premier lampadaire, rue Alfred-Lelluch à 18 h 45. Le second au carrefour de l'Agha, devant la brasserie *Le Métropole*, à quelques minutes de distance, le troisième devant un arrêt de bus, quelques secondes après qu'un bus a accueilli des dizaines de passagers. Les deux dernières personnes qui n'ont pas pu prendre le bus sont blessées. Au total, 10 morts dont trois enfants et une centaine de blessés dont 33 amputations. Parmi les victimes, il y a autant d'Arabes que de Français… Des deux côtés, la fièvre monte. Les esprits s'échauffent. Les Algérois, à bout de forces et terrorisés, réclament des réponses fermes et définitives. Mais comment casser le processus révolutionnaire ? Le gouvernement général de Robert Lacoste est lui-même à court d'idées et devient très pessimiste sur la suite des événements. Yacef Saadi choisit à présent l'escalade. Il faut aller au bout de cette violence pour faire céder le gouvernement français. Un nouvel attentat est programmé pour le 9 juin. Le lieu, stratégique, est choisi pour faire un maximum de victimes. Il s'agit du *Casino de la Corniche*, qui se trouve sur la route des plages, entre des stations balnéaires bien connues des pieds-noirs. Mais justement, ils se demandent maintenant s'il sera possible, l'été qui vient, d'aller se baigner sur les plages du littoral. Fini les bains de mer ? Fini les pique-niques dans les pinèdes ? Fini les fêtes de villages, les corsos fleuris, les élections de Miss Staouéli, de Miss Bains romains ? Fini les « apéros » improvisés sur les trottoirs des fronts de plages, où s'alignent les marchands de merguez grillées et de soubressades, cette charcuterie qu'ils prisent tellement, venue des îles Baléares et de Malte, les brochettes de cœur de mouton et de poivrons grillés ? Ils ne peuvent s'y résoudre et, même en ce mois de mai endeuillé par tant d'attentats, certains trouvent encore des ressources en eux pour aller danser le mambo et le cha-cha-cha qui fait alors fureur, sur les rythmes de Dario Moreno et de Dalida, dans ces cabanons de bois transformés en dancings, le samedi soir ou le dimanche après-midi en famille. Le *Casino de la Corniche* n'est pas un de ceux-là, il est au contraire un lieu assez huppé surtout le samedi soir où vient danser la jeunesse bourgeoise d'Alger, un orchestre célèbre s'y produit régulièrement, celui de Lucky Starway. Chaque dimanche matin, le personnel du casino appartenant à Henri Azzopardi, figure bien connue des Algérois, prépare la salle pour l'après-midi. Un jeune employé qui a rallié le FLN a accepté de poser la bombe qui devra exploser vers 18 h 30, au plus fort de l'après-midi dansante. Il a demandé en échange d'être immédiatement exfiltré dans le maquis. Contrat accepté, il pose la bombe sous l'estrade de l'orchestre puis finit de vaquer à la bonne disposition des tables et des chaises. Le bal a commencé. Il fait beau, la mer en contrebas est d'huile, et déjà beaucoup de couples sont sur la piste de danse. Des enfants jouent aux alentours, se faufilent entre les tables dans une ambiance joyeuse. Les jeunes filles se sont habillées à la façon de Brigitte Bardot que l'on n'appelle plus que BB, dans le sillage de Dario Moreno qui la chante dans son dernier tube, elles portent des jupes en vichy rose ou vert, dont l'ampleur est accrue par des jupons empesés. La bombe explose à l'heure dite. L'orchestre est pulvérisé, les tables alentour sont soufflées, le piano à queue détruit, une immense clameur de douleur monte, des appels au secours, des blessés qui agonisent dans leur sang, des couples à terre qui rampent à la recherche de leurs enfants, des corps démembrés... Le bilan est rapidement effectué : 8 morts, une centaine de blessés dont 10 amputations...

Camus est-il pendant ce temps happé par le théâtre, ses engagements au Festival d'Angers, où sont représentées deux de ses pièces, *Caligula* et *Le Chevalier d'Olmedo* ? Il s'est promis le silence depuis des mois déjà, mais l'acuité de la guerre en Algérie, sur la terre même où se trouve sa mère, peut-elle le soustraire à sa promesse ? Ou bien encore, emporté par l'effervescence de ses amours, préfère-t-il échapper ainsi à l'horreur absolue ? Celle qui tue les enfants ?

Entre Mette Ivers et lui, la musique est le lien, comme l'est le théâtre avec Catherine Sellers. Il fait découvrir à sa nouvelle conquête Mahler et *Le Chant de la terre*, ils s'émeuvent tous deux devant la voix de cristal et de source de Kathleen Ferrier, la diva absolue de la musique allemande ; il lui fait écouter les *Nocturnes* de Chopin, interprétés par Arthur Rubinstein ; Mette est fascinée par Martha Argerich jouant le Concerto en sol de Maurice Ravel. Ils écoutent jusqu'à satiété Mozart que Camus aime passionnément, ses quintettes si joyeux et si futilement heureux, et les derniers quatuors de Beethoven, si sombres et douloureux[19]. Ils accompagnent d'une certaine façon la tragédie algérienne.

19. Selon les confidences de Mette Ivers.

La situation en Algérie, aussi désespérée soit-elle, ne le fait cependant pas changer d'avis : le pays ne peut être cédé à une seule cause, celle des Algériens et du bien-fondé de leur lutte. Tant que les Français d'Algérie ne seront pas envisagés comme des acteurs à rôle égal, il ne pourra se réjouir d'une liberté recouvrée des Algériens. Le terrorisme civil lui est odieux et il se refuse à ce que ses compatriotes deviennent les sacrifiés de la guerre. Sa mère aussi refuse de quitter le pays, Camus le lui a demandé pour la protéger des attentats, mais il admire silencieusement sa décision, qui l'honore et le rend fier d'elle. Il voit néanmoins, mais confusément encore, que la France est en train de perdre la guerre, même si le FLN essuie de nombreuses défaites ici et là. Des intellectuels algériens qu'il apprécie et estime le mettent en garde contre sa mauvaise perception, à leurs yeux, de la situation. Jean Amrouche, le poète kabyle, le lui fait savoir, et parie, sans le déplorer, sur le départ des Français, qu'ils vivront comme un exil inconsolable et désespéré. Il n'y aura pas de place pour eux sur cette terre, prédit-il ; le slogan de « la valise ou le cercueil » n'est pas encore créé, terrifiant la communauté pied-noir, mais il est perceptible déjà dans le regard des Algériens qu'elle croise. Ce qu'Amrouche avait déjà écrit dans une lettre à Jules Roy, le 6 août 1955, il le redit : « Il n'y a pas d'accord possible entre autochtones et Français d'Algérie. Il serait très long de l'exposer ici, un volume y suffirait à peine. En un mot, je ne crois plus à l'Algérie française. Les hommes de mon espèce sont des monstres, des erreurs de l'histoire. Il y aura un peuple algérien parlant arabe, alimentant sa pensée, ses songes, aux sources de l'islam, ou il n'y aura rien. » Tout autant que Camus, Amrouche se définit comme « un champ de bataille » et vit cette guerre et son état d'« indigène assimilé » comme un véritable déchirement existentiel. Mais très vite, ils divergent d'opinion et deviennent irréconciliables. Pour Camus, il est encore possible de remplacer l'actuel État colonial par une fédération de type helvétique où seraient préservés les droits des Français d'Algérie qui ont à ses yeux « fait » le pays. Pour Amrouche, c'est « contre la France des colonialistes, contre l'anti-France, écrit-il, que les maquisards d'Algérie, mes frères selon la nature, ont dû prendre les armes, ces armes que la victoire seule, la victoire sur l'anti-France colonialiste, fera tomber de leurs mains ».

Cette année-là est de *statu quo* : les pieds-noirs observent et commencent à comprendre ce que voulait dire l'écrivain kabyle : leur obstination à défendre une Algérie française est vaine et irréaliste et vouée à sa propre mort... Le spectre de l'exil se profile devant eux : il est doublement tragique. Il les séparera de leur terre natale et ils vivront dans une France dont ils ignorent tous les usages et qu'ils n'aiment pas finalement... Mais ils croient encore à un retournement de situation que la fragilité du gouvernement de Guy Mollet leur fait espérer. Il se murmure que le libérateur de la France, Charles de Gaulle, pourrait bien les sauver. Des visites secrètes ont d'ailleurs eu lieu dans sa retraite de Colombey-les-deux-Églises : le Général pourrait-il revenir ?

L'*annus horribilis* poursuit sa route aveugle. Camus a trouvé quelque paix à Angers : « Fatigue heureuse, écrit-il dans ses *Carnets*. La vie, la merveilleuse vie, son injustice, sa gloire, sa passion, ses luttes, la vie recommence encore. Force encore de tout aimer et de tout créer[20]. » Jusqu'au 30 juin, il est retenu au festival. Dimanche 30, *Le Chevalier d'Olmedo* est encore joué.

Il rejoint Cordes-sur-Ciel après une quinzaine de jours à Paris, Cordes qui est toujours pour lui un refuge grandiose et une renaissance. Il en aime la beauté vaste et spirituelle, et le rythme que prend ici le temps. Il loge à l'hôtel du Grand Écuyer. Il retrouve le ciel immense, clouté d'étoiles, celui qui lui avait été donné d'admirer depuis le balcon de la rue de Lyon, à Belcourt, bu à grandes goulées. À Cordes, il retrouve un peu de cette respiration qui lui manque, et il écrit à Catherine Sellers qu'il « boit » la lumière comme autrefois à Alger. Les étoiles « pullulent » et lui donnent le sentiment d'une liberté totale. Il y reste jusqu'au 15 août. Les nuits sont chaudes et solitaires aussi. Il ne peut écrire cependant, comme si en lui tout était devenu saturé, bloqué, incapable d'expansion, muet à l'offrande. Pour retrouver un peu de sève, comme cela lui est déjà arrivé, il invoque la Méditerranée, en des termes lyriques et métaphoriques : elle est tout à la fois la mère bien sûr, la couche qui le repose, le berceau qui l'a accueilli bébé, elle sera celle qui le couchera dans

20. Albert CAMUS, *Carnets III, op. cit.*, p. 240.

son tombeau liquide, et tous ces passages obligés le feront atteindre à son ultime lieu : celui du divin.

Et si les élans de jadis ne revenaient plus jamais ? Au début du mois d'août, de noires idées l'assaillent. Il note : « 4 août : pensées de mort. » Sont-elles provoquées par sa santé jamais rétablie ? Par sa culpabilité chronique à l'égard de Francine : seule pensée qui l'affecte alors, avec déchirement ? « F. mon chagrin[21] », écrit-il brièvement dans ses *Carnets*. Par la blessure algérienne ?

La visite qu'il fait au château du Cayla, l'ancienne demeure de Maurice et Eugénie de Guérin, dans son écrin de verdure, l'incite encore à retrouver son centre ; lui aussi, comme Eugénie, voudrait-il faire « vœu de clôture » ? Il disait pourtant en se rendant à Angers qu'il ne se voyait pas constamment dans ce « couvent théâtral », et trouver ailleurs une vraie liberté. Il finit son séjour dans l'Aveyron de manière plutôt sombre, la soif d'ailleurs devient une vraie « pépie », qui le conduit à la stérilité. Il envisage de renoncer à écrire, de ne plus se soumettre à cette tyrannie des livres, de l'œuvre à accomplir dont il perçoit quelquefois la vanité. Mieux vaudrait peut-être, explique-t-il à Catherine Sellers, faire du théâtre et adapter des pièces majeures, patrimoniales, intemporelles, plutôt que de devoir supporter toutes ces contraintes qui le brident et l'empêchent d'accéder à sa liberté entrevue en lui-même, et qui se débat désespérément.

À lire la correspondance croisée entre eux deux à cette époque, il semble que Camus ait soin de ne pas trop s'engager avec sa muse. Les lettres qu'elle lui écrit sont au contraire plus libérées, plus déliées, plus amoureuses : il est son ange et son cher amour, quand lui, évite les adjectifs trop engageants…

Plus prudent, Camus dilue ainsi un peu ses liens amoureux dans des propos plus généraux, sur le théâtre, sur ses séjours estivaux. Quoiqu'il veille à souligner le bonheur qu'il a de lui écrire, employant des circonvolutions qui alourdissent son enthousiasme, il n'exprime pas la même intensité d'écriture quand il écrit à Maria… On le sent distrait, préoccupé, décentré. C'est pourquoi il lui avoue que les messages qu'elle lui envoie sont bien « aidants ». Le mot est important : il signale ce besoin constant qu'il a d'être assisté, par

21. Albert Camus, *Carnets III*, *op. cit.*, p. 241.

des femmes surtout, voyant en elles des « âmes » consolatrices et surtout bienveillantes.

Le fanatisme l'emportant en Algérie, et quoiqu'il veuille s'en distancier, il est accueilli à Paris par une foule de sollicitations, réclamant son autorité morale, une aide pour des condamnés à mort ou des rebelles incarcérés. Associations, avocats, particuliers, on vient à lui parce qu'il a, malgré son silence, l'oreille des politiques. Il ne ménage pas ses efforts en sous-main, auprès même du président de la République. René Coty lui répond via son chef de cabinet toujours avec respect, mais ses demandes ne sont pas retenues. Maria est repartie en tournée, cette fois au Brésil, Catherine rejoue *Requiem pour une nonne*, il se sent infiniment seul et répète à qui veut l'entendre son désir de tout abandonner : ce qu'il a déjà annoncé à Catherine, il le redit à ses éditeurs, à Jean Grenier : « Abandonner cet effort stérile qui, depuis des années, m'empêche d'être totalement heureux et abandonné nulle part, qui m'enlève aux autres, assez coupablement, et à une grande part de moi[22]. »

S'il part de nouveau rejoindre ses amis Gallimard dans leur propriété normande, à Sorel-Moussel, c'est aussi pour échapper à toutes ces situations conflictuelles, accrues par ses basses eaux en matière d'inspiration. Mais le retour à Paris, le 23 septembre, le refait plonger dans la nasse algérienne. Une polémique suit la publication de l'ouvrage de Germaine Tillion, ethnologue passionnée et respectée, et surtout ancienne résistante, déportée de Ravensbrück, intitulé *L'Algérie en 1957*[23]. Jean Amrouche n'accepte aucun des arguments avancés et dénonce avec une grande fermeté la légèreté de Germaine Tillion. Depuis 1956, Amrouche condamne le *statu quo* de la colonisation. « Inutile de raisonner, écrivait-il, d'argumenter, de faire appel à l'histoire, à la sociologie, à la religion même : l'infériorité essentielle, naturelle, congénitale, incurable de l'indigène est un dogme plus rigide, plus inébranlable que les dogmes religieux les plus absolus. Telle est, je l'affirme en pesant mes mots, la manière de sentir et de penser qui commande le comportement de l'immense majorité des

22. Jean Grenier, *Journal*.
23. Germaine Tillion, *L'Algérie en 1957*, préface d'Anne Fernier, Éditions de Minuit, 1957.

Français d'Algérie à quelque niveau social qu'ils appartiennent[24]. » Les pieds-noirs sont de plus en plus attaqués par Amrouche : « Ce n'est pas à partir de l'émeute qu'il faut poser le problème mais à partir de la répression. De la haine, on aboutit au désespoir et si la France ignore les frontières des races, des couleurs et des religions, il n'en est pas de même pour les Français d'Algérie chez qui le racisme constitue plus qu'une doctrine : un instinct, une conviction enracinée[25]. » Germaine Tillion, dans son livre, conclut quant à elle à une nécessaire assimilation avec la France, sans laquelle l'Algérie alors indépendante risquerait de se retrouver dans une situation de « clochardisation » et de misère absolue. Pour Amrouche, les propos de l'ethnologue relèvent de la propagande d'État, d'une ample mystification. Elle n'est pas, à ses yeux, « qualifiée pour parler au nom des Algériens » parce qu'elle ne parvient pas à sortir de sa perspective psychologique de Française patriote qui, dans cette guerre sacrée où non seulement les intérêts et le prestige, mais l'âme et l'honneur de sa patrie sont compromis, demeure soucieuse de mettre hors d'atteinte le visage de sa patrie[26] ». En creux, c'est aussi Camus, ami de Germaine Tillion, qui est doublement visé, du fait de son identité de pied-noir…

Et en effet, Camus, qui s'oblige toujours au silence, signale indirectement à Jean Amrouche sa désapprobation. Il piaffe de s'être contraint à se taire, pour ne pas ajouter du malheur au malheur, comme il aime à le dire, mais il ressent comme une attaque personnelle les propos de son ancien ami poète. Avec amertume, il constate que beaucoup de ses camarades de combat, quelquefois vieux de vingt années d'amitié, se sont détachés de lui et désapprouvent ses positions. Jean Amrouche feint de ne pas se souvenir de la compassion de Camus en 1939 pour les miséreux de son propre pays, la Kabylie ; il ne veut voir du pied-noir qu'un raciste qui aime à casser « du bicot, du bougnoul, du raton ». Cette thèse est inadmissible pour lui et relève de la désinformation ou du fanatisme. En tout cas de

24. In « Quelques raisons de la révolution algérienne », *Économie et humanisme*, mars-avril 1956 cité in article d'Alain Romey, in *Cahiers de la Méditerranée*, n° 63/2001, « Jean El Mouhoub Amrouche, ou le dilemme d'une solidarité controversée (1945-1961) ».
25. « La France d'Europe et la France d'Afrique », par Jean Amrouche, *Le Figaro*, 1945.
26. « Témoignage chrétien », par Jean Amrouche, *Algeria fara da se*, 8 septembre 1957.

l'injustice. Entre lui et son ami kabyle, c'est la métaphore même du conflit : deux frères qui se font la guerre, moderne représentation d'Abel et Caïn.

Cet extrême « désert[27] » qu'il évoque auprès de René Char l'amène à admettre que la vie ne peut survivre justement qu'en se libérant des fausses amitiés, « la vie est trop dure, trop amère, trop anémiante pour qu'on subisse de nouvelles servitudes, venues de qui on aime[28] ». On le sent à bout de soif et de lumière. Char est réclamé « comme un verre d'eau pure[29] ». Germaine Tillion est de ces amis-là. Il la voit le 1er octobre et en témoigne dans ses *Carnets.* Elle lui a rapporté un entretien qu'elle a eu il y a un mois déjà avec des chefs du FLN. Dialogue respectueux mais tendu, et surtout sans complaisance ni langue de bois : « Vous nous prenez pour des assassins », dit l'un de ses interlocuteurs. « Mais vous êtes des assassins ! », lui rétorque-t-elle. Pense-t-elle alors au massacre de la petite école d'Aïn Seynour, bourgade à 12 kilomètres de Souk-Ahras, le 10 février 1957, au cours duquel 57 écoliers et écolières ont été égorgés, tandis que la maîtresse a été clouée nue sur la porte de l'école, les seins tranchés ? Le meurtre collectif jeta alors l'effroi dans tout le pays et contribua à rendre irréversible toute possibilité de fraternisation, celle-là même à laquelle, pourtant, elle et Camus veulent encore croire. Les arrestations se succèdent à Alger et en métropole. Des communistes, des libéraux, des catholiques militants, des protestants, des journalistes sont poursuivis et arrêtés. Camus veille et, discrètement, tente de leur épargner des poursuites plus graves. Il y réussit quelquefois, échoue souvent, mais les avocats des barreaux de Paris et d'Alger savent qu'ils peuvent souvent compter sur lui. Ce qui importe pour lui et qui est le fondement même de sa position politique, c'est d'épargner tous les innocents, et les enfants d'abord. « Cette raison qui peut paraître naïve à Paris a pour moi la force d'une passion approuvée par la raison[30]. » Cet engagement dans l'ombre ne plaît pas à tous ses amis et anciens

27. Albert Camus, René Char, *Correspondance*, *op. cit.*, p. 190.
28. *Ibid.*, p. 189.
29. *Ibid.*, p. 190.
30. Cité par Olivier Todd, *Albert Camus, une vie*, *op. cit.*, p. 944 (lettre adressée à M. Pierre Stibbe).

camarades de lutte, au temps où il était communiste. Ils le lui font savoir et la plupart rompent avec lui. Camus en est ulcéré, mais il ne se désavoue pas lui-même. Il se veut fidèle à ses convictions les plus profondes. Un rapprochement avec le christianisme s'opère à ce moment-là. La figure de Jésus, sinon fils de Dieu, au moins fils de l'homme, lui parle. Sa pensée s'infléchit vers le spirituel, auquel il prête la seule grande dimension de l'homme, celle « d'être vrai et alors tout s'y inscrit, l'humanité et la simplicité[31] ».

Il n'ignore rien, malgré son absence présente de créativité, malgré les basses eaux qu'il est forcé de constater, de son statut de grand écrivain que beaucoup lui accordent, et quelquefois en tire secrètement vanité. Il sait son influence, a mesuré sa réputation aux méchancetés et aux critiques violentes qu'il a pu essuyer depuis quelques années et il connaît parfaitement les rouages de l'édition, ses complots, ses cabales, ses mensonges et ses faussetés. Quelquefois même il en joue, de sorte qu'il n'est pas toujours l'innocent ou « le premier homme » qu'il veut bien donner à voir. Il n'ignore rien des luttes d'influence et souvent il en rit, préférant quitter son bureau haut perché sous les combles de l'immeuble des éditions Gallimard, pour aller danser le mambo et le tango dans quelque salle dansante en après-midi… Il y retrouve alors l'ambiance surannée des après-midi d'Alger quand des dames d'un certain âge se rendaient à des thés dansants, dans des salles de casino. Camus garde la nostalgie de ces lieux-là, ces atmosphères coloniales, dans des salles mal décorées, avec des ventilateurs au plafond qui brassent un air frais, tandis que des couples évoluaient sur la piste de danse, dans la douceur italienne d'Alger et le sillage des jasmins. La vie, prétend-il, alors « est toujours facile[32] ».

Il n'ignore donc rien du jeu du monde, de la comédie humaine, des ruses et des intrigues. Gallimard tient avec lui, avec Sartre, des auteurs nobélisables. La maison d'édition se targue déjà d'avoir eu dans son écurie des prix Nobel de littérature et elle verrait d'un bon œil que son favori, Albert Camus, soit distingué par le prestigieux jury.

31. In Albert Camus, *L'Envers et l'Endroit*, Alger, Charlot, 1937.
32. Albert Camus, « L'Été », in *Guide pour des villes sans passé*, *op. cit.*, p. 210.

Elle négocie pour cela, intrigue, envoie des émissaires, joue de son influence, favorise des auteurs suédois, fait des politesses à la cour, bref, travaille ardemment auprès des jurés et des puissants lobbies et réseaux qui président aux destinées du prix. Camus le sait, son nom circule et l'Académie même a demandé un dossier le concernant, ce que Gallimard s'est empressé de rédiger et de faire parvenir au jury. Camus secrètement est évidemment très flatté, mais l'enjeu est immense pour lui qui, à cet instant précis de sa vie, ne rêve que de se retirer. Sa nature pied-noir n'est pas non plus mécontente de la situation : quelle revanche sur son enfance pauvre, quelle gloire pour sa mère, et son orgueil (que Sartre fustige chez lui) enfle ! Quoi qu'il dise, à qui veut l'entendre, que Malraux devrait obtenir le prix Nobel, qu'il est le plus grand de tous, il espère au fond de lui l'obtenir, et sans en avoir l'air, se renseigne sur la rumeur ambiante. Il apprend qu'elle est bonne... En bon pied-noir, il lève les yeux au ciel et dit : *Inch'Allah !*

De Sao Paulo, de Rio, Maria Casarès lui envoie lettre sur lettre et lui proclame son amour avec une véhémence et une incandescence à laquelle il répond de la même manière. Veut-il se mettre au diapason de son registre ? Écrit-il pour la forme des lettres d'amour, bel exercice rhétorique dont il sait qu'elles seront lues plus tard, compte tenu de son statut d'écrivain nobélisable et peut-être même bientôt prix Nobel ? Les lettres se succèdent sur le même rythme amoureux, une cadence sans relâche où chacun rivalise d'ardeur : Maria ne cesse de lui répéter qu'elle l'aime, qu'elle l'adore même, et Camus répond de même, avec des promesses, des aveux, des déclarations d'une intensité frénétique. Il prétend ne plus penser qu'à elle. Sans cesse, écrit-il. Pas quand il est avec Catherine Sellers cependant, ni avec Patricia Blake, ni avec Mette Ivers !

Chacune toutefois a son mot d'amour et la certitude d'être la seule aimée, attendue, accompagnée, embrassée...

Ce 16 octobre 1957, il déjeune justement avec Patricia Blake quand quelqu'un de Gallimard est dépêché auprès de lui pour lui annoncer qu'on vient de lui attribuer le prestigieux prix... La nouvelle le « suffoque », selon le mot même de Patricia Blake[33]. L'émotion

33. Cité in Olivier Todd, *Albert Camus, une vie*, *op. cit.*, p. 950.

le gagne, le submerge, pourquoi lui ? Pourquoi pas Malraux ? Tout se mêle : sa mère, la joie qu'elle en aura, la fierté de ses enfants, de Francine, celle de M. Germain, son instituteur de Belcourt, la protection que le Nobel lui apportera, ce que Maria, Catherine et Mette vont lui dire, ce qu'il pourra livrer sur l'Algérie, sous l'armure du prix... Le restaurant où il se trouve avec Patricia, Marius, rue des Fossés-Saint-Bernard, est mis au courant. Camus qui est au beau milieu de son plat, la fameuse entrecôte marchand de vin entourée de frites maison, est abasourdi, sans voix, tandis que Patricia lève un verre pour le féliciter : tout autour de la table, des clients l'entourent, il n'a qu'une envie pourtant, s'enfuir... Retour en hâte chez Gallimard. Branle-bas de combat au service de presse. Les rendez-vous s'accumulent, les demandes d'interviews, les séances de photos. Camus se dit « effrayé par ce qui (lui) arrive ». Toujours la même idée fixe : « Quitter ce pays. Mais pour où[34] ? »

Il reçoit les hommages de tous côtés avec une forme de résignation qui surprend même son entourage. Dans ses *Carnets*, il note sobrement quelques mots qui résument son état : « Accablement », « mélancolie », « effroi », « panique incompréhensible ».

Dès lors, tout s'enchaîne trop vite. Les crises de panique et de claustrophobie se multiplient, il parle de « folie », de décentrement, de déséquilibre. Les crises succèdent aux crises, il ne peut traverser le boulevard Saint-Germain qu'accompagné de quelqu'un, il a des crises de larmes, il ne sait d'où elles viennent ni pour quelles raisons elles se déversent ainsi sur son visage. Exposé aux critiques de tous, il est attaqué par ses ennemis irréductibles, l'extrême droite, la gauche militante, les communistes. Même l'écrivain antisémite Rebatet ose railler Camus dans *Dimanche matin* et vomir sur sa prétendue « nostalgie de commander des pelotons d'exécution » alors qu'il est un de ceux, note Camus, « dont j'ai demandé, avec d'autres écrivains de la Résistance la grâce quand il fut condamné à mort. Il a été gracié, mais il ne m'a pas fait grâce[35] » !

Se sentant seul, mais plus que jamais solidaire, on le voit à Paris se démener pour sauver des condamnés, il écrit aux autorités françaises

34. Albert Camus, *Carnets III*, *op. cit.*, p. 253.
35. *Ibid.*, p. 253.

pour implorer la grâce de tel ou tel indépendantiste algérien, protester du sort réservé aux intellectuels hongrois, défendre Boris Pasternak, l'auteur persécuté de *Docteur Jivago*. Il se prépare enfin à la grande cérémonie officielle à Stockholm de remise du prix. Il essaie d'être léger, de prendre la chose avec un certain humour même, mais l'anxiété chronique reprend de plus belle et ne lui laisse guère de répit. Il écrit néanmoins son discours qu'il a décidé de dédier à son instituteur algérois M. Germain auquel, dit-il, il doit tout. Il réclame plus que jamais l'affection de ses amantes, Maria surtout, qui est à Buenos Aires, est implorée. « Jamais tu ne m'as tant manqué », lui télégraphie-t-il le 18 octobre…

Le 19 octobre, il écrit une lettre à Louis Germain, lettre de reconnaissance et de fidélité absolue. « Sans cette main affectueuse que vous avez tendue au petit enfant pauvre que j'étais, rien de tout cela ne serait arrivé. » Tout remonte des grands fonds de l'enfance. La source, Alger, Belcourt, Tipasa, les amandiers de l'hiver, les rivages heureux, le long de la corniche, les jeux d'été aux Sablettes, les senteurs de mimosas au début de l'année nouvelle, et celles des orangers, et les nuits étoilées…

À Jean Amrouche, le même jour, il répète son credo : « Aucune cause, même si elle était restée innocente et juste, ne me désolidarisera jamais de ma mère, qui est la plus grande cause que je connaisse au monde. » Tout est dit, irréductiblement.

Le 7 décembre enfin, il part pour la remise du prix à Stockholm. Francine est du voyage, il éprouve une joie secrète, profonde et incommunicable à la savoir auprès de lui. Comme une sorte de reconnaissance. Elle est joyeuse. Elle s'est fait prêter à Paris une étole de vison blanc pour la cérémonie officielle, et Camus a loué au Cor de chasse, une célèbre boutique de location de costumes parisienne, dans le quartier de l'Odéon, un costume avec queue-de-pie. Des journalistes de *Paris Match* accompagnent la petite cour de Camus, dans le train : Simone et Claude Gallimard, Janine et Michel Gallimard, Carl Gustav Bjurström, son traducteur suédois, et Blanche Knopf, son éditrice américaine. René Char n'est pas du voyage, pas davantage les femmes qu'il aime, Maria, Catherine, Mette, la dernière de ses amantes : aucune n'est conviée à se rendre à Stockholm par respect pour Francine. Catherine et Mette ne s'étaient pas davantage rendues au cocktail organisé chez Gallimard à l'annonce du prix, le 17 octobre. Il est quelque part seul, livré à la gloire et aux mondanités, paniqué à l'idée de devoir danser au bal qui sera donné en son honneur, de baiser la main des femmes de la famille royale, d'être pris dans l'euphorie des vanités. Une angoisse sourde s'est emparée de lui qui ne le quitte guère. Il fait avec, il a l'habitude depuis longtemps déjà. Il dit qu'il n'est pas à plaindre, qu'il est le plus heureux des hommes. Mais en lui, le sentiment inexorable de l'exil rivé au cœur, indéracinable. Pour « l'inonder[36] » : les rayons de soleil de Maria, qu'il appelle en silence. Mais Maria est en tournée de l'autre côté du monde. À Stockholm, il sait que va bientôt commencer ce qu'il appelle « la corrida ». Sa profonde dualité va se manifester tout au long du séjour scandinave. Ce qu'il va confier plus tard à ses *Carnets* est déjà là, intact : « J'ai voulu vivre pendant des années selon la morale de tous. Je me suis forcé à vivre comme tout le monde. J'ai dit ce qu'il fallait pour réunir, même quand je me sentais séparé. » La confession est puissante, peut-être une des clés de la compréhension de l'homme et de son œuvre.

L'homme poli et modèle s'attachera donc à se courber devant la famille royale, il lèvera un verre en un toast conciliant et fédérateur à l'amitié entre les peuples, il retrouvera avec joie son goût pour la danse, il fera son visage de séducteur que Simone Gallimard a bien perçu lorsqu'il est monté sur l'estrade pour recevoir son prix, il déploiera son long corps souple que Maria Casarès aime tant, il fera les yeux doux à toutes les femmes de la haute société, aux épouses d'académiciens, aux princesses en robe de soie, il fera tout ce qu'on lui demande en somme. Avec un certain plaisir même. Mais « l'aventure », comme il le dit à René Char, n'est pas achevée. Il reste toute la face cachée de son être « séparé ». L'envers et l'endroit de lui-même. Et cette « pétrification intérieure[37] » qu'il ressent alors, confiée à Mette.

Dans son frac, il a belle allure. Celle d'un fier hidalgo. Mais dans son cœur, il se sait délié et déchiré, lassé de ses années de leurres.

---

36. Albert Camus, Maria Casarès, *Correspondance*, *op. cit.*, p. 1304.
37. Selon le mot même de Mette Ivers, in *Camus*, Entretien avec Agnès Spiquel-Courdille, L'Herne, 2013, p. 35.

Les temps sont durs, même à Stockholm, dans les lambris du salon doré où il est honoré avec faste. La dotation du prix va lui offrir une aisance qu'il n'aurait jamais pu avoir. Elle va lui permettre de s'acheter peut-être une maison loin de Paris, Char la trouvera sûrement pour lui. Le projet est consolant. Il se redit les mots vibrants du poète, il les a faits siens depuis longtemps déjà : « Que le jour te maintienne sur l'enclume de sa fureur blanche ! [...] Rien que l'âme d'une saison sépare ton approche de l'amande de l'innocence[38]. »

Il croit à ces injonctions du poète, il les croit sûres et au plus juste de ce qu'il veut à présent, au milieu du chaos algérien et son parfait revers, au milieu aussi des traditions désuètes et aristocratiques... Maria, l'inaccessible « étoile du soir, brillante et parfaite », n'est plus visible dans son ciel, comme elle « pendait sur les collines de Cordes[39] », il y a peu encore, elle seule pourrait raviver son soleil noir.

Les cérémonies s'enchaînent, le 10 décembre, le roi Gustave VI lui remet le prix, à la Maison des Concerts, puis il prononce son discours de réception à l'hôtel de ville. Il le dit dans une diction ferme mais tendue. Sa voix est sans inflexion particulière, plutôt monocorde, c'est sa manière habituelle, un peu solennelle et professorale, et en même temps une fêlure dans la voix à peine perceptible, qui trahit l'émotion, la fierté, le courage aussi, et la panique. Tandis qu'il lit scrupuleusement son texte, la mémoire quelquefois s'échappe, il pense à son pays natal, il se dit avec son art de plaisanter, célèbre, qu'il « fait sa "louette", ce qui dans l'argot pied-noir veut dire « qui fait son malin, son dégourdi ». Il pense aussi à Maria, lui réclame de l'aide, lui dit qu'il lui sourit dans une sorte de communion spirituelle qui l'aide à survivre. Le discours n'étonne pas ses amis, les Gallimard ni surtout Francine. Eux savaient déjà qu'en dédiant ce discours à monsieur Germain, il faisait ainsi l'éloge de l'école de la République. En creux, un hommage à tous ces maîtres qui, par vocation pour la plupart, ont quitté la France pour ses colonies et sont allés enseigner dans les douars les plus reculés et qui, en retour, se sont fait égorger.

---

38. René Char, *Fureur et Mystère.*
39. Albert Camus, Maria Casarès, *Correspondance*, *op. cit.*, p. 1303.

C'est une illustration de ce qu'est le fameux « embarquement » dans la galère du siècle et du temps qu'il décrit en évoquant le rôle de l'art et de l'écrivain : « Empêcher que le monde se défasse », « retrouver le sentiment d'une communauté vivante », « se mettre au service de la vérité et de la liberté », « se tenir auprès des hommes silencieux [...] qui ne supportent dans le monde la vie qui leur est faite que par le souvenir ou le retour de brefs et libres bonheurs » : tels sont les principes fondateurs de sa morale de vie. Le discours qui ne dure qu'une douzaine de minutes, prononcé devant une partie du gotha européen et un aréopage de personnalités, est à lui seul une sorte de condensé du rôle de l'écrivain qu'a toujours défendu et illustré Camus. Il le redira de façon plus approfondie dans la conférence annoncée quatre jours plus tard dans le grand amphithéâtre de l'université d'Uppsala. Les mêmes thèmes sont repris mais les problématiques plus franchement énoncées : l'art ne peut plus être un « luxe mensonger », un divertissement ; il doit revenir à la vérité, traduire les souffrances et le bonheur de tous dans le langage de tous, il ne peut plus être un monologue, mais l'écho des déchirements intérieurs de l'homme face à un monde « fuyant et inachevé ». C'est le constat de ce monde qui donne toute sa tension à l'art, mais ce monde n'est rien et il est tout à la fois : « Voilà le double et inlassable cri de chaque artiste vrai, le cri qui le tient debout, les yeux toujours ouverts. » Toute la philosophie de vie de Camus est reprise, dans la vaste partition de ses motifs : parce que les tyrans savent que dans l'art, réside « une force d'émancipation » colossale, ils ont tenté au cours de l'histoire de le réduire à néant. Or l'art, martèle Camus, quand il traite du « doux remue-ménage de la vie et de l'espoir », doit survivre à toutes les batailles, « métal intact » livré à l'admiration des hommes.

Entre le 10 et le 14, date de la conférence, Camus est tout entier livré aux mondanités, il s'en amuse quelquefois et se prête volontiers aux sollicitations de ses admirateurs, on le photographie en costume de cérémonie entouré de jeunes filles souriantes, et même dans sa chambre d'hôtel, quand une jeune fille, la tête couronnée d'une rangée de bougies allumées, vient lui servir son petit déjeuner au lit, tradition scandinave en l'honneur de sainte Lucie ! Il enchaîne les rendez-vous, déjeuner à l'ambassade de France, dîner au Palais Royal... Le 12, il accepte une rencontre à bâtons rompus avec les étudiants de l'université de Stockholm. Elle a lieu dans la plus grande bienveillance et dans cette cordialité de l'intelligence qu'il aime tant. On l'interroge sur son art, sur la littérature, sur le cinéma, sur certains de ses romans, sur le monde comme il va, Camus s'enhardit, répond avec vivacité, et se risque à solliciter des questions sur l'Algérie.

— J'y répondrais volontiers, ajoute-t-il.

Quelle pulsion soudaine le saisit alors ? Lui qui s'est muré dans le silence depuis des mois, se trouvant peut-être en confiance ou bien peut-être protégé par son prix, réclame à présent d'entrer dans la bataille. Est-ce cela qu'il appelait avant de partir à Stockholm « l'arène » ? Un individu, vraisemblablement échauffé ou bien exalté, et s'avérant par la suite être un sympathisant ou un militant du FLN, lui pose la question de son non-engagement auprès du mouvement de libération.

— Pourquoi signez-vous des pétitions pour les Européens de l'Est et jamais pour les Algériens ?

C'est un piège évidemment auquel cependant Camus ne s'attend pas. Son interlocuteur garde le micro et se lance dans une diatribe enflammée, il insulte Camus, lance des slogans pro-FLN, des voix s'élèvent, réprobatrices, la confusion règne dans la salle. Camus veut répondre, mais il en est empêché par la cohue et les clameurs, et parvient enfin à prononcer quelques mots.

— Je n'ai jamais parlé à un Arabe ou à l'un de vos militants comme vous venez de me parler publiquement... Vous êtes pour la démocratie en Algérie, soyez donc démocrate tout de suite et laissez-moi parler... Laissez-moi finir mes phrases, car souvent les phrases ne prennent tout leur sens qu'avec leur fin...

Il essaie de se calmer intérieurement, de retrouver un ton plus mesuré, moins vif, mais ce qu'il sent venir à ses lèvres est perçu d'abord par lui comme une exigence de vérité. Il dit :

— J'ai toujours condamné la terreur. Je dois condamner aussi un terrorisme qui s'exerce aveuglément dans les rues d'Alger, par exemple, et qui un jour peut frapper ma mère ou ma famille. Je crois à la justice, mais je défendrai ma mère avant la justice[40]...

40. L'incident est rapporté dans *Le Monde* du 14 décembre 1957, par Dominique Birmann sous le titre : « Albert Camus a exposé aux étudiants suédois son attitude devant le problème algérien ».

La phrase est si forte et quelque part si violente qu'elle va faire le tour du monde comme une traînée de poudre. La suite de Camus est consternée, Francine pleure, dit-on, comme si ces paroles de Camus faisaient, dans le contexte du Nobel, l'effet d'une bombe.

Aussitôt, ceux qui s'étaient manifestés juste avant le Nobel à Paris, se déchaînent, Camus venant de leur apporter la preuve de son ralliement à la droite et refusant l'idée même d'une Algérie indépendante. Il décontextualise la phrase polémique, efface ce qui la précédait. Et pourtant Camus avait dit : « Je me suis tu depuis un an et huit mois, ce qui ne signifie pas que j'ai cessé d'agir. J'ai été et je suis partisan d'une Algérie juste, où les deux populations doivent vivre en paix et dans l'égalité. J'ai dit et répété qu'il fallait faire justice au peuple algérien et lui accorder un régime pleinement démocratique jusqu'à ce que la haine de part et d'autre soit devenue telle qu'il n'appartient plus à un intellectuel d'intervenir, ses déclarations risquant d'aggraver la terreur. [...] Je puis vous assurer cependant que vous avez des camarades en vie aujourd'hui grâce à des actions que vous ne connaissez pas. C'est avec une certaine répugnance que je donne ainsi mes raisons en public. »

Suit alors la fameuse phrase sur sa mère et la justice... Avec Emmanuel Roblès, avec Germaine Tillion, et aussi en privé, Camus n'a cessé de prononcer, d'une manière ou d'une autre, cette phrase, mais dégagée de son contexte, elle devient une arme de combat contre lui pour les indépendantistes et leurs amis en France. La rupture semble dès lors consommée. Camus ne renie pas pour autant ses paroles, il les confirme même.

Il écrit au directeur du *Monde*, le 17 décembre, pour authentifier ses propos. « Les déclarations qui m'y sont prêtées sont parfaitement exactes », commence-t-il, et il poursuit en évoquant les propos du jeune Algérien : « Je me sens plus près de lui que de beaucoup de Français qui parlent de l'Algérie sans la connaître. Lui savait ce dont il parlait et son visage n'était pas celui de la haine mais du désespoir et du malheur. Je partage ce malheur, son visage est celui de mon pays. C'est pourquoi j'ai voulu donner publiquement à ce jeune Algérien, et à lui seul, les explications personnelles que j'avais tues jusque-là et que votre correspondant a fidèlement reproduites d'autre part. »

Les retombées de cette rencontre sont énormes. Pour Camus aussi : les crises de panique et d'angoisse redoublent. Il rentre le 15 à Paris. Retour mélancolique, presque triste.

L'article qu'il donne le 17 décembre à la revue *France football* sur le RUA, et qui débute par un triomphant « Oui, j'ai joué plusieurs années au RUA », montre à quel point Alger est dans son cœur. Il y mêle des souvenirs adolescents, avec humour et tendresse, accompagnant toujours son récit des valeurs qui scandent son œuvre et sa morale : la fraternité virile, l'honneur, la loyauté. Il l'exprime avec force : « Ce que finalement je sais sur la morale et les obligations des hommes, c'est au sport que je le dois, c'est au RUA que je l'ai appris. »

L'année s'achève entre « sourde et constante anxiété » et des traces de bonheur perdu, d'heures libres et heureuses, mais qui surgissent, lumineuses, dans sa nuit. L'utopie en laquelle il croit, comme toute utopie, n'a aucune chance de se réaliser. Il constate bien que le monde se défait, et que l'Algérie est une des étapes de ce délitement mondial. Pris en étau entre la cause juste des Algériens à plus de dignité et de droits, et celle non moins juste des pieds-noirs, pionniers sur une terre qu'ils ont créée de toutes pièces, Camus se heurte à une situation qu'il ne peut plus maîtriser. Son désarroi est immense, et l'exil plus que jamais cruel. Réunir, ne pas diviser, se sentir solidaire des deux communautés à la fois, la tentative est irréalisable. « Je ne puis à moi seul refaire ce que tant d'hommes s'acharnent à détruire », expliquait-il dans un entretien donné à la revue *Demain*, en octobre 1957.

Sisyphe désormais sans bras pour hisser sa pierre, il constate que ses crises s'aggravent : le souffle manque, la respiration est courte et précipitée, l'angoisse noue la gorge. Dans la nuit du 29 au 30 décembre, la souffrance est extrême. Il évoque le mot de « folie »...

1958, inventer des solutions pour sauver son pays

« Lutter jusqu'au bout contre les entraînements de la haine[1] »

À Alger, la tension est toujours vive et l'insécurité constante. Des accrochages réguliers ont lieu. La mort au coin des rues est devenue banale et les Algérois enjambent les corps abattus sur les trottoirs au petit jour, que personne ne vient encore chercher. À la frontière, le village tunisien de Sakiet-Sidi-Youssef est bombardé par l'aviation française en riposte à des tirs rebelles. L'incident, exploité par le FLN, s'est internationalisé. Les États-Unis prêtent leurs bons services tout en dénonçant l'attitude colonialiste des Français. La déroute des rebelles est complète. La presse internationale, convoquée par le FLN, découvre des scènes de destruction et des corps d'enfants tués par les bombes lâchées par de petits bombardiers Mistral. Ce qui aurait pu être une victoire contre l'ennemi devient condamnation quasi unanime en France. Jean Daniel écrit dans *L'Express* : « Je crains que Sakiet ne soit la fin d'une grande espérance[2]… »

Le nom de de Gaulle commence à circuler dans les couloirs du pouvoir et des politiques. Michel Debré, député maire d'Amboise, dans *Le Courrier de la colère*, en appelle directement au Général, peut-être le seul désormais capable de créer un gouvernement de salut public, qui sauverait l'Algérie française. Jamais Alger n'a tant

1. In *Chroniques algériennes, L'Algérie déchirée,* Folio/essais, p. 159.
2. Cité in Georges Fleury, *La Guerre en Algérie, op. cit.*, p. 217.

été lieu des complots ; du monde entier, des correspondants de guerre viennent témoigner de l'ambiance détestable qui y règne[3].

Camus suit de près les événements et leur évolution. Il n'en demeure pas moins silencieux publiquement. Le théâtre, ses relations avec « ses » femmes l'occupent mais la blessure de l'exil est toujours vivace et douloureuse. Mi, la dernière conquête, est celle qui le rend pour l'heure plus joyeux. Il est emporté dans un regain de jeunesse (elle a vingt-deux ans de moins que lui). Très belle, elle est aussi mannequin chez Jacques Fath pour gagner sa vie mais aussi représentante de la marque de tissus Boussac, elle voyage en France et Camus la retrouve ici et là. Il vit cet amour au grand jour et ne s'en cache pas auprès de Maria ou de Catherine Sellers qui, plus jalouse que sa rivale comédienne, connaît des moments de sombre solitude et l'accable de reproches. Les lettres qu'il lui adresse ne sont pas totalement celles d'un homme amoureux. Celles pour Casarès sont évidentes d'amour : quand il écrit à Catherine, il a l'impression d'écrire à une petite fille qu'il faut protéger, à laquelle il ne donne point toutefois de faux espoirs. Elle lui est nécessaire pourtant, lui en fait l'aveu, et quelquefois se sent gêné du trop d'amour qu'elle lui porte. Il essaie alors en réponse à des lettres trop enflammées de réajuster le ton, de parler plutôt du théâtre, de la vie parisienne et des comédiens qu'ils fréquentent tous deux, esquivant soigneusement des déclarations amoureuses qui l'engageraient trop. Peu d'allusions érotiques donc dans ces lettres à Catherine Sellers, pas de libertinage face à l'ardeur mal contenue de sa muse. L'amour qu'il lui porte, infiniment sincère et vrai, ressemble plutôt à une forme de « sororalité » pour reprendre l'expression de Roland Barthes. Comme s'il avait donc trouvé en elle une autre sœur (Francine est ainsi déjà appelée). Ni lyrique ni sauvage, mais plutôt poétique, tel est le registre qu'il adopte délibérément avec elle. Sa lassitude s'entend dans sa correspondance, plus que dans celle échangée avec Maria Casarès, tristesse ontologique, fatigue insigne, et les mots de Catherine viennent le bénir commelui-même la bénit. Mette en revanche l'enchante parce qu'elle le fait ressusciter, il retrouve une énergie qui, les derniers mois, s'était épuisée

3. Saint Exupéry déjà, dans les années de guerre, dénonça l'ambiance toxique et détestable qui y régnait. « Alger, poubelle de l'histoire », écrivait-il alors...

d'elle-même. Il s'était senti alors, en ce début d'année, abandonné, asséché. L'écriture elle-même l'avait lâché, au point de penser à y renoncer totalement. Et puis Mette était venue comme une fée blonde, dévorante de vie, gourmande et rieuse. Et il n'avait pu refuser ce don du ciel, cette promesse…

Les crises désormais s'apaisent; soutenu par ses proches, il veut reprendre le fil de son travail, retrouver l'écriture, ouvrir de nouveaux chantiers, surtout dans le registre dramatique. Mette rapporte souvent qu'elle ne voit jamais Camus souffreteux ou douloureux alors que le lecteur de ses lettres à Catherine Sellers le perçoit plutôt ainsi… Au contraire, dit-elle, il est joyeux, alerte, aime danser, sort très tard la nuit, fréquente des boîtes de nuit, surtout de jazz. Joue-t-il un rôle, ou bien, au contraire, l'énergie lumineuse de sa nouvelle égérie le rend-elle à une jeunesse qu'il croyait perdue depuis longtemps? Il a 45 ans mais Mette le fait vivre autrement, dans l'émerveillement, dans la gaieté. On les voit publiquement aussi bien dans les tribunes de stade que dans des brasseries de Saint-Germain-des-Prés, dans des galeries aussi car Mette adore la peinture. Il lui consacre beaucoup de son temps, Maria est constamment en tournée, et Catherine joue tous les soirs, il ne la voit pas toujours, mais elle est très présente quand même, elle lui écrit et lui téléphone plus qu'il ne le fait lui-même. Il ne répond pas toujours à ses messages, mais il trouve en elle quelque chose que ni Maria ni Mette ne peuvent lui apporter : une profondeur poétique, une vérité d'âme presque mystique. Si Maria peut ressembler à Thérèse d'Avila par sa fougue et sa violence solaire, Catherine se rapprocherait plutôt de Simone Weil, que Camus admire tant : elle a ce chagrin logé en elle, cette nuit noire dans laquelle elle se démène avec ses fantômes et ses terreurs. De sorte que l'amour qui s'est établi entre lui et Catherine, n'est pas vécu au même diapason. Elle le comprend très bien d'ailleurs, quand elle parle de cette passion qui la lie à lui et qu'elle juge « inconfortable ». Elle subit en effet les différentes affres de la passion amoureuse en martyre de l'amour : apparition, éblouissement, cristallisation, inquiétude, peur de l'abandon, jalousie, fantasmatisation, désir ardent… Sa solitude est perceptible dans les réponses qu'il lui adresse, il apparaît assombri et comme troublé par ses accès de panique; cette solitude est confirmée d'ailleurs pas sa propre fille, Catherine, aujourd'hui encore, dans le bouleversant documentaire réalisé pat Georges-Marc Bénamou : « Seul! »

lâche-t-elle, avec émotion, se souvenant de la réplique brève, sèche et immédiate que son père lui a faite alors qu'elle lui demandait comme il se sentait après les attaques des *Temps Modernes*[4] ! Mais nul amour, il le sait, ne pourra combler sa solitude abyssale. Il ne s'en cache même plus : « Sur le chemin où marche un artiste, la nuit tombe de plus en plus épaisse, écrivait-il déjà à René Char, en juillet 1956. Alors il remercie ses femmes, ses amis, son art parce qu'ils peuvent, eux seuls, lui apporter un peu de « pluie », comme il le dit à Maria Casarès. Et cette pluie, n'en doutons pas, est sacrale, comme une eau bénite…

Les soutiens aux indépendantistes se multiplient néanmoins en France. La guerre est-elle perdue ? se demande Camus. Autour de lui, c'est la désertion. Il s'en rend compte, avouant qu'il a beaucoup d'ennemis. Ils avancent sans masque à présent, et délibérément le condamnent, affirmant qu'il s'est rangé du côté de la réaction. Camus mesure leur injustice : il s'en confie souvent à Jean Grenier, lui rappelant qu'il a été au contraire un des premiers qui ont défendu les droits des Algériens, un de ceux qui se sont battus le plus pour sauver des vies condamnées par la justice à la peine capitale, un de ceux qui ont voulu reconnaître aux Algériens l'établissement de leurs droits civiques… Mais rien n'y fait, la rumeur est plus forte, plus vaste. Il s'en tient donc toujours à son devoir de silence. Sénac le culpabilise en dénonçant le fait qu'il n'a pas signé la pétition organisée par un comité de soutien à des combattants du FLN condamnés à mort. « Taleb était un frère moderne de Kalyayev, lui écrit-il, ne pouviez-vous exiger la grâce de l'étudiant Taleb ? » Que Camus n'ait pas tenté de sauver sa tête l'indigne et il le renvoie à son héros des *Justes*, le poète russe Kalyayev, donnant une leçon de morale révolutionnaire à ses juges… Camus aurait-il donc un double discours ? Et contrairement à ce qu'il proclamait dans sa conférence à l'université de Stockholm, publiée dès le mois de janvier chez Gallimard, et dans laquelle il condamnait l'art pour l'art, sa pièce ne relèverait-elle uniquement que de l'esthétisme ?

En Algérie, le rythme des attentats et des répressions s'amplifie, les accrochages s'intensifient, force est de constater que 450 000 hommes

4. *Les vies d'Albert Camus*, par G-M Bénamou, 2020, FR3.

environ déployés sur le terrain ne parviennent pas à soumettre une armée de 25 000 combattants pas toujours expérimentés ! Le colonel Bigeard fulmine et réclame une volonté politique plus forte. Mais comment l'exiger quand l'exécutif vacille, que la République chancelle sous les gouvernements successifs, incapables de ramener ordre, confiance et équilibre ? Des redéploiements stratégiques ont lieu au niveau militaire. Bigeard n'est plus responsable du maintien de l'ordre dans la casbah, il est muté dans « l'intérieur ». Plus que jamais, le gouvernement Gaillard est fragilisé et ne tient plus qu'à un fil. L'incident de Sakiet, à la frontière franco-tunisienne, y est pour quelque chose, critiqué de toutes parts, sur le territoire français, il est près de tomber tandis que les amis de de Gaulle s'affairent partout sans cacher leur souhait d'œuvrer pour le retour du chef prodigue. Roger Frey, Michel Debré, Jacques Chaban-Delmas, Edmond Michelet s'activent aussi bien à Paris qu'à Alger. On laisse entendre que de Gaulle souhaiterait une politique de pacification extrêmement ferme afin de faciliter une intégration plus aisée des Algériens. Pour cela, il préconise un travail pédagogique auprès des masses musulmanes, favoriser l'éducation, moderniser dans l'intérieur du pays les ressources de santé et de logement, etc.

Devant cette offensive, les indépendantistes ne désarment pas, au contraire, flairant le danger, ils remobilisent leurs troupes et répandent une vaste propagande dans les campagnes, souvent tentées par une paix avec les Français. Les accrochages se poursuivent, aussi meurtriers pour les deux parties, une bataille a lieu à Souk-Ahras, qui portera ce nom, les fellaghas perdent le contrôle dans le djebel Ourès et perdent plus de 600 combattants, les forces françaises une trentaine. À Paris, René Coty rencontre discrètement de Gaulle. Les mots d'intégration, d'assimilation, de partition même, circulent. L'Algérie est-elle condamnée à être cédée aux rebelles ? Ou devra-t-elle être conservée coûte que coûte ? Et à quel prix ? N'est-ce pas déjà trop tard ? Et dans ce cas, que faire de la communauté française ? Négocier son maintien dans l'Algérie nouvelle ? Est-ce envisageable quand les chefs de l'ALN s'expriment avec véhémence et violence à leur sujet ? Ferhat Abbas pourrait les protéger, mais il est déjà dépassé par des ultras au sein du FLN qui refusent le maintien des pieds-noirs. De Gaulle apparaît alors et de nouveau comme l'ultime et éternel sauveur, celui qui, comme en 1940, peut débrouiller la situation au regard de son immense prestige.

Camus peut croire encore que la guerre n'est pas « foutue », comme il le dit à demi-mot, il veut se donner encore des moyens d'espérer. Et prépare un voyage à Alger, d'abord pour voir sa mère, puis pour mieux comprendre encore quelque chose à la tragédie. Si l'on en croit Jean Grenier, avec lequel il déjeune le 19 février à la brasserie Lipp, il reste « triste, sombre, il a des crises d'angoisse, se demande s'il pourra se décider à partir pour l'Algérie ». Toute son énergie est émaillée de crises d'anxiété et de bouffées de panique. S'ajoute à cela son mal originel, la tuberculose, qui par séquences régulières, le fatigue et lui occasionne des troubles respiratoires. Il est suivi par son médecin, et se soumet le plus souvent à ses conseils et ses médications, quoiqu'il ne lui rapporte pas toujours toutes les infractions qu'il commet : travail intensif et épuisant, non seulement pour la poursuite de son œuvre – à laquelle d'ailleurs, en ces temps-ci, il ne croit plus guère, malgré l'auréole du Nobel –, mais aussi parce qu'il accepte maintes sollicitations, articles, courriers, recommandations en faveur de terroristes algériens condamnés à mort et qu'il défend sans publicité au nom des droits de l'homme et de son refus farouche de la peine de mort. *L'Envers et l'Endroit* est réédité avec une nouvelle préface où il fait en quelque sorte le bilan de ce qu'il a écrit jusqu'alors. Fruit d'un travail de plusieurs années, cette préface reste dans son ensemble empreinte d'une tonalité sombre même s'il promet dans sa conclusion d'accéder au registre de l'amour et de moins se soumettre aux relents de l'amertume. Les thèmes développés dans le récit tournent autour de l'Algérie de l'enfance, et peut-être est-ce en le relisant dans sa nouvelle édition que *Le Premier Homme* sera dorénavant l'enjeu majeur de son travail d'écriture. Le 5 mars, un rendez-vous est ménagé entre le général de Gaulle et lui-même. L'entrevue stupéfie d'une certaine manière Camus devant le cynisme et la brutalité du Général. Et quoique certains observateurs ultérieurs déclareront que des convergences de points de vue ont eu lieu, il n'en reste pas moins que, dans ses *Carnets*, il note que, lui faisant part de ses inquiétudes pour la communauté française (son obsession) et « la fureur » des pieds-noirs au cas où l'Algérie venait à être abandonnée aux indépendantistes, de Gaulle lui répond : « La fureur française ? J'ai 67 ans et je n'ai jamais vu un Français tuer d'autres Français. Sauf moi[5]. » Pire encore, Camus rapporte à ses proches que de Gaulle parle des Algériens en termes de « bougnoules » et qu'il s'oppose à une participation trop large des indigènes dans le processus électoral... Il est probable cependant qu'à ce moment précis de l'histoire, de Gaulle n'a pas encore décidé irrémédiablement de donner l'Algérie aux Algériens, et que sur ce point, Camus a été d'accord avec lui. Probable encore que de Gaulle lui ait dit qu'il entendait, dans l'hypothèse de son retour, aider à une plus grande participation des Arabes à l'organisation administrative du pays, ce que Camus réclame déjà depuis la fin des années 1930.

C'est pourquoi il part pour Alger fort d'un certain espoir, sur les recommandations de son médecin, le 26 mars. Il embarque à Marseille sur le *Kairouan*, le bateau des Messageries maritimes, le plus souvent fréquenté par des passagers relativement aisés. Sa blancheur lui donne l'allure d'un bateau de croisière. La traversée est agréable, il se rend souvent sur le pont supérieur, il aime observer le vol des mouettes qui suivent le sillage glouton de vagues du paquebot. Il décrit poétiquement dans son carnet leur vol fantasque et solitaire, n'ayant, comme il l'écrit, « rien où se poser. Sinon le creux changeant de la houle ou la croix oscillante du grand mât[6] ». Il pense à René Char, à ce goût de la poésie qu'il lui a rendu, à tout ce qu'il lui a appris par son œuvre et qu'il a retrouvé, intact d'innocence en lui, prêt à naître.

Sur le pont, il se sent fouetté par des vents forts ; à perte de vue, l'immensité de la mer, celle qu'il a toujours aimée, berceau et sépulcre, et dont les rives enchantées et dorées ont bercé son enfance. Quand il arrive à Alger, il se rend aussitôt à son hôtel, le Saint-George. Le lieu croule déjà sous les bougainvillées, les glycines et les orangers ont déjà leurs fruits formés. Retrouver cet endroit somptueux de beauté, c'est renouer avec toute la beauté de l'Algérie. Le Saint-George semble éloigné de tout conflit. Les clients y séjournent, isolés du monde extérieur, au cœur d'un petit paradis oriental. L'hôtel est une sorte d'île pour lui, loin de ce qu'il déplore dans la ville de son

---

5. Albert Camus, *Carnets III*, *op. cit.*, p. 255.
6. *Ibid.*, p. 257.

enfance : « Les patrouilles perpétuelles, les barrages, les tramways grillagés, la guerre en un mot.[7] » Mais dès qu'il arpente Alger, il retrouve sa ville baignée de lumière, au sillage parfumé, « et sur tout cela, la guerre et les patrouilles[8] », écrit-il.

Un spleen profond et funeste s'est abattu sur lui malgré l'énergie d'Alger qu'il essaie de tâter au cours de ses promenades, rue Michelet ou dans les quartiers populaires de sa jeunesse. Il en signale la gravité à Maria, se voit accablé et accablant pour les autres, « vidé par l'intérieur », comme il l'écrit, « saccagé, plus ravagé que nous tous parce que plus riche, plus bouleversé, désert[9] ».

Il refait à pied les circuits de son enfance, le front de mer, jusqu'à la place du Gouvernement, le Grand Lycée baptisé depuis quelque temps lycée Bugeaud, la rue Bab-Azoun, avec ses arcades sombres et ses magasins d'étoffes et de tissus orientaux, lamés dorés ou aux coloris vifs, qui débouchent sur la clarté splendide et gazouillante du square Bresson où viennent se nicher des milliers d'oiseaux, la rue de la Lyre, derrière la cathédrale, au pied de la casbah, il pousse jusqu'à Bab-el-Oued pour aller à Padovani, se souvient de sa représentation théâtrale, les heures magiques à répéter la nouvelle de Malraux, les grandes fenêtres ouvertes sur la plage et la mer, il aime flâner au bas de la rue Michelet, vers le tunnel des facultés. Tant de souvenirs le hantent qui le laissent mélancolique ! Il rencontre Emmanuel Roblès et Mouloud Feraoun, deux camarades qu'il aime et respecte. Feraoun, depuis longtemps déjà, correspond avec Camus et même si quelquefois leurs points de vue divergent, jamais ils n'en viennent aux invectives et chacun entend l'argument de l'autre. Ce 12 avril 1958, à Alger, l'après-midi a pour Camus la limpidité de l'amitié, celle qu'il éprouve pour René Char quand il lui disait : « Plus je vieillis et plus je trouve qu'on ne peut vivre qu'avec les êtres qui vous libèrent, qui vous aiment d'une affection aussi légère à porter que forte à éprouver[10]. » Avec lui, des échanges fructueux mais aussi inédits : déplorant le manque de communauté d'esprit

7. Albert Camus, Maria Casarès, *Correspondance, op. cit.*, p. 1312.
8. *Ibidem.*
9. Albert Camus, Maria Casarès, *Correspondance, op.cit.*, p. 1316.
10. Albert Camus, René Char, *Correspondance, op. cit.*, p. 189.

entre les écrivains français, n'a-t-il pas écrit à Feraoun pour lui témoigner son affection, mais aussi cette communion d'âme et de cœur qu'il avait reconnue en leur amitié épistolaire : « Je suppose que les autres ont consommé en eux-mêmes la séparation dont nous souffrons tous. Et pourtant si, par-dessus les injustices et les crimes, une communauté franco-arabe a existé, c'est bien celle que nous avons formée, nous autres écrivains algériens, dans l'égalité la plus parfaite. » S'identifier comme « écrivain algérien » en 1957, date à laquelle Camus a écrit ces mots, est bien sûr d'une audace et d'une force qui relèvent de l'utopie à laquelle il croit encore. Cette expression trahit l'idée commune aux deux écrivains d'une Algérie réunie dans toutes ses composantes humaines. Ni le FLN ni la France ne peuvent admettre cette position qui scelle l'amitié entre eux deux. Retrouver l'ami épistolaire, à Alger, sous ce ciel d'avril, clair et presque frais, vivifié et lavé par l'air de la mer, relève pour Camus de ces moments de bonheur pur qu'il a toujours décrits comme étant des « sources vivantes ». Feraoun jette à l'issue de cet après-midi ces quelques notes dans son journal : « Sa pitié est immense pour ceux qui souffrent, mais il sait, hélas, que la pitié ou l'amour n'ont plus aucun pouvoir sur le mal qui tue, qui démolit, qui voudrait faire table rase et créer un monde nouveau d'où seraient bannis les timorés, les sceptiques et tous les lâches ennemis de la Vérité nouvelle ou de l'Ancienne Vérité rénovée par les mitraillettes, le mépris et la haine. » Camus aussi sort de cette rencontre apaisé, heureux qu'un écrivain, algérien de surcroît, ait compris sa pensée, son humanisme : « Je me suis pris à espérer dans un avenir plus vrai, écrit-il, ce jour-là, je veux dire un avenir où nous ne serons séparés ni par l'injustice ni par la justice. » Il lui écrit une lettre pour le remercier de cet échange fraternel : « Je voulais vous dire aussi que votre calme, votre courage (car la sérénité devant ce que nous ressentons si fort est une forme de courage) m'ont fait plus de bien à Alger que cent autres rencontres [...] Votre œuvre est celle qu'on peut lire au paysan de Tolstoï, [...] elle fait du bien, et elle en fera parce qu'il n'y a pas de haine en vous, et que vos révoltes sont généreuses. » Mais Camus ne peut totalement valider les positions d'Amrouche, farouchement anticolonialiste et bannissant toute idée de progrès dans l'aventure française en Algérie. Quand Amrouche écrit : « En 1958, on s'intéresse davantage à l'Algérie. Mais hélas ! à l'Algérie seulement, le Sahara avec, bien entendu. En tout cas, on ne s'intéresse aux Arabes ou aux Kabyles que pour les tuer, les pacifier ou, depuis quelque temps, pour intégrer leurs âmes, dans la mesure où ils en ont une au lieu de soigner leurs corps souffreteux, plus ou moins couverts de loques. » Camus approuve la dénonciation des appétits commerciaux sur le Sahara, mais ne peut que s'insurger sur la rhétorique victimaire de son ami kabyle qu'il n'estime pas tout à fait juste. Il n'ignore rien, certes, de la misère en Kabylie qu'il a dénoncée en 1935. Parmi les premiers, il a porté au grand jour ces manquements à la dignité humaine que la France, porteuse de valeurs humanistes, n'a jamais réprouvés. Mais il sait aussi combien « les corps souffreteux » des enfants kabyles ont été soignés par des services de santé dépêchés dans tout le pays. Que dit par exemple Amrouche des campagnes de vaccination ? A-t-on déjà vu des pouvoirs génocidaires traiter leurs populations de cette manière ? De sorte que cette amitié intellectuelle qui relie les deux hommes est blessée par ces points de vue divergents qui ne parviennent pas à s'accorder.

Retour à Paris, mais non sans avoir fait le pèlerinage à Tipasa (le dernier). Il y éprouve la même tension spirituelle, non pas une spiritualité qui serait le fruit de quelque apparition céleste, mais d'une force puissante, tellurique, venue de la conjonction entre la terre, le ciel et la mer qui baigne les bords de la ville antique. « Je mourrai, écrit-il, dans ses *Carnets*, et ce lieu continuera de distribuer plénitude et beauté. Rien d'amer dans cette idée. Mais au contraire sentiment de reconnaissance et de vénération. »

À Alger, la guerre se laisse deviner à quelques signes, paras sillonnant à pied la ville, préposés à l'entrée des magasins qui passent sur le corps de chaque client ce qu'on appelle ici « la poêle à frire », pour détecter s'il n'est pas porteur d'une bombe, des tracts collés sur les murs des immeubles… Mais pour le reste, la vie n'a pas changé : pittoresque, agitée, vive, des filles habillées au dernier cri de la mode parisienne, des vitrines très achalandées, des marchés luxuriants, des Arabes et des Français mélangés, et au bout de chaque rue du centre-ville, la mer qui apparaît, le plus souvent d'huile et bleue, immense, illimitée.

Sur le bateau du retour, il la contemple encore. La terre algérienne s'est éloignée. Tiré par de lourds remorqueurs, le paquebot s'est mû lentement puis a rejoint au-delà de la darse la pleine mer. Il essuie une tempête, se hasarde un instant sur un des ponts, voit le sillage bouillonnant qui coupe l'eau comme une lame. « Impulsion irrésistible de me jeter à l'eau[11] », note-t-il… Le paquebot seul au milieu de la mer, dans la nuit, le rappelle à la métaphore obligée (et romantique !) de la solitude. Elle l'étreint, elle continuera de le tourmenter pendant des semaines encore, tout le printemps.

Camus, à son retour en France, apprend avec douleur que le fils d'Emmanuel Roblès, âgé d'à peine 16 ans et qu'il a vu à Alger trois jours auparavant, s'est tué en manipulant une arme qui appartenait à son père. Les mots ne peuvent décrire sa peine : « J'ai mesuré à quel point on pouvait être impuissant devant certains malheurs. » Il le dit à Roblès, il le dit aussi sûrement à lui-même : quelle plus grande tragédie que celle qui a touché sa terre natale et quels mots pourraient en rapporter l'intensité ? La mort du jeune homme l'atteint durablement et ravive son anxiété. Le début du printemps le voit de nouveau atteint au cœur et à l'âme par ses angoisses. Ses *Chroniques algériennes* sont prêtes à être imprimées. Il y a rassemblé tout ce qu'il pense du conflit algérien et y a ajouté sa conclusion.

Ses amours sont toujours incertaines et aléatoires, Maria et Catherine sont toutes deux en tournée, triomphant partout, et il lui semble vivre auprès d'elles un chassé-croisé incessant. Quand Catherine est à Paris, il est à Alger, quand il rentre d'Alger, elle tourne à Oran… Les lettres qu'elle lui envoie le distraient un peu. Elle gazouille, raconte mille et une anecdotes de la vie de troupe, évoque le charme de la ville, Oran et ses petites places provinciales qui font penser à celles de France, mais ses conclusions, au contraire de celles de Camus, sont sans équivoque, évoquant la promesse de se retrouver très vite dans ses bras. Camus, un peu ironique et amusé, appelle ses lettres « la petite gazette » ; elles lui font du bien, dans le grand marasme ambiant où il se trouve, « désert et atonie[12] », précise-t-il…

11. Albert CAMUS, *Carnets III, op. cit.*, p. 260.
12. Albert CAMUS, *Carnets III, op. cit.*, p. 261.

L'angoisse est telle qu'il note studieusement les exercices physiques auxquels il s'astreint pour parer à la douleur.

Une interview d'André Malraux, organisée par Jean Daniel, semble s'approcher des positions de Camus : une fédération franco-algérienne, où les communautés vivraient ensemble dans un même élan fraternel. Est-ce là encore une utopie, peu surprenante de la part du visionnaire Malraux, qui ne connaît pas encore l'art des concessions et des compromis voire des compromissions qu'exige souvent la politique ? L'entretien en mars 1958 porte sur le terrorisme. Au terme de l'échange, il fait une proposition assez novatrice : créer une zone pilote et, après un contrat passé avec Bourguiba et le sultan du Maroc, pour s'assurer des arrières, « On fait tout : du stakhanovisme, des réformes agraires, des kibboutzim, des villages arabes exemplaires, des barrages, tout le grand jeu. Et plus : on revigore tout ce qui est arabe et musulman. [...] La grande histoire. On rend les Algériens fiers de coopérer avec la France et on rend tous les autres Arabes d'Algérie et d'ailleurs jaloux des habitants de cette zone. Cela ne supprime aucune négociation ni aucun acte politique. Mais cela crée une mystique de la réalisation. La seule arme que nous ayons à opposer au "tempérament" FLN. Après, on peut construire la Fédération franco-nord-africaine, parce que pour une fois, les peuples d'Afrique du Nord auront vu quels bénéfices ils peuvent tirer de nous. En même temps, c'est la France qu'on redresse, parce qu'on lui donne un but[13]. »

L'idée est assez séduisante et proche finalement de cette « fédération articulée sur des institutions analogues à celles qui font vivre en paix, dans la confédération helvétique, des nationalités différentes[14] », rêvée par Camus la même année !

Bien sûr, ces utopies ne peuvent qu'exacerber le nationalisme du FLN qui voit là sa révolution lui échapper et sont par définition vouées à l'échec, tant le rejet français est puissant.

À Alger cependant, les manœuvres politiques vont bon train sur fond de terrorisme urbain et d'accrochages dans l'intérieur. Pierre Lagaillarde (la coqueluche des filles d'Alger), ancien parachutiste, qui

13. Albert Camus, André Malraux, *Correspondance, 1941-1959*, *op. cit.*, p. 115-116.
14. Albert Camus, *Chroniques algériennes*, *op. cit.*, p. 207.

veut donner le pouvoir à l'armée, pour sauver l'Algérie française que l'exécutif ne peut assurer, et d'autres personnalités proches de Poujade et des ultras d'Alger, prennent des contacts étroits avec Poujade et le général Faure, en Allemagne. De leur côté, gaullistes et sympathisants de Jacques Soustelle s'activent pour favoriser l'arrivée du Général. Le chef des unités territoriales, le colonel Thomazo, célèbre pour son nez de cuir, informe le général Salan des mouvements divers qui agitent en sous-main la ville. La population est à cran et se dit prête à quelque moment que ce soit à manifester. Le 26 avril, un grand rassemblement est prévu au monument aux morts, tout près du gouvernement général de Robert Lacoste. Une foule immense se rassemble sur l'esplanade du monument et déborde jusque sur le Forum sur lequel donnent les balcons du gouvernement général. Français et Arabes, ceux du moins lassés de cette guerre et d'être pris en étau entre l'armée et l'ALN, se réunissent et prêtent serment de vouloir rester Français. Coty, devant l'incurie du gouvernement Pleven, en appelle au chef du MRP, Pierre Pflimlin, qui est pour une négociation avec le FLN. Lacoste s'en indigne et quitte Alger pour Paris, le 10 mai, tandis que Salan réclame du président Coty une déclaration ferme rappelant que la France ne peut céder une partie de son patrimoine national à l'ennemi et que l'armée ne supporterait pas un second Diên Biên Phu. L'exécution de trois soldats français prisonniers en Tunisie déclenche la fureur et le désespoir des Français d'Algérie. Leur mort ravive, s'il en est besoin, l'agitation dans Alger qui, pour l'heure, est le centre névralgique de la France.

Depuis son bureau de Gallimard, Camus a les yeux rivés sur les événements qui se précipitent à une allure folle. Les manifestations dans toute l'Algérie reprennent et se multiplient partout. *L'Écho d'Alger*, quotidien de droite, par la voix de son directeur, l'activiste Alain de Sérigny, réclame de Gaulle : « Vos paroles seront des actes », écrit-il en une de son journal. Pflimlin, impassible, feint de ne pas considérer la gravité des événements algérois. Il forme son gouvernement le 12, et compte être investi le... 13.

Tandis qu'il fait son discours à l'Assemblée nationale, Alger vibre d'une énergie immense : une manifestation gigantesque réunit les partisans de l'Algérie française, tous les Algérois bien sûr, mais aussi ceux, venus en car, en train des autres villes, et des camions et des autocars entiers de paysans algériens recueillis dans tous les douars, arrivent à Alger et convergent vers le Forum déjà quasi complet depuis la matinée. Lagaillarde apparaît au balcon du gouvernement général, devant une foule nerveuse et hystérisée : tous réclament l'armée au pouvoir. Le GG, comme on l'appelle familièrement, est envahi par la foule, archives, dossiers sont détruits, jetés par les fenêtres, les CRS contiennent la foule mais ne veulent pas non plus intervenir pour éviter un bain de sang, Massu accepte de prêter main-forte et de former avec les civils et les militaires un Comité de salut public.

L'insurrection est avérée. À Paris, ce que l'on considère comme une émeute est observé, mais le nouveau gouvernement est impuissant. Le Comité de salut public réclame le général de Gaulle et lui adresse un télégramme à La Boissière, dans sa propriété de Colombey-les-Deux-Églises. De Gaulle, qui suit les événements heure par heure grâce à ses lieutenants algérois et parisiens, attend que le pouvoir vienne à lui sans qu'il ait en apparence à intriguer ou à manœuvrer. L'opposition à Paris commence à discerner la suite de l'histoire. Elle crie déjà au coup d'État. L'Assemblée cependant vote l'investiture du gouvernement Pflimlin à une bonne majorité (274 contre 129 mais 137 abstentions). Alger refuse ce gouvernement et ne le reconnaît pas. Chaque jour est un coup de théâtre. Pflimlin reconnaît Salan comme chef du pouvoir militaire le 15, mais le même Salan, sitôt confirmé dans son pouvoir, demande à Pflimlin de démissionner. Et depuis le gouvernement général, devant une foule de nouveau réunie, considérable et exigeante, il lance pour la première fois : « Vive le général de Gaulle ! » Jusqu'à la fin du mois, Alger est ainsi le théâtre de manifestations. C'est une ville électrisée, mais un air de fête semble la posséder alors. Ses habitants croient qu'ils ont fait tomber le pouvoir politique en France, qu'ils ont signé la fin de la guerre d'une certaine manière et anéanti le pouvoir du FLN. Ils croient naïvement que de Gaulle va les protéger et sauver l'Algérie française comme jadis il a sauvé la France ! Les pieds-noirs jubilent, font la fête dans les rues, brasseries et bars sont remplis de monde, tous boivent à la santé du général de Gaulle, leur nouvelle idole, sûrs qu'il va répondre favorablement à leur demande. Étrangement, la suspicion qui régnait jusqu'alors à l'encontre des Arabes est tombée. Depuis qu'ils les ont vus, en burnous, fraterniser avec eux, ils ne sont plus leurs ennemis et ils commencent à les voir vraiment. De leur côté, pour la première fois, les Arabes se font acteurs de l'histoire et ne sont plus les éternels figurants.

Ce lien incroyable tiendra-t-il longtemps ? Le FLN n'entend pas rester sur cet échec. Il doit à tout prix reprendre la main.

Camus, à Paris, s'attend au pire, malgré le fait qu'il pense peut-être encore possible l'arrêt des hostilités. Sûr de plus en plus que son rôle d'écrivain est le seul qu'il puisse tenir et le plus utile au pays, il note dans ses *Carnets* le 29 mai : « Mon métier est de faire mes livres et de combattre quand la liberté des miens et de mon peuple est menacée. » Il ne change pas de route. C'est la seule qu'il ait choisie depuis le début des hostilités : s'appliquer à respecter la pensée de midi, celle qui oblige à la mesure et que la leçon de Tipasa lui a donnée. Celle de l'équilibre et de la justice : respecter la dignité du peuple algérien, mais aussi protéger ceux de sa « race », comme il le dit, le petit peuple pied-noir qui n'a rien à voir avec le colon repu que les Français de la métropole veulent voir en lui.

Pour échapper peut-être à la folie de ces jours de mai 1958, il est parti sur la Côte d'Azur : la mer, les promenades en mer, la pêche, la lumière, toute l'Algérie lui revient au visage. À Nice, il rencontre un autre prix Nobel, Roger Martin du Gard qu'il aime beaucoup, ce « cœur » qui s'intéresse à tout...

La plupart des intellectuels désavouent l'aventure à leurs yeux du 13 mai à Alger. Ils le font savoir et chacun dans sa chapelle s'insurge et crie au risque de coup d'État. L'arrivée bonapartiste et fulgurante de de Gaulle est assimilée à un putsch : toute l'intelligentsia parisienne sous l'impulsion de Mascolo, Morin, Schuster, Breton, Duras tente d'inciter ce qu'elle appelle « le peuple » et que la gauche aurait délaissé, à retrouver « l'esprit d'insoumission » et à dénoncer les tractations d'Alger. Le fascisme, selon eux, est aux portes de la France, et les slogans aux injonctions non moins dictatoriales sont imprimés et collés sur les murs de Paris. Ces groupuscules intellectuels, tous en général d'obédience anarchisante ou d'extrême gauche, ont de l'Algérie une vision, aux yeux de Camus, faussée par l'idéologie et pervertie par les idées reçues sur le colonialisme. Les pétitions font florès et l'élite de Saint-Germain-des-Prés ne fait guère appel à Camus qu'elle range du côté de la bourgeoisie, gardienne de l'ordre colonial. Dionys Mascolo et Jean Schuster mènent l'attaque contre de Gaulle au travers de la revue qu'ils ont créée : *Le 14 Juillet*. Revue bimestrielle au style imprécatoire et composée d'articles signés de noms prestigieux, mais tous d'une extrême violence, rappelant les comités révolutionnaires de 1789 et de la Terreur ou encore ceux, clandestins, qui préludèrent à la révolution russe.

Le 13 mai, coïncidant avec la publication prévue chez Gallimard des *Chroniques algériennes*, Camus se sent obligé de faire précéder son avant-propos d'une note pour justifier de sa publication au regard des événements récents.

Sans condamner le « putsch » du 13 mai, il rappelle aux gouvernants à venir, que leur venue ne peut entraver le processus de liberté en cours. Il faudra qu'ils sachent « rendre justice, sans discrimination, ni dans un sens ni dans l'autre, à toutes les communautés d'Algérie[15] ». On le voit, Camus ne change pas d'avis : protection des civils, qu'ils soient Arabes ou Français, et respect de leurs droits.

Avec une fureur implacable digne de Saint-Just, Marguerite Duras et Dionys Mascolo, son compagnon de l'époque, s'insurgent de la présence de l'armée, « des factieux », disent-ils, qui veulent faire plier la République. Le fascisme, le franquisme sont convoqués pour évoquer l'arrivée désormais certaine du général de Gaulle à la tête du pouvoir, lui-même désormais qualifié de fasciste et de tyran…

De fait, les tractations sont menées rudement à Paris, Pflimlin chancelle, Coty tente de sauver ce qui peut encore l'être, tandis qu'à Alger, la foule des pieds-noirs ne quitte pas le Forum. Désormais, les militaires relaient par un micro installé au balcon du gouvernement général les nouvelles de Paris. La foule exulte à chaque intervention et scande à n'en plus finir : « Al-gé-rie-fran-çaise ! » Salan à la tribune proclame et assure : « L'Algérie, une fois encore, sauvera la France[16] ! » Puis il fait applaudir le nom de de Gaulle en réclamant son retour. La foule acquiesce et scande le nom du Général. C'est le 15 mai. Jour de l'Ascension, célébrée en grande pompe religieuse, malgré les événements, dans toutes les églises d'Alger et de l'Algérie. « La poignée de terroristes » dont parle Salan dans

15. Albert Camus, *Chroniques algériennes*, *op. cit.*, p. 7.
16. Cité in Georges Fleury, *La Guerre en Algérie*, *op. cit.*, p. 259.

son discours, pour citer les chefs du FLN, reste perplexe devant la situation : l'entreprise indépendantiste a-t-elle définitivement échoué? Les responsables politiques du FLN s'interrogent et restent suspendus à l'évolution des événements. Ceux-ci ne tardent guère, car dans la soirée, un communiqué émanant du secrétariat du général de Gaulle déclare : « Naguère, le pays, dans ses profondeurs, m'a fait confiance pour le conduire au salut. Aujourd'hui, devant les épreuves qui montent de nouveau vers lui, qu'il sache que je me tiens prêt à assumer les pouvoirs de la République. »

Ces propos déchaînent la fureur de la gauche, appelant à la révolte et à la résistance devant un tel coup d'État.

Tous ceux que Camus exècre, pour la plupart auteurs de la même maison d'édition qu'eux, sont vent debout et lancent une campagne d'opposition et de résistance sans précédent. Mascolo et Schuster alimentent d'articles incendiaires la toute jeune revue financée grâce aux dons généreux de Giacometti et du peintre Matta. « L'homme du 18 juin n'était plus à nos yeux que celui du 13 mai[17] », titre la revue!

Elio Vittorini, dans *Lettre de Milan*, écrit : « Le pouvoir qui lui était remis le mettait en passe de devenir le Pétain des gens d'Alger[18]. »

Mascolo et Schuster dans leur premier éditorial, le 14 juillet 1958, lèvent le voile sur leur appréciation de la situation : « Nous n'avons pas atteint le fond, écrivent-ils. Nous l'atteindrons à coup sûr si nous ne nous mobilisons pas dès aujourd'hui. [...] Toutes les barrières levées, les bêtes jusqu'ici tenues en respect commencent à se montrer, dans le vide qui s'est fait d'un bout à l'autre de la société. » Ils ramènent à eux toute la fine fleur de l'intelligentsia française : Adamov, Antelme, Barthes, Blanchot, Bory, Breton, Cassou, Duras, Duvignaud, Louis-René des Forêts, Étiemble, Franck, Gascar, Gracq, Grosjean, Klossowski, Pieyre de Mandiargues, Pouillon, Thomas, Paulhan, Morin, Lebel, Guérin, etc. Camus bien sûr n'est pas sollicité. On le croit solitaire et pas forcément solidaire, comme lui-même

17. *Le 14 Juillet, 1958-1958, Résistance à la prise du pouvoir par de Gaulle en 1958*, réédition Séguier, coll. « Lignes », Hors-Série, 191890, p. 13.
18. *Ibid.* p. 5.

pourtant se positionne. Ses opinions sont connues de tous, et ne pas le solliciter (pas davantage Char), c'est bien sûr une manière de le stigmatiser et de mettre le doigt sur ses ambiguïtés.

Les Chroniques algériennes sortent en librairie à la mi-juin. Camus est perplexe quant à l'accueil qui leur sera réservé. Il pense même qu'il n'aurait pas dû céder aux pressions de son éditeur : est-ce le bon moment ? Dans son avant-propos, il pose de nouveau avec fermeté ses principes ; inébranlable dans ses convictions, il redit sa pensée profonde : solidarité, justice, liberté, respect et dignité des peuples colonisés, refus des attentats contre les civils, dénonciation de la torture, d'où qu'elle vienne, car il n'y a pas de torture légale, sous peine de retourner à « la jungle », participation des Français d'Algérie et reconnaissance de leur présence, qui a permis de faire de l'Algérie un pays moderne, et mépris pour ceux qui, en France, font croire à l'opinion que « les Arabes ont acquis le droit, d'une certaine manière, d'égorger et de mutiler tandis qu'une autre partie accepte de légitimer, d'une certaine manière, tous les excès[19] ». Camus renvoie ainsi dos à dos les ultras des deux bords et grave dans le marbre de ses mots, sa règle d'or : mesure et équilibre.

Les « résistants » français, intellectuels et artistes réunis, adoptent un tout autre ton. Enragés dans leur parole, ils dénoncent après les discours de de Gaulle à Alger le 4 juin au Forum, et à Mostaganem, le 6, la perfidie et la ruse du « dictateur » devant une foule en délire, qui croit au verbe messianique du Général ; et de fait, elle entend ce qu'elle veut bien entendre du fameux « Je vous ai compris ! » dont on n'a jamais su vraiment à qui ces mots étaient destinés. Mais pour l'heure, tous croient à son honnêteté intellectuelle et morale : le Général les a compris et ils seront désormais protégés par lui. Ils le croient d'autant plus qu'au milieu d'une foule bigarrée, où se mêlent burnous et vêtements occidentaux, de Gaulle ne laisse planer aucun soupçon : « La France est ici, avec sa vocation… Il faut qu'il n'y ait en Algérie rien d'autre que dix millions de Français et Françaises avec les mêmes droits et les mêmes devoirs… Oui, oui, oui ! La France est ici pour toujours… Vive l'Algérie française ! » Comment ne pas le croire ?

---

19. Albert Camus, *Chroniques algériennes*, *op. cit.*, p. 18.

Camus qui est au courant, jour après jour, de la situation, se sent-il alors incapable de subir les inévitables réflexions et protestations qui ne manqueraient de fuser devant son silence ? Il n'a décidément pas la même perception du combat que ses confrères écrivains.

Il préfère alors ne pas renoncer à ce voyage en Grèce qu'il a prévu depuis quelque temps, et pour lequel il a de grandes espérances. Un voyage de plusieurs semaines, départ le 9 juin et retour le 6 juillet. Un mois dans la douceur des îles sur un yacht loué par ses chers amis Gallimard. Les sites les plus emblématiques de la Grèce antique sont au programme : Psameros, Kalimnos, Leros, Patmos, Gaideros, Fourni et Samos, Chios, Sigri, Skiros, Skiatos, Chalcis, Kés, Hydra, Spetses, Poros, Égine, Ayia Marina, puis Athènes, Delphes, Corinthe, Olympie, Mycènes, Argos... Il conçoit cette odyssée comme un voyage de régénérescence, de renaissance spirituelle, une sorte de reprise en main de sa vie, qu'il voit s'effilocher malgré la gloire littéraire qui lui a été donnée de vivre, et dont il ne tire aucun réel bénéfice. Ses impressions, consignées dans ses *Carnets*, lui rendent la prose de *Noces*. La phrase redevient lyrique et chantante, l'attention est portée sur le paysage, unique écrin de la beauté. Il nage, quoiqu'il se trouve bien essoufflé, mais le contact charnel de la mer sur sa peau lui renvoie des souvenirs d'Algérie. Les cigales, les criques, les eucalyptus, les eaux immobiles : « Le monde et la vie s'achèvent ici. Et recommencent », écrit-il à Sigri, il aurait pu le dire aussi à Tipasa... Le 11 juin, il part se baigner tout seul, au petit matin, sur la plage de Rhodes. Tout remonte des grands fonds de sa mémoire : il se revoit sur la plage de La Madrague, à quelques kilomètres d'Alger : un seul même mot vient à ses lèvres : le bonheur !

Pendant ce temps, intellectuels issus surtout de la gauche, forts de leur principe journalistique – irrespect, désobéissance et résistance –, se lancent dans des diatribes d'une violence verbale inouïe. Dans *L'Express* du 22 mai, Jean-Paul Sartre écrit : « Lorsque le général de Gaulle se déclare prêt à assumer les pouvoirs de la République, il a déjà reçu l'investiture prétorienne. La seule qui compte à ses yeux. Les officiers et les civils européens l'ont désigné pour exercer au nom des colons une dictature inconditionnée sur les indigènes métropolitains. » Jean-Jacques Servan-Schreiber, dans *L'Express* du 29 mai, déclare : « Se battre tout de suite, se battre plus tard – c'est la seule alternative qui soit offerte à ceux qui ne peuvent pas se plier aux ordres des légionnaires. »

Les Temps modernes déclarent en juin : « La question reste de savoir si la gauche, en s'abandonnant à elle-même, va lui permettre de se présenter sous le déguisement du "rassembleur", et du sauveur, ou bien si elle va l'obliger, en maintenant son refus jusqu'au bout, à apparaître enfin pour ce qu'il est vraiment : un général de *pronunciamento* qui, en dépit de ses aspirations à la grandeur, réduit la France au rang d'une dictature sud-américaine du siècle dernier. » *Les Lettres nouvelles*, très influentes à l'époque, quant à elles, avancent : « Nous ne pouvons croire, en dépit des assurances qu'il veut bien nous donner que le général de Gaulle sauvegarde ces libertés démocratiques qui constituent pour nous la condition nécessaire et artistique sans entraves, à la manifestation d'une vérité sensible qui soit celle de l'homme même. Nous savons, par les exemples de maints pays et par ceux de notre histoire en ses plus sombres périodes, que tout régime de pouvoir personnel dégénère en césarisme, en bonapartisme ou en fascisme qui réclament l'approbation des artistes et des écrivains, et qui au besoin la forcent, soucieux de plier les intelligences à leurs propres fins, de corrompre les cœurs et d'énerver les courages. »

Parmi ceux qui veulent bien faire confiance au Général, se manifestent François Mauriac et, de manière plus inattendue, Jean Amrouche, qui écrit dans *Le Monde* du 6 juin : « Mon général, je suis de ceux qui vous croient sur parole. »

De même, les signataires de la pétition inspirée par le poète Pierre Emmanuel – parmi eux, Gabriel Marcel, Louis Massignon, et surtout Germaine Tillion – prennent soin de distinguer les « factieux d'Alger » du Général (« le nom du général de Gaulle ne peut être que le signe de l'unité de la République et non le cri de guerre appelant à la déchirer »). Le plus véhément de toutes ces personnalités de gauche demeure Dionys Mascolo qui conclut le numéro 1 de sa revue par un « *non possumus* », « envers et contre tous[20] »...

De Grèce, Camus suit la situation sans pour autant se laisser envahir par elle. Les paysages qui lui font tant penser à l'Algérie le fascinent et il retrouve tout le vocabulaire qui présidait à la rédaction

20. Revue *Le 14 juillet*, n° 1, 14 juillet 1958, *op. cit.*, p. 18.

et à l'émerveillement de *Noces*. Se désaltérer au firmament, boire littéralement le ciel, faire l'amour avec la peau de la mer, demander le baptême sous la lumière dorée de Lindos, sentir « l'odeur d'écume, de chaleur, d'ânes et d'herbes, de fumée[21]... »

Il envoie des lettres, plutôt quelques mots, à Catherine Sellers, tendres et doux, mais rien de comparable à la passion dévorante qu'il voue à Maria Casarès : il lui redit la tendresse qu'il lui porte et sa fidélité de pensée (sinon de cœur !). Celle qu'il appelle en écho à la pièce de Claudel qu'elle a interprétée, « ma Violaine », est la confidente de ses émois et de son ravissement à se baigner dans la paix de Patmos, là même où saint Jean écrivit *L'Apocalypse*.

Il retrouve dans une solitude renouvelée et créatrice sa vocation de poète longtemps ignorée ou qu'il n'osait s'attribuer, redécouverte grâce à la générosité de René Char : il note ainsi dans un de ses *Carnets*, depuis Khalkis : « La beauté dort sur les eaux », un immobile heptasyllabe qui ressemble à un vers japonais.

Le retour à Paris le renvoie à ses occupations éditoriales, à son labeur d'écrivain, à ce qu'il appelle « le train du monde[22] », le cours inépuisable du temps qui passe. Il l'accable, comme il le dit, mais se sent obligé d'y répondre. Devoir d'homme, devoir d'honneur. Il ne trouve de refuge qu'auprès de ceux qui comme lui résistent à tous les chantages du monde, aux sévices qui lui sont faits : René Char bien sûr, Maria Casarès, le soleil inaltérable, Catherine Sellers, la petite âme Violaine égarée dans la nuit, Mette, la jeune beauté, et d'autres encore, comme Boris Pasternak dont il se préoccupe, et qu'il aime « tendrement », mais aussi Tchekhov, dans lequel il voit un vrai frère. Tous des êtres occupés du bonheur, de l'équilibre de l'âme, des êtres qui savent ce qu'est admirer et s'émerveiller. Il note cette phrase de l'auteur de *La Mouette*, dont l'héroïne se coulerait si bien dans la peau de Catherine Sellers : « Mon saint des saints, c'est le corps humain, la santé, l'intelligence, le talent, l'inspiration, l'amour et la liberté la plus absolue [...] Voilà ce que serait mon programme si j'étais un grand artiste[23]. »

21. Albert CAMUS, *Carnets III, op. cit.*, p. 267.
22. In lettre à Jean Grenier (28 juillet 1958).
23. Albert CAMUS, *Carnets III, op. cit.*, p. 264 (lettre de Tchekhov à Plechtcheïev, 1888).

Il fait ce qu'il y a à faire, il accomplit quelque part son devoir, avec au cœur, rivée, une mélancolie qu'il ne peut éradiquer. À Casarès, il déclare dans un aveu de taille : « Sans toi, je ne vaux rien, voilà la vérité[24] ». Plus qu'une déclaration d'amour énamourée, ou volontairement romantique, c'est plutôt un aveu terrible, celui d'avoir « perdu ses racines ».

Rien des événements d'Alger ne lui est épargné : il recueille les informations que ses amis lui ont transmises à son retour de Grèce et il continue à ne pas s'exprimer. Mais l'Algérie continue, dit-il, à « l'obséder » ; dans un soupir résigné, il confie à ses *Carnets* : « Trop tard, trop tard… Ma terre perdue, je ne vaudrai plus rien[25]. » Ce sentiment confusément établi de ne rien « valoir », confié tant à lui-même qu'à Maria Casarès, révèle son angoisse profonde. Sa solitude. L'été passe dans ce désert. « Sans doute trop tard pour l'Algérie », confie-t-il de nouveau à Jean Grenier. Pas un jour pourtant, il n'est totalement seul : il rencontre beaucoup d'amis, de comédiens, met sur pied ses projets de théâtre, flâne dans Montmartre avec Karin, un jeune mannequin de 18 ans, dont il semble apprécier la compagnie. Il écrit toujours des lettres à Catherine Sellers, mais si elle se livre amoureusement dans ses propos, il n'en est pas de même pour lui : il semble même qu'il se dérobe à des mots qui seraient trop engageants. Elle feint de ne rien voir, il ne répond pas, puis s'excuse de ne pas lui avoir écrit plus tôt, prétextant qu'il ne sait plus écrire de lettres, qu'il n'a finalement rien à dire. Catherine observe bien cette relative distance, mais elle ne veut pas la considérer : « Adieu, mon cœur, je te serre bien doucement dans mes bras », lui écrit-elle, « au revoir, mon Prince, mon Rassurant, mon très chéri », quand lui clôt ses lettres plus brièvement par des mots plus désabusés. Imperturbable et ancrée avec force dans le réel, elle feint de ne pas entendre sa douleur intérieure. Il trouve la force de lui souffler quelques mots d'amour qu'il emprunte de mémoire à dona Prouhèze, l'associant ainsi à la pièce de Paul Claudel qu'elle joue : « Bénédictions en tout cas sur vous deux, que j'embrasse encore ». Mais d'autres bénédictions

24. Albert Camus, Maria Casarès, *Correspondance*, *op. cit.*, p. 1324.
25. Albert Camus, *Carnets III*, *op. cit.*, p. 282.

cependant sont adressées à Maria le 15 août, autrement plus passionnées, prouvant ses fluctuations, son instabilité amoureuse : il la couvre alors d'invocations sacrées, comme s'il la divinisait, la représentant semblable à la Vierge Marie, mais terrienne, humaine, bénissant le monde de sa force spirituelle.

Alger, durant cet été, connaît des heures magiques. Il semble que la guerre d'Algérie ne soit qu'un mirage. Les Arabes et les Français fraternisent dans un élan jamais encore espéré. On les a vus s'enlacer, se sourire, s'embrasser, faire même une chaîne de solidarité de plusieurs kilomètres en se tenant la main. Le FLN ne bronche pas, ourdit cependant ses plans en secret. Après l'investiture de de Gaulle, Alger a connu des heures vibrantes d'euphorie et de liesse. Des heures impensables à vivre après quatre années de guerre, de suspicion, de meurtres, d'émeutes et de massacres. Le 18 juin, sur l'immense esplanade du Forum, un bal est donné, flonflons de kermesse, lampions et orchestre, tout le bon peuple d'Alger vient danser au son du musette ou des airs à la mode, mambo, cha-cha-cha et rock'n roll… Qui l'eût pu imaginer ? Camus, intimement, ne croit pas à ce revirement soudain. Mais l'arrivée de de Gaulle au pouvoir pourrait peut-être rebattre les cartes, redonner espoir à ses propositions. C'est du moins ce qu'il feint de croire. Dernières illusions. Les accrochages ne cessent pourtant pas aux frontières franco-tunisiennes, dans le Constantinois, dans le djebel. L'armée dissidente du général Bellounis s'est livrée à un baroud d'honneur qui a tourné au massacre. Une purge de plus de 100 hommes exécutés et un combat féroce entre son armée et l'armée française vire à sa défaite. Il est tué avec 70 de ses hommes. Le FLN continue son harcèlement, moins violent certes, mais il sait qu'il a gagné une autre bataille, à ses yeux plus importante, celle de l'opinion internationale.

Désormais, l'idée même de la décolonisation des peuples est entrée dans l'esprit des gens qui croient voir dans cette solution la fin des conflits et une paix universelle se profiler à l'horizon. Camus, lui, voit au contraire l'ombre inquiétante de la Russie soviétique recouvrir lentement sa terre natale. À qui en effet, sinon à elle, les nouveaux chefs de l'Algérie nouvelle vont-ils se livrer eux-mêmes, ne serait-ce que pour reconstruire le pays et l'administrer autrement ? Les États-Unis y croient encore, Kennedy a bien vu l'enjeu et a misé très tôt sur la rébellion, certain que la France serait hors-jeu après l'indépendance. Devant ce ballet international, Camus voit l'Algérie de sa jeunesse s'effacer lentement. Lui qui a toujours conçu la littérature comme une relecture des grands mythes fondateurs, il fait de sa terre natale une terre mythique, une Ithaque inaccessible, un point de référence, une étoile dans le ciel courroucé, un foyer d'écriture. De Gaulle veut profiter rapidement de l'euphorie générale provoquée par son retour aux affaires. Il propose un référendum le 28 septembre 1958. Entre le oui à de Gaulle et le non imprimé dans une couleur « impie » pour les musulmans, la réponse est déjà certaine : ce sera un plébiscite pour le sauveur de 1940. Le FLN menace, se lance dans une propagande agressive pour que les Arabes ne se présentent pas aux bureaux de vote. Mais les militaires ripostent par des actions psychologiques puissantes. Ils redonnent confiance au petit peuple qui, depuis le début de l'insurrection, vit dans une forme de terreur, subissant les menaces des combattants qui n'hésitent pas à les mettre en œuvre et à assassiner les habitants de villages entiers en guise de représailles. Partout, dans les villages, dans les stations de la côte, des banderoles « OUI À DE GAULLE » traversent les rues principales. Pour contrer la situation, le FLN décide d'une grande opération d'attentats dans tout le pays. Août est meurtrier. La trêve aura été de courte durée. Non seulement en Algérie, mais aussi en France, où l'émigration est invitée désormais à jouer un rôle majeur. Des bombes sont posées en métropole, semant l'inquiétude dans la population, Soustelle évite une rafale de mitraillette en plein quartier de l'Étoile, à Paris, les grandes capitales de province ne sont pas épargnées : Bordeaux, Lyon, Toulouse, Montpellier, Metz, etc.

Dix jours avant le référendum, la rébellion, en rapport avec les chefs exilés tant en France qu'à Tunis, crée le GPRA, Gouvernement provisoire de la République algérienne. Ferhat Abbas, Premier ministre, Ben Bella, incarcéré en France, est nommé vice-président avec Krim Belkacem, les ministres suivent : Belkacem empoche aussi le portefeuille des Forces armées, Aït Ahmed, Mohamed Boudiaf, Mohamed Khider, Rabah Bitat sont nommés ministres d'État, Lamine Debaghine, ministre des Affaires extérieures, l'Intérieur va à Bentobbal, la Communication à Boussouf, l'Armement à Chérif, l'Économie à Mehri, l'Information à Yazid, les Affaires sociales à Ben Youssef Ben Khedda, la Culture à Madani. Ce gouvernement (fantôme) s'installe à Tunis, accueilli chaleureusement par le président Bourguiba – le raïs égyptien n'ayant pas apprécié les choix de ce cabinet noir, jugeant qu'il eût été plus habile de le constituer uniquement avec des combattants en prison… Le 28 septembre, contre toute attente, la participation est générale. C'est un franc succès et un échec pour les menaces du FLN. Les femmes, les hommes arabes se rendent aux urnes, avec une certaine fierté. La plupart sont illettrés et les paras qui sont les assesseurs des bureaux de vote indiquent comment voter ! L'opposition communiste crie au bourrage des urnes. Les résultats sont indiscutables : 17 millions de oui, 4,6 millions de non. De Gaulle triomphe, et prépare un voyage qu'il promet hautement symbolique.

Il ne saurait mieux dire, car les discours qu'il va prononcer vont faire déchanter les pieds-noirs et soupçonner une stratégie machiavélique que leur naïveté politique n'avait sûrement pas imaginée. Et en effet, leurs pressentiments se vérifient. En voyage triomphal en Algérie, de Gaulle tient des propos ambigus, en tout cas moins francs que ceux qu'il prononçait avant son « intronisation ». Si des réformes sont décidées, ainsi qu'un plan de redressement accompagné d'un budget de 15 milliards de francs, si les discours du Général évoquent la modernité à laquelle l'Algérie doit accéder, l'instruction des enfants – de tous les enfants, précise-t-il –, s'il promet une répartition des richesses plus large, les pieds-noirs pensent qu'il s'agit encore là de paroles propres à noyer le problème qui est celui de leur protection en tant que citoyens français à part entière et celui encore du maintien de l'Algérie dans le giron de la République. De Gaulle appelle à des élections législatives dont « les deux tiers des représentants devront être des citoyens musulmans », dit-il. Les Algériens présents, et ils le sont en masse, amenés en car depuis les douars par les militaires français, applaudissent à tout. Le Comité de salut public lui-même trouve ces paroles quelque peu surprenantes, timorées, et elles ne plaisent guère aux Français d'Algérie, réduits à la portion congrue et se demandant s'ils ne se sont pas fait duper. En aparté, de Gaulle ne se prive pas de dire que les chefs militaires français sont médiocres et sans vision, et décide de retirer l'armée de « toute organisation qui revêt un caractère politique ». Challe, Salan, Jouhaud, Massu sont donc exclus de toute participation au processus politique et sont renvoyés à leur vocation originelle, dans leurs casernes.

L'habileté de de Gaulle, stratège implacable, fait ainsi d'une pierre deux coups : il fait taire les soupçons de gouvernement militaire et il acquiert la confiance des indigènes… L'inquiétude commence à monter chez les ultras de droite et chez les pieds-noirs ; dans l'armée, les chefs avalent la pilule avec amertume mais ne se rebellent pas et restent loyaux envers la République.

La gauche pourtant ne désarme pas et crie au scandale après le référendum. L'éditorial du *14 Juillet* écrit par Mascolo et Schuster « avant le n° 2 », comme il est précisé, et publié le 21 septembre 1958, était déjà un véritable réquisitoire contre le général de Gaulle, écrit en des termes juridiques sans équivoque : un des attendus (il y en a 35 !) englobe dans leur résistance les pieds-noirs en des termes brutaux et inacceptables pour eux : « Attendu qu'il ne s'est pas trouvé à Paris un gouvernement suffisamment énergique et attaché au régime démocratique pour ramener à la raison un million d'arriérés moraux, en donnant ordre aux préfets d'arrêter les meneurs et en destituant les fonctionnaires rebelles, militaires ou civils, à quelque prix que ce soit, sécession comprise », etc. Tombe alors le verdict : « Nous déclarons illégal le gouvernement de Gaulle et Charles de Gaulle usurpateur. Nous ne reconnaissons pas les résultats du référendum que nous tenons pour nul et non avenu[26]. »

Il est compréhensible que Camus n'ait pas été sollicité pour participer à la revue, ses prises de position étant diamétralement opposées à une quelconque subversion violente, et se considérant sans nul doute solidaire de ce « million d'arriérés moraux » que citent les éditorialistes…

Le n° 3 de la même revue en date du 25 octobre 1958 appuie les décisions du 21 septembre. Maurice Blanchot promulgue le refus définitif de toute allégeance à de Gaulle dans un article ferme et digne : « Il y a, écrit-il, une raison que nous n'accepterons plus, il y a une apparence de sagesse qui nous fait horreur, il y a une offre d'accord et de conciliation que nous n'entendrons pas. Une rupture

26. *Le 14 juillet*, envoi spécial, « avant le n° 2 », *op. cit.*

s'est produite. Nous avons été ramenés à cette franchise qui ne tolère plus la complicité[27]. »

Dans le même numéro, Mascolo, qui s'attribue la plupart des articles, conclut un texte intitulé « La part irréductible » en ses termes : « Jusqu'à nouvel ordre – jusqu'à ce que les Algériens aient conquis leur indépendance –, le parti algérien est en France même la seule force politique capable de s'opposer efficacement aux menées de l'actuel régime, la seule capable de l'atteindre vraiment au petit cœur avare qui travaille à le prolonger. Les démocrates français pouvaient peut-être hier (ce n'est pas sûr) faire les difficiles. La cause de l'indépendance algérienne se confond désormais avec celle de la liberté française. »

Loin des rumeurs et des émois intellectuels de ses pairs, Camus dîne en ville, avec René Char, Jean-Claude Brisville, Mi, sa muse « retrouvée », avec les Gallimard, rencontre des comédiens, Daniel Ivernel, Jaussaud, propose des rôles, semble loin des péripéties dues au coup de théâtre (sinon d'État) de de Gaulle...

Ses *Chroniques algériennes* ne remportent guère l'adhésion du public. Saturé par les informations et par les mauvaises nouvelles depuis quatre ans, inquiet pour ses fils partis en Algérie se battre contre un ennemi dont il finit quelquefois par trouver la lutte juste et légitime, inquiet de voir le terrorisme se déplacer en métropole, son lectorat habituel n'a peut-être pas envie de se colleter à des analyses conflictuelles. Camus est content quand même d'y avoir exprimé sa pensée, voire son testament sur le sujet. La pression des intellectuels favorables à l'indépendance algérienne se poursuit : Marguerite Duras dans *France Observateur* publie des saynètes de la vie quotidienne, de petits faits du racisme ordinaire qui ont une portée indéniable sur les esprits. Elle a commencé à pratiquer cette forme de journalisme du quotidien depuis quelques années déjà, soit dans ce journal soit dans *Paris l'Intransigeant*. Ce sont des sortes de micros-trottoirs qu'elle relate, petites histoires croisées sur son chemin dans Paris. Ainsi « Les Fleurs de l'Algérien », publié en 1957 et qui relate une scène de racisme : un petit Algérien qui vient du marché de Buci pousse une charrette remplie de fleurs. Il vend à la

27. Maurice BLANCHOT, « Le refus », *Le 14 Juillet*.

sauvette son chargement. Au carrefour de la rue Jacob et de la rue Bonaparte, il est interpellé par deux « messieurs en civil », qui lui demandent ses papiers. Tandis que le jeune homme les leur montre, l'un d'entre eux bouscule la charrette à bras et renverse toutes les fleurs. Une passante félicite les policiers. Mais une autre passante arrive, ramasse quelques fleurs et les paie au jeune revendeur. Tandis que le jeune garçon est embarqué, elle ramasse sur la chaussée, comme si elle les cueillait, une autre fleur, puis deux, trois autres jusqu'à ce que plus aucune ne jonche le sol. Duras ne fait rien d'autre que de témoigner : elle ne juge pas, elle n'intervient pas. Elle dit seulement ce qu'elle voit et ce qu'elle constate, c'est la solidarité des Français face au racisme contre les Algériens. En 1958, toujours dans *France-Observateur*, elle écrit un papier intitulé « Circulez[28] ! » Un couple sort du travail très tard dans la nuit. Ils sont serveurs dans un restaurant. Une Française et un Arabe. Ils sont interpellés par un car de police qui patrouille. Provocation, demande de papiers, enquête aléatoire sur les raisons de ce trajet, la police en vient à réclamer l'identité de l'homme. Il est kabyle. « Toi, suis-nous ! », dit un policier, et il embarque sans raison l'Algérien. « Pourquoi ? », dit le Kabyle. « Toi, ta gueule ! », lui est-il répondu.

Dans son *Journal de 1958*, l'appelé Pierre Boudot écrit son quotidien dans le djebel Amour : sans prendre parti pour le FLN, soucieux de comprendre les enjeux de cette guerre, il livre jour après jour avec émotion ses impressions sur la vie dans le maquis, ses émerveillements à l'aube, devant le paysage, ses élans solidaires envers les enfants des douars ou les femmes. « Au seuil du djebel, écrit-il quand les fellaghas lui laissent un peu de répit, la nature est transformée par la neige en vaste grotte aux fées. Derrière, dans le verger, c'est un paysage de Breughel. Fleury et moi, admirons, immobiles[29]. » Plus loin, 23 juillet 1958 : « Je me demande parfois si, d'un peuple déchiré, d'un peuple en révolte qui s'est mis sans avoir conscience de tout l'enjeu au service d'une révolution destructrice

28. Les deux articles, « Les fleurs de l'Algérien » et « Circulez ! » se trouvent dans l'ouvrage intitulé *Outside*, écrit par Marguerite Duras, Albin Michel, 1981, p. 17-18 et 79-80.
29. Pierre BOUDOT, *L'Algérie mal enchaînée*, Gallimard, 1961, p. 272.

de toutes les valeurs y compris des siennes, je me demande si, de ce peuple, nous ne sommes pas sur le point de faire un peuple fou[30]. »

Ainsi va la France, excédée en cette fin d'année 1958, s'en remettant au Général ou bien en s'y opposant fortement, ou en se jetant encore dans les bras des extrêmes. Désemparée aussi, déchirée entre lassitude et défaite de soi-même, partagée entre la fierté et le déshonneur, la honte et le courage.

À l'automne, malheureux et sous tension, Camus part, comme il le fait souvent en situation de détresse ou de conflit intérieur, en Provence. L'Isle-sur-la-Sorgue, la proximité de Char lui sont toujours salutaires. Il a bien l'intention, encore informellement précise, d'acheter une maison de campagne dans la région, la trouvant si proche de l'Algérie natale. C'est une idée qui lui trotte dans la tête depuis longtemps, mais cette fois-ci, elle risque de se concrétiser, compte tenu de la dotation importante[31] que l'Académie de Suède lui a offerte. Il marche avec Char dans le Lubéron, avale l'air à pleines goulées, raffermit sa respiration, se sent libre surtout. « La violente lumière, l'espace infini me transportent[32] », écrit-il dans ses *Carnets*. Il reste près d'un mois dans la région, à chercher une maison, mais surtout à tenter, comme il le dit, de se « fixer[33] ». L'idée d'un bonheur retrouvé revient à son esprit dès qu'il aborde les premières crêtes dans la Drôme et le sillage soudain puissant des lavandes qui sature les narines. « Le paysage que je reconnais me nourrit et j'arrive heureux. » Le terme de « reconnaissance » est important : il définit la quête inconsolable d'un temps suspendu et que le temps ou le destin offre parcimonieusement à celui qui y aspire. Là, il correspond avec Jean Pélégri, son ami écrivain algérois, avec lequel pourtant il ne partage pas tous les points de vue. L'Algérie est au cœur de leurs échanges, et si Pélégri insiste sur le fait que Camus n'a jamais été un visiteur de l'intérieur de son pays natal, il est néanmoins « l'écrivain du littoral ». Cette réserve rejoint la critique que la plupart des écrivains français

30. *Ibid.*, p. 196.

31. Le prix Nobel était doté à l'époque de Camus de 10 millions de couronnes suédoises, l'équivalent d'un million d'euros. Aujourd'hui, la dotation a été baissée à 8 millions de couronnes suédoises (environ 900 000 euros).

32. Albert Camus, *Carnets III*, *op. cit.*, p. 292.

33. *Ibid.*

de gauche lui font et aussi les Arabes eux-mêmes. Camus n'aurait pas traité leur univers et leur imaginaire, leur monde singulier, leurs mœurs si différentes de celles des pieds-noirs. Et Pélégri de penser enfin avec plus de sévérité que son ami ne peut aller plus loin dans sa relation avec l'Algérie, restant pour toujours un fils de petit colon blanc qui, génétiquement, a des freins indépassables. « Il a écrit *L'Envers et l'Endroit*, mais de l'Algérie, il n'a connu que l'endroit. Mais l'envers des choses, l'autre moitié des choses, tout l'arrière-pays, le djebel, le Sahara, les profondeurs, les vallées, on a l'impression qu'il n'y a jamais été. Toutes ces notions d'arrière-pays, de rapports telluriques avec cette vieille terre qu'est l'Algérie, ça n'apparaît pas dans son œuvre. C'est une littérature du littoral[34]. »

Arpentant les routes et les villages du Lubéron, il croit enfin avoir trouvé son lieu : une ancienne magnanerie dont une façade surplombe le village de Lourmarin, avec sa terrasse donnant sur des champs d'oliviers. « À bout de bras, c'est la Kabylie qui est devant moi ! », s'exclame-t-il. Est-ce l'impression déterminante qui emporte la décision ? Sans doute, il l'acquiert très vite, coup de cœur immédiat qui l'exalte. « Elle est belle. À l'ancienne[35] », décrète-t-il à Maria, le 17 septembre. Le 25, il annonce la nouvelle à Jean Grenier et reprend la route en voiture le 30 septembre pour rejoindre Mi à Saint-Jean-Cap-Ferrat. Le trajet lui semble léger, le cœur est bondissant, « des centaines de kilomètres à travers les vendanges[36] », et puis enfin la Méditerranée, immense, infinie, vaste, comme il l'aime. Mi, la mer : le bonheur retrouvé ?

Maria, en tournée à Montréal, est cependant invoquée, comme l'Unique, « vivante dans mon cœur, là, toute petite et vivace, tu remues doucement[37] »... Il remonte à Paris avec Mi, pour revenir signer la promesse de vente de la maison de Lourmarin, le 18 octobre. Le mistral l'accueille dans la grande maison vide. Il envisage avec bonheur d'habiter même ascétiquement trois pièces, éprouvant une forme de joie semblable à celle qui traversait Bach quand il composait,

34. Jean Pélégri (1920-12003), *À propos de la vision de l'Algérie de Camus*, Ina, vidéo du 25 mai 1974.
35. Albert Camus, Maria Casarès, *Correspondance, op. cit.*, p. 1334.
36. Albert Camus, *Carnets III, op. cit.*, p. 292.
37. Albert Camus, Maria Casarès, *Correspondance, op. cit.*, p. 1341.

ou d'exaltation qui lui donne une sorte de légèreté dans le corps, une fluidité qui pourrait être proche de l'idée de liberté.

Veut-il se mettre à l'abri des querelles et des conflits ? Éviter toute polémique inutile, estimant une fois pour toutes que son devoir de philosophe est aussi d'acquérir sagesse et mesure ? *Les Chroniques algériennes*, si elles ne remportent pas le succès escompté, ont au moins le mérite de la clarté et de la vérité, la sienne. Le texte qui prolonge les *Chroniques*, intitulé *Algérie 1968*, est conçu comme un « mémoire », c'est son mot, propre à éviter tout malentendu. Il choisit pour cela une méthode rationnelle, proposant un plan semblable à ceux qu'il dut autrefois rédiger à la faculté d'Alger pour une dissertation philosophique. A, B, chacune des parties divisées en sous-parties (1, 2, 3, 4, etc.) rappelant que « l'ère du colonialisme est terminée ». Il n'offre pas cependant l'Algérie aux indépendantistes. Sa vieille idée d'un « régime de libre association » est reprise, qui rassurerait les Français d'Algérie et les protégerait.

Son interprétation d'une Algérie qui ne serait pas originellement une « nation » est aussitôt contestée. Pourtant Camus argumente : « Les Arabes ne forment pas à eux seuls toute l'Algérie », écrit-il, « les Juifs, les Turcs, les Grecs, les Italiens, les Berbères auraient autant de droits à réclamer la direction de cette nation virtuelle[38] ». Si par ailleurs, il y a un empire musulman spirituel, il y a aussi « un empire chrétien au moins aussi important », ajoute-t-il. Reprenant les points traités dans *Misère de Kabylie* (la répartition agraire injuste,

38. Camus s'appuie aussi sur ce que disait le président du GPRA, Ferhat Abbas : « La France n'a pas colonisé l'Algérie. Elle l'a fondée. » On comprend mieux pourquoi, après être devenu le premier président de la République algérienne démocratique et populaire, en septembre 1962, il fut contraint de quitter un an plus tard la présidence, en désaccord avec Ben Bella qui le fera exclure du FLN et n'hésitera pas à le faire emprisonner à Adrar, au Sahara !
Historiquement, Ferhat Abbas n'avait pourtant pas tort : l'identité algérienne n'existait pas avant 1830. Contrairement à d'autres puissances colonisatrices, la France ne s'est pas appliquée à massacrer les habitants qui vivaient dans les territoires nouvellement conquis, sinon au tout début de la conquête, pêché originel des militaires.. Elle respecta la religion musulmane comme la langue arabe, elle enseigna les populations locales, les soigna, portant leur nombre de 1 million en 1830 à près de 10 millions en 1962, elle les logea, les nourrit, fit de ce qui s'appelait alors « le pays de Barbarie » un pays moderne qu'elle baptisa officiellement en 1839 « l'Algérie ». Ce qui n'a pas empêché que de graves manquements à l'égalité soient commis et que des populations, non urbaines surtout, aient été laissées dans un statut misérable.

le mensonge répété de l'assimilation jamais réalisée, la souffrance psychologique, l'humiliation), il ne saurait accepter et légitimer « les aspects inacceptables de la rébellion arabe, et principalement le meurtre systématique des civils français et des civils arabes tués sans discrimination, et pour leur seule qualité de Français ou d'amis des Français[39] ».

Sa position est connue, mais elle apparaît, en cette fin d'année 1958, totalement irréalisable et même obsolète. Tous les regards désormais se portent sur l'attitude du général de Gaulle, et Camus sait intimement que ses options sont récusées depuis longtemps. Est-ce pour cette raison que lui importent davantage l'achat de la maison de Lourmarin, l'amour de Maria Casarès presque quémandé dans ses lettres et son désir violent de revenir au théâtre ?

Le 7 novembre, il a 45 ans. Il affirme peut-être ce jour-là la plus vraisemblable réponse à ses questions : inaugurer un temps nouveau qui serait celui de la distance, refuser une vie qui serait désastreuse à ses yeux si elle ne renonçait pas aux vanités du monde. Il se donne pour cela cinq ans, fixant le terme de son vœu et de son désir intérieur à cinquante ans.

À l'Algérie qui s'éloigne se superpose un Camus qui s'écarte de la route que sa gloire lui a tracée. Exil, éternel exil…

L'année 1958 s'achève dans une mélancolie infinie : Camus se sent lâché de tous bords. De Gaulle lui apparaît machiavélique, il parle un double langage, ruse avec ses interlocuteurs, maîtrise sa parole et sa pensée et l'enfouit même dans le silence, de sorte que personne, pas même ses ministres, ne sait ses véritables intentions sur l'Algérie. Ses amis comme Maisonseul, Poncet ou Benisti parient sur une indépendance inévitable, mais lui rejette cette idée viscéralement, au nom de son identité pied-noir. Il fait l'aveu à Roger Quilliot[40], au cas où la France abandonnerait l'Algérie, de quitter le pays et de s'installer très loin, au Canada peut-être. Ne lui reste-t-il que de participer à un banquet pied-noir comme il le fera le 12 novembre, sachant qu'y sont conviés nombre d'ultras de l'Algérie française,

39. Citations extraites de *Chroniques algériennes*, *op. cit.*, p. 199-207.
40. Entretien Olivier Todd/ Roger Quilliot, 1993, in Olivier Todd, *Albert Camus, une vie*, *op. cit.*, p. 997.

dont les thèses néanmoins ne lui plaisent pas ? Se retrouver auprès d'eux, c'est une manière de se consoler, de renouer avec la chaleur d'une communauté qui lui manque, de rassembler des souvenirs qui pourront peut-être l'aider à surmonter son chagrin, son mal-être. Une sorte de « révolution intérieure », comme il l'écrit dans une lettre à Nicola Chiaromonte, le 13 novembre, ne fait aucun doute sur son nouvel état d'esprit : déprimé mais décidé aussi à ne plus vivre comme il a vécu jusqu'alors. Cette reprise en main, si elle devait échouer, ne pourrait, avoue-t-il, s'achever que dans le silence le plus total. La mort peut-être ?

Les conflits internationaux, autres que ceux de l'Algérie, le concernent toujours cependant : la Hongrie, l'exécution d'Imre Nagy qu'il a défendu âprement, les réfugiés espagnols pour lesquels il lance un appel. Mais il rejoint aussi les poètes, René Char bien sûr, mais encore le si regretté Federico Garcia Lorca qu'il relit abondamment, Saint-John Perse (avec lequel il déjeune le 22 novembre), trouvant en eux des forces qu'il appelle ardemment pour retrouver un axe, une vie intérieure nouvelle. « Être soi-même, cela suppose une force », dit-il à Maria. Il la demande à ces femmes qui l'entourent et l'aiment, mais surtout à l'Unique Casarès, rocher et phare…

Lui qu'on accuse d'être un ennemi de la cause algérienne continue à travailler en sous-main, exigeant qu'aucune publicité ne soit faite autour de son action, pour des prisonniers arabes internés en Algérie. Il ne lâche rien, mais cherche désormais à tendre les rênes autrement.

1959, empêcher à tout prix le désastre

« Un drame qui me touche de trop près[1] »

La fin de l'année 1958 a été riche en événements et en retombées politiques : les législatives ont été un plébiscite pour de Gaulle, Camus l'évoque dans une lettre à Maria Casarès de manière ironique. Elles ont permis au Général de devenir, sans rivaux autour de lui, président de la République le 21 décembre. 78 % des voix lui reviennent : aucune contestation n'est possible.

L'opposition ne décolère pas ou bien, abasourdie par l'arrivée fracassante de de Gaulle, demeure sidérée, sans voix. Les premiers gestes de bonne volonté du président inquiètent les pieds-noirs : des combattants indépendantistes sont libérés, de même des membres du FLN et du MNA. La rénovation politique exige des renouvellements de cadres. Conformément aux premières exigences de de Gaulle, les chefs militaires qui avaient organisé et soutenu le Comité de salut public sont renvoyés dans leur régiment d'origine. Salan est contraint de quitter son poste, au grand dam des Algérois qui en ont fait leur idole. Un nouveau délégué général est mis en place à Alger : Delouvrier remplace Lacoste, rejoint par des techniciens plus que par des politiques stratèges. Challe remplace Salan et envisage de poursuivre la guerre, aidé en cela par des harkis, recrutés à grand renfort de propagande. Les éléments de langage utilisés et orchestrés par le pouvoir ne laissent pas encore de place à une quelconque trahison : c'est bien l'Algérie dans la France que le nouveau gouvernement entend défendre. De Gaulle lui-même, le 9 janvier, évoque « une Algérie pacifiée et transformée, développant elle-même sa

1. In *Chroniques algériennes,* Folio/essais, p. 29.

personnalité bien qu'étroitement associée à la France[2] ». Ces mots pourtant peuvent être interprétés à plusieurs niveaux. Ils ne sont pas du même tonneau que ceux prononcés par exemple par François Mitterrand, quelque temps plus tôt : « L'Algérie, c'est la France. » Là, il s'agit d'une Algérie associée à la France… Que veut dire précisément cette « association » ? De même, cette Algérie que le Général entend rénover « développerait elle-même sa personnalité » : qu'entend-il par là ? Bref, le discours politique commence à se nuancer et donc à fendre l'armure implacable qui avait servi au retour du Général. Michel Debré a beau tenter de rassurer les pieds-noirs, faisant une longue tournée en Algérie, ceux-ci ne sont guère plus convaincus et, pour la première fois, commencent à douter de leur choix et à regretter leur enthousiasme naïf. Delouvrier embraye sur le discours officiel et reprend les termes de l'exécutif : « Tous les citoyens de ce pays sont français au même titre[3]… »

Camus commence à ne plus croire aux chances d'une Algérie restée française. Son inconscient colonial dont beaucoup lui font reproche le prévient-il que tous ici en Algérie, militaires et Français, pourraient s'être fait duper ? Le maintien de Massu à Alger en remplacement du général Allard rassure les Algérois, mais tous savent sa fidélité et son obéissance à la République : jamais Massu ne se désolidarisera du pouvoir exécutif; il suivra au contraire les ordres, fussent-ils contraires à ses convictions, du président de la République, quel qu'il soit, lui aussi !

Les grandes manœuvres militaires sous l'impulsion du général Challe ont commencé : de Gaulle réclame des changements notoires et des succès prouvant l'efficacité et la légitimité de son action. Challe a soumis au gouvernement un plan d'attaque contre l'ALN, imparable à ses yeux, qui consistera à attaquer de manière simultanée ses différentes zones d'implantation. Un effet-bulldozer est mis en place, éclair, tant qu'à faire, qui surprendra les *katibas* harcelées de toutes parts et permettra ainsi la défaite de l'armée ennemie. Le plan est accepté. Pour de Gaulle, l'Algérie doit apparaître à l'international comme un fait sinon accessoire du moins à traiter à égalité avec

2. Cité in Georges Fleury, *La Guerre d'Algérie*, *op. cit.*, p. 327.
3. *Ibid.*, p. 328.

d'autres problèmes. Le général Bigeard, un temps en délicatesse avec le pouvoir, est envoyé dans le sud de l'Oranais, dans la région de Saïda avec ses unités spéciales Cobra. Une vraie guerre s'est engagée, cet hiver-là, contre les maquisards qui les mettent en difficulté. Des *katibas* tombent, d'autres résistent. Des mots d'ordre de résistance de l'ALN auprès de la rébellion lui sont adressés, exaltant leur courage et leurs efforts : « Le peuple algérien a fini par comprendre que le bonheur se paye par le sacrifice. Nous venons de vivre quatre années de miracles dus uniquement à l'abnégation, à la volonté et au sacrifice de tous les Algériens qui ont suivi l'exemple immortel des pionniers de notre révolution, aujourd'hui pour la plupart, morts en héros[4]. » Les SAS[5] sont attachés à privilégier les relations avec la population musulmane, à remettre de la confiance sur leur territoire. Elles sont là pour soulager la misère, pratiquer de l'éducation, entretenir des relations cordiales avec les locaux et leurs chefs, soigner et nourrir, et au besoin, recueillir des renseignements bien sûr.

De France, Camus est au courant du ballet des communiqués qui relatent la situation sur le terrain, des grands mouvements militaires qui sont développés, il sait aussi que la communauté pied-noir est peu encline, après la fraternisation symbolique du 13 mai, à admettre que les Arabes soient traités de la même manière qu'eux. Ils recommencent à douter de leur sincérité et voient en chacun d'eux un traître qui avance masqué. Ils rappellent la vieille technique tirée du Coran de la *taqiya* qui consiste, sous la contrainte ou le refus, à dissimuler ses intentions. De là à croire que chaque femme musulmane cachée sous son haïk de soie ou de coton blanc est une terroriste, il n'y a qu'un pas. Dans les autocars, dans les trolleybus, sur les places, tous les Européens se méfient, regardent les voyageurs arabes ou les épient.

Le mois de janvier est occupé par la préparation des *Possédés*, adaptation de Dostoïevski qu'à bout de souffle, Camus a enfin réussi à réaliser. Il met en scène lui-même la pièce dont la première

4. *Ibid.*, p. 313.
5. SAS : Sections administratives spécialisées, créées en 1955 par Jacques Soustelle, destinées à assimiler les populations locales, à les assister médicalement, scolairement, socialement et à pacifier les secteurs où elles sont implantées.

a lieu le 30 janvier. Parmi les spectateurs, Georges Pompidou, André Malraux… De plus en plus, il se trouve à l'aise dans ce que Maria appelle « le brasier magique » qu'est le théâtre, dans lequel il s'est jeté « corps et âme[6] ». Il se sent fait pour cette nouvelle vie, loin des tracas et des conflits parisiens, liés en partie aussi à l'Algérie dont il voit bien que celle-ci s'éloigne de plus en plus de lui pour lui laisser la trace unique d'un mythe, d'un idéal désormais inaccessible. Pour confirmer cette mélancolie ineffaçable, il préface *Les Îles* de Jean Grenier[7], geste de fidélité et de mémoire à l'égard de son ancien professeur auquel il doit tant. Il rappelle le choc immense que la lecture de cet ouvrage avait provoqué en lui alors qu'il n'avait que 19 ans, à Alger. Vingt-cinq années après, il relit *Les Îles* et y voit tout ce qui l'a fondé. Il ne craint pas d'affirmer que c'est grâce à cet ouvrage qu'il a commencé à écrire. « Jeune barbare vivant en Afrique du Nord, je n'avais pas besoin que l'on m'apprenne à jouir de l'existence, mais plutôt à sentir, et si possible à penser ensuite. Et ce livre m'a révélé un univers d'intelligence qui m'a touché, par les moyens de l'art. » Relire Jean Grenier précisément en cette période incertaine est donc pour Camus un moyen de rejoindre l'Algérie autrement, puisqu'il sait, au fond de lui-même, que le temps de son Algérie natale est révolu, que quelque chose est en train d'accéder qui ne le concerne plus… Depuis quelques semaines déjà, il évoque ce temps du silence définitif, du détachement, et d'une forme de vie monastique à laquelle la pensée même de Jean Grenier veut accéder. « J'envisage toujours l'homme, selon deux pôles, dit Grenier : l'animal d'une part et le surnaturel, le divin de l'autre. Ce qui me préoccupe depuis toujours, c'est le fait que l'homme se sente un peu étranger au monde dans lequel il est pourtant destiné à vivre, qu'il éprouve un certain malaise, qui quelquefois va très loin, lié au problème de la mort, et que finalement la vie monastique puisse lui apparaître comme un idéal de perfection et de bonheur. » Sensiblement, Camus commence à comprendre la leçon des *Îles*,

6. Selon les termes de Maria Casarès, in *Albert Camus, Maria Casarès, Correspondance*, *op. cit.*, p. 1316 (lettre du 6 avril 1958, jour de Pâques).
7. Jean Grenier, *Les Îles*, paru pour la première fois en 1933, réédité en 1959 dans une version augmentée (Gallimard).

directement liée à l'Algérie, à Tipasa : « La contemplation muette d'un paysage, déclare Grenier, suffit pour fermer la bouche au désir. Au vide se substitue immédiatement le plein[8]. »

Son horreur de la peine de mort, déjà exprimée dans le livre qu'il a cosigné avec Arthur Koestler en 1957, lui impose d'intervenir de manière toujours discrète à propos des exécutions prévues contre des membres du FLN. Charles de Gaulle est ainsi sollicité, le 11 janvier, puis le président du tribunal d'Alger, le 8 février, en faveur d'Amar Ouzegane et d'autres rebelles. Il intervient également auprès du Général en faveur de la libération des objecteurs de conscience que l'administration a internés depuis deux ans. Et prépare son nouveau voyage à Alger, sa mère étant opérée. Il écrit, le 26 mars, juste avant de prendre un avion pour Alger, à son ami socialiste El Aziz Kessous – avec lequel il a déjà échangé dès le début des hostilités, en 1955 : « Nous sommes condamnés à vivre ensemble. Les Français d'Algérie, dont je vous remercie d'avoir rappelé qu'ils n'étaient pas tous des possédants assoiffés de sang, sont en Algérie depuis plus d'un siècle et ils sont plus d'un million. Cela suffit seul à différencier le problème algérien des problèmes posés en Tunisie et au Maroc où l'établissement français est relativement faible et récent. Le "fait français" ne peut être éliminé en Algérie et le rêve d'une disparition subite de la France est puéril. Mais inversement, il n'y a pas de raisons non plus pour que neuf millions d'Arabes vivent sur leur terre comme des hommes oubliés : le rêve d'une masse arabe annulée à jamais, silencieuse et asservie est lui aussi délirant. [...] Je veux croire, à toute force, que la paix se lèvera sur nos champs, sur nos montagnes, nos rivages et qu'alors enfin, Arabes et Français, réconciliés dans la liberté et la justice, feront l'effort d'oublier le sang qui les sépare aujourd'hui. Ce jour-là, nous qui sommes ensemble exilés par la haine et le désespoir, retrouverons ensemble une patrie. »

La lettre a donc quatre ans déjà et la position de Camus est identique. À Kessous, il redit en ce mois de mars 1959 la même

8. Écouter l'excellente émission de Philippe Garbit, *Les Nuits de France Culture*, « L'été descend des îles ou l'hommage de l'élève à son ancien professeur : dialogue entre Albert Camus et Jean Grenier », 2019.

pensée, la même espérance ultime, qu'il lance comme un dernier cri, un dernier message.

Revenir à Alger, c'est retrouver les lieux de l'enfance, de la jeunesse, des premières amours, des jeux sur les plages. Si les événements ont considérablement modifié les usages algérois, il reste encore que les habitants ne se résignent pas à vivre sous la menace et, le plus souvent, continuent à braver les éventuels actes de terrorisme qui pourraient avoir lieu. Les terrasses sont toujours pleines de consommateurs à l'heure de la *kémia*, l'apéritif rituel que s'arrogent les Algérois, et la promenade sur le front de mer est toujours d'actualité. Les grandes rues commerçantes de la ville, rue d'Isly ou rue Michelet, regorgent de biens de consommation, seules des patrouilles de bérets verts ou rouges, mitraillette au poing, arpentant les trottoirs, reflètent l'ombre de la guerre. À Maria Casarès, il envoie une lettre plutôt optimiste. Il a installé un lit de fortune près de celui de sa mère et la veille le temps qu'elle sera hospitalisée dans une clinique. Souvenir de Grenier et de sa philosophie ? Il déclare dans un élan nostalgique que cette chambre de clinique dont la fenêtre donne sur un paysage marin admirable, rejoint la chambre d'un moine, faite pour lui inspirer une vraie méditation.

À cette époque et depuis des semaines déjà, Challe met à exécution sa stratégie qui est d'éliminer un à un tous les chefs des willayas, actes symboliques qui démoralisent les populations locales (mais certaines s'en réjouissent, compte tenu des soupçons de traîtrise qui se sont infiltrés dans les rangs des combattants). Amirouche, l'un des plus célèbres chefs de la rébellion, tombe sous les coups des soldats français. La perte est considérable et emblématique d'une certaine défaite de l'ALN. Certains croient que la décapitation des chefs va entraîner la fin de la guerre. Camus n'y croit pas trop. Il voit au contraire que l'histoire est trop enclenchée pour s'arrêter net. Les dégâts, psychologiques surtout, au sein de la population musulmane sont considérables. Trop de pertes parmi elles, trop de fanatisme de tous côtés… comment parvenir à la réconciliation au cas où le pouvoir français éradiquerait la rébellion ? Amirouche avait, depuis quelque temps déjà, soupçonné la stratégie de Challe et avait en conséquence effectué des purges sans précédent dans la population arabe. Des milliers d'hommes ont ainsi été tués, torturés, des frères en quelque sorte qui auraient trahi, selon lui. Les soldats français misent sur cette terreur pour se rallier les habitants des douars, terrorisés, ne sachant plus à qui se vouer, se confier, ne voulant que la paix, et sommés cependant de choisir... Ces populations, en général analphabètes, peu politisées, sont lasses de tant de violences. Les tracts et la propagande française essaient de les convaincre du bien-fondé de leurs actions : « Il est temps de comprendre la vérité, est-il écrit sur certains documents diffusés par hélicoptère dans les douars. Les fellaghas vous ont menti[9] »... Certains tracts insistent sur leur ravitaillement : « Seule l'armée française saura vous nourrir ». Mais, en vérité, les populations de « l'intérieur » sont dubitatives et animées aussi intérieurement d'un sentiment de révolte et d'orgueil. S'ils hésitent sur le sacrifice que leur demande la rébellion, s'ils trouvent que le prix à payer est très fort (massacres, viols des femmes, mutilations des « traîtres », etc.), la rébellion a imprimé en eux le désir d'une liberté à conquérir et à recouvrer. Une force intérieure les pousse à admettre que l'indépendance est le seul moyen d'arriver à cette liberté tant souhaitée. Mais quels bras étreindre ? À qui faire confiance ? Qui croire dans les troupes rebelles ?

À Alger, Camus, quand il ne reste pas auprès de sa mère, va dans les bibliothèques et particulièrement aux archives municipales pour retrouver quelques traces de son histoire familiale. En tête, toujours et plus que jamais : l'ouvrage qui lui donnera cette liberté tant requise pour atteindre un peu le royaume intérieur. *Le Premier Homme* est bel et bien en chantier et Camus lui porte une attention inflexible. S'il semble avoir opté pour que le personnage central soit un certain Jacques Cormery, c'est bien entendu quelque part son double, sans l'être tout à fait. Dans la subtile autobiographie se glisse de la fiction et un autre personnage, le narrateur. Camus tresse ses liens entre eux trois et commence à tisser un texte qui révèle un art romanesque très inédit dans son œuvre : le lyrisme de *Noces* y surgit souvent, la simplicité de Char aussi, et en même temps, sont rapportés, de manière incidente, les fondements de la guerre fratricide. L'Algérie est au cœur de cette petite épopée familiale,

9. Georges FLEURY, *La Guerre d'Algérie*, *op. cit.*, p. 351.

et, dès le début, dans les notes complémentaires, Camus a soin d'expliquer que ce qu'« ils » (les Français de son milieu littéraire) n'aimaient pas en lui (le héros), « c'était l'Algérien »... Le fait de se désigner indirectement comme étant « Algérien », ce qu'il n'est historiquement pas mais un Français d'Algérie, appuie l'idée que pour le Camus de 1959, cette identité est ontologiquement prouvée par l'histoire de ses pères et que personne ne pourrait le chasser d'une terre où eux et lui sont nés... Quoi qu'il ait écrit jusqu'à présent, il proclame : « Je commence vraiment mon œuvre avec ce livre. »

Pour être au plus près de son histoire, il se rend sur les terres pionnières : à Ouled Fayet. Le village à flanc de coteau borde le littoral. C'est là que les arrière-grands-parents de Camus et ses grands-parents ont vécu et sont enterrés, qu'ils firent de ce lieu laissé à l'état sauvage un village semblable à un de ceux qui peuplent les vignobles français. S'y rend-il pour trouver une inspiration quelconque ou pour s'imprégner d'une histoire lointaine, retrouver l'ancrage nécessaire à son nouveau départ, celui qu'il revendique depuis quelque temps déjà : écrire, retrouver le bonheur dans cet acte fondateur, renaître ? Le village de colons est à la croisée de paysages divers et tout aussi porteurs d'images et de souvenirs pour Camus : la forêt de Baïnem, les rangées de vignes, l'Atlas blidéen, au loin, le domaine de la Trappe, et l'anse de Sidi-Ferruch, la mer qui la borde, et plus loin encore l'ombre tutélaire du mont Chenoua qu'il connaît bien lorsqu'il l'admire au bout de la grande allée de Tipasa. À la grande bibliothèque d'Alger, il a pu avoir des doubles des papiers d'état civil de ses grands-parents, un trésor qui l'émeut et rapporte à Paris. Neuf jours à Alger où il a pu tâter l'ambiance qui y règne, redouter que toute son enfance ne soit engloutie dans le grand chaos de la guerre. Il en revient fort de nouvelles énergies, comme si sa terre natale lui avait insufflé des forces, et l'avait rendu à sa vraie vocation, celle d'écrire. L'actualité politique le pousse à penser que, comme il l'a dit depuis longtemps déjà, l'Algérie est perdue : plus que deux ou trois actes symboliques ici et là et le pays tombera dans les bras des indépendantistes. Il ne peut y croire vraiment, mais tous autour de lui le préparent à cette éventualité. Il feint de ne pas entendre ou imaginer la suite. Mais il sait qu'ils ont raison. Pourtant, les succès militaires sont plutôt bons, et la rébellion essuie de graves échecs, mais elle résiste bravement, encouragée aussi par l'opinion internationale et même par les Français de métropole qui voudraient que cette guerre cesse, même au prix de l'abandon des Français qui y habitent. Car après tout, entend dire Camus, « ce ne sont pas de vrais Français, ceux-là, ils sont à moitié arabes ; et puis ils n'avaient qu'à pas partir de France ou d'ailleurs, s'ils l'ont fait, c'était pour s'enrichir, eh bien maintenant qu'ils se débrouillent ».

Neuf jours où il est resté au chevet de sa mère : mais n'est-il pas non plus au chevet de cette Algérie qui se meurt, elle aussi, à ses yeux ? Dans *Le Premier Homme*, les plus beaux mots vont à sa mère ; comme une offrande, dans ses *Carnets*, il note, alors qu'il est auprès d'elle : « La chair, la pauvre chair, misérable, sale, déchue, humiliée, la chair sacrée[10] ». Le corps malade de la mère se mêle au corps de la terre, depuis la fenêtre de la clinique, il voit l'aube se lever, aux « odeurs des seringues se mêlent, celles, présumées odoriférantes, de la colline toute proche, couverte d'acanthes, de roseaux, de cyprès, de pins, palmiers, d'orangers, néfliers et de glycines[11] ». Tout un album de senteurs qui l'envahit soudain, corps malade, corps de la nature, gloire et déchéance. L'absurde, toujours recommencé…

Ce qu'il écrivait le 3 mars, se débattant « comme le poisson pris dans les mailles du filet », trouve son écho le 28 avril dans une phrase douloureuse qui ne fait pas de doute sur son état d'esprit malgré l'euphorie d'écrire et le bonheur qu'il engendre par intermittence : « Je dois reconstruire une vérité – après avoir vécu toute ma vie dans une sorte de mensonge[12]. » *Le Premier Homme* l'obsède : il sait que ce sera son chef-d'œuvre, il tient là, pense-t-il, la somme de toute sa vie, c'est elle qui lui donnera la force de tout recommencer. Car c'est bien de cela qu'il s'agit : avec la mort programmée de la mère, avec celle, fatale, de l'Algérie (selon Jean Daniel, « il ne croit plus depuis longtemps à l'Algérie française, exactement depuis les événements de Sétif et de Guelma en 1947[13] »), il n'a d'autre choix

10. Albert Camus, *Carnets III, op. cit.*, p. 298.
11. *Ibid.*
12. *Ibid.*, p. 301.
13. Jean Daniel, *Avec Camus*, Gallimard, 2006, p. 59.

que de mourir à son tour ou bien de reprendre sa vie en main. C'est là sa dernière tentative. Il réclame cela à l'écriture.

Parce que Lourmarin a été acheté pour être une forme de salut, il y retourne le 29 avril, même si la maison n'est pas encore tout à fait prête à accueillir sa famille. Peu meublée, elle n'est pas totalement confortable, mais il y trouve une paix, une forme d'ascétisme qui lui convient. Il prétend « avancer » son livre mieux que nulle part ailleurs. Y trouver ce qu'il appelle « le silence plein[14] », laissant ainsi la place, presque contre son gré et ses convictions profondes, à une dimension transcendante... La partie lui semble perdue (« je suis dégoûté jusqu'au cœur », écrit-il à Jean Grenier depuis Lourmarin), aussi, dans un sursaut spirituel et intérieur, décide-t-il de se reprendre autrement, de retrouver la source qui l'avait émerveillé et dont il sait à présent qu'elle est en lui. Place donc au vivant, à cette « force obscure » qu'il appelle de tous ses vœux depuis sa jeunesse algéroise. Cette notion de force obscure qui clôt *Le Premier Homme* aurait alors pour fonction de le régénérer, de lui fournir « des raisons de vieillir et de mourir sans révolte ».

Toujours très prudent avec Catherine Sellers qui s'est livrée pendant tout le printemps à des scènes régulières de jalousie (souvent légitimes et compréhensibles), il essaie de calmer le jeu amoureux qu'il a initié avec elle depuis *Requiem pour une nonne*, mais n'y parvient pas totalement, car Catherine est aussi l'un des éléments de sa « renaissance » : il a besoin d'elle comme de Maria et de Mette, pour retrouver pied, quitte à donner des espérances à toutes à la fois et à illusionner surtout Catherine et Mette. Catherine admet sa jalousie et lui en demande pardon. Elle essaie toujours de retisser les liens profonds qui les unissent, et semble prête à effacer toute ombre à leur amour. L'appelant « Seigneur de mon âme », elle affirme cette toute-puissance que Camus exerce sur elle, elle s'y soumet et se sent prête à tout accepter de lui, les infidélités comme les abandons temporaires. Très éprise et jusqu'au risque d'elle-même, elle se rend à ses pieds, comme une humble servante d'autrefois, se donnant tous les rôles, sœur, femme, amante, amie, compagne et même esclave, soumise à ses humeurs... Camus n'en demande pas tant, certes, mais son

14. *Ibid.*, p. 302.

orgueil d'homme du Sud se renforce et il reçoit ces déclarations d'amour avec une certaine fierté.

C'est pourquoi, à de telles lettres, il répond parcimonieusement, craignant de s'engager trop loin. Un dosage subtil de mots qui trahissent de l'amitié forte mais aussi de la tendresse, de l'amour même, de l'attachement, mais rien n'est clair : Camus entretient cette situation parce qu'elle lui convient dans l'heure et qu'elle satisfait son projet de restauration personnelle. Avec Maria, la stratégie amoureuse est différente : il est plus franc et plus ancré avec elle dans un amour fondé depuis des années. Une impression de sérénité commune, inébranlable, semble les unir qui donne à Camus l'assurance que tout peut renaître. À Paris, les vents sont plus mauvais et plus amers. La revue du *14 Juillet*, qui a demandé sous forme d'injonction abrupte à toute la classe intellectuelle de Paris et de France de répondre à un questionnaire sur la « prise de pouvoir » de de Gaulle, n'a obtenu qu'une vingtaine de réponses, soulevant la colère de Jean Schuster. Ses rédacteurs en chef (Breton, Mascolo, Schuster et Blanchot) fustigent le manque de courage de leurs interlocuteurs et en reviennent toujours à ce postulat : « La transformation du pouvoir politique en une puissance de salut [...] s'est formée, écrit Schuster, la conscience d'une souveraineté d'exception, coïncidant aux heures dramatiques du vide, avec la présence essentielle du Destin national[15]. »

Camus y voit des jeux intellectuels qui sont sans mesure avec la réalité tragique du moment et méprise ces combattants de salon. La situation continue cependant à être incertaine. De Gaulle a accordé le 29 avril une interview auprès du directeur-député de *L'Écho d'Oran*, Pierre Laffont. Une phrase, sortie de son contexte, fait la une de toute la presse : « L'Algérie de papa est morte, si on ne le comprend pas, on mourra avec elle[16]. » Cette saillie, au cœur de l'entretien, inquiète les Français d'Algérie, par son ambiguïté même. Que veut dire par là de Gaulle ? De fait, le gouvernement joue sur deux registres, l'un de paix par une politique de fraternité et de solidarité à l'égard des Arabes, et l'autre de guerre avec les

15. In *Le 14 Juillet*, en date du 10 avril 1959, *op. cit.*, p. 19 article de Maurice BLANCHOT, intitulé « La perversion essentielle ».
16. Cité in Georges FLEURY, *La Guerre d'Algérie*, *op. cit.*, p. 350.

offensives guerrières du général Challe. L'anniversaire du 13 mai 1959 est fêté sans grande liesse : où sont passées les foules d'Arabes et de Français fraternisant dans la ville ? Lagaillarde et ses hommes tentent de rallumer les braises en dénonçant le gouvernement de Michel Debré qui, de son côté, essaie de calmer le jeu en amnistiant des fellaghas, en dispensant des millions dans l'aménagement de cités dotées de tout le confort moderne pour les populations arabes les plus défavorisées. À Alger, on construit avec fureur des lotissements que des architectes réputés imaginent, comme Pouillon ou Le Corbusier. Les programmes qui avaient commencé en 1957 sont étendus à d'autres, qui agrandissent la ville considérablement. Diar-el-Mahçoul, Diar-es-Saada, qui avaient vu les premières pierres s'ériger en 1953, sont désormais des cités flamboyantes, avec sculptures, places dotées de statues, de jets d'eau, de palmiers, de pavages de mosaïques, de graviers polychromes, Champ de manœuvres voit aussi s'élever des immeubles confortables, Climat de France plus de 5 000 logements.

Le FLN voit d'un mauvais œil ces « cadeaux » offerts aux populations musulmanes qui risquent de se laisser voler leur révolution. « Avec la France, l'Algérie s'est réveillée, déclare Jacques Chevallier, le maire d'Alger. Aujourd'hui, malgré la tempête qui se brise sur nos rives, nous continuons à bâtir, sans relâche, confiants en l'avenir pour que notre Alger moderne soit aussi l'Alger humaine et fraternelle de tous les Algériens[17]. » Lourmarin fait écran à la guerre qui continue, mais aussi le théâtre auquel Camus se donne de plus en plus, y trouvant là sa planche de salut. Il croit fermement que sa vie désormais va se jouer sur une scène et au milieu des comédiens, là où, dit-il avec défi, il se sent le mieux. Il accepte des rencontres avec des spectateurs, évoque ici et là *Les Possédés*, poursuit ses contacts avec André Malraux qui lui laisse entendre qu'il va lui confier un théâtre, visite le Conservatoire d'art dramatique de Paris à la recherche de nouveaux comédiens, mais n'y trouve que des tragédiens « mangés aux mites[18] » ! Sa renommée, depuis le Nobel, n'a cessé de grandir,

---

17. Préface à un document édité par la municipalité d'Alger, en février 1957, intitulé *La municipalité d'Alger vous présente quelques images… Alger d'hier et d'aujourd'hui*.
18. Albert Camus, Maria Casarès, *Correspondance*, *op. cit.*, p. 1380.

surtout internationalement. *Les Possédés* est jouée à la Fenice de Venise. Il s'y rend, retrouve la ville avec bonheur, mais la canicule lui pèse, incapable, comme il le dit, de faire quoi que ce soit, de lire et d'écrire, d'aimer et de désirer… Une étrange prémonition vient endeuiller cependant la lettre qu'il envoie à Maria le 2 juillet : « La mort ne sépare pas, elle mêle un peu plus au vent de la terre les corps qui s'étaient déjà réunis jusqu'à l'âme. Ce qui était la femme et l'homme tournés l'un vers l'autre devient le jour et la nuit, la terre et le ciel, la substance même du monde[19]. » De retour de ce « brasier de beauté », ainsi qu'il appelle Venise, il rentre à Paris pour repartir dès le 9 août à Lourmarin qui devient le havre de paix, le refuge. Il retrouve avec un bonheur indicible sa relation nouvelle avec la nature, ce désir de se frotter aux éléments, il aime « la patience » des maisons quand le soir tombe sur le village…

De Gaulle entame une série d'étapes en Algérie : conforter les acquis obtenus par le plan Challe, réconforter les troupes, remobiliser le projet de « déclochardisation » des populations musulmanes. Avec habileté, il dit sans dire ses intentions profondes. Les Français d'Algérie constatent avec une certaine amertume que le discours du Général à leur adresse n'est plus aussi enthousiaste qu'il ne l'était en mai 1958. Intimement, de Gaulle a un regard très critique envers les pieds-noirs et les méprise hautement[20]. Camus, au cours de sa rencontre avec lui en mars 1958, aurait rapporté que de Gaulle, répondant à sa question sur l'avenir des pieds-noirs en Algérie à l'issue de la guerre, aurait lancé : « Ils auront ce qu'ils ont mérité »… Que voulait-il dire par là ? L'histoire ne le dit pas et ne peut prêter qu'à des supputations…

Lors de son voyage, le Général rencontre les foules comme à son habitude (Saïda, El Melhad, Tizi-Ouzou, Renault, Orléansville, Im'Sellah au sud-ouest de Sétif, Bordj Bou Arrreidj, Zemmora, il a sillonné les trois départements en une seule journée), mais surtout les militaires dans leurs bastions. Au cours de ces rencontres et audiences (des milliers de paysans venus des douars surtout), de Gaulle félicite les soldats, l'armée en général, mais constate qu'au

19. *Ibid.*, p. 1381.
20. Cf. le traitement qu'il leur réservera en juin 1962.

terme de 130 années de présence française, la France n'a pas réussi le défi qu'elle s'était lancé, en négligeant les populations musulmanes. Pacifier est bien et juste certes, mais insuffisant. Est-ce que les Algériens veulent de la France en Algérie ? Une obligation, poursuit-il, s'impose alors, celle de faire sens avec l'opinion internationale dont la direction est commune à toutes les nations : le libre droit des hommes de décider de leur propre destin. « Il faudra que les Algériens décident eux-mêmes ! »... Chacun y voit aussitôt une brèche ouverte sur l'autodétermination et à plus ou moins long terme, sur l'indépendance de l'Algérie. Pourtant, il prononce des mots lourds de sens, propres à rassurer la communauté française : « Moi vivant, jamais le drapeau du FLN ne flottera sur l'Algérie. » Ce qui ne veut pas dire que le drapeau algérien ne flottera jamais ! À Maurice Clavel, n'avait-il pas déclaré : « Eh bien, je vais vous dire, l'Algérie sera indépendante. C'est dans la nature des choses, de l'histoire, de la géographie, et même du sentiment, si j'en crois le droit des peuples à disposer d'eux-mêmes. » De même en 1956, n'avait-il pas avoué à Moulay El Hassan, le fils de Mohammed V : « L'Algérie sera indépendante, qu'on le veuille ou non. Les gars du FLN, qu'est-ce qu'ils veulent ? Qu'on dise que l'Algérie est à vocation indépendante ? Moi, je le dis. Alors le tout, c'est de savoir comment. Le fait est inscrit dans l'histoire... Tout dépend du comment[21]. »

En faisant des déclarations péremptoires dans des circonstances particulières, comme cette fameuse tournée des popotes d'août 1959, à coups de phrases et de formules incantatoires ambiguës, le Général gagne ainsi du temps et apaise le ressentiment des Français d'Algérie. Mais il sait, intimement, que l'Algérie tôt ou tard sera indépendante, et cela depuis le début des années 1950.

Camus ne se fait plus guère d'illusions. Il a pris en ce sens des décisions personnelles et relatives à sa propre indépendance intellectuelle et spirituelle. Il veut vivre sa vie autrement, il le dit, il l'écrit, il comprend ce retournement intérieur comme « lutte contre la mort, contre lui-même, contre l'oubli », une façon de ré-enchanter sa vie et de lui redonner du sens, celui qu'il avait décelé dans ses promenades à Tipasa. Il en a connu les prémices dans l'amour physique qu'il

21. Jean-Raymond Tournous, *La Tragédie du Général*, Plon, 1967, p. 220.

a appelé de toutes ses forces, auprès des femmes de sa vie, amour qu'il a toujours conçu comme une quête non pas libertine, mais plutôt mystique, un instant miraculeux où « les corps tombent, où l'être unique naît enfin dans la nudité totale du don profond[22] ». Il veut qu'il en soit de même dans la vie de tous les jours : Lourmarin va l'aider en cela, la promiscuité recherchée avec la nature relève de cette attente profonde du don. L'Algérie se retrouve autrement : il ne l'a jamais quittée et la retrouve dans l'assomption du *Premier Homme*. Il s'est jeté dans sa rédaction pour échapper au néant. À l'absurde. Les premiers chapitres sont déjà bien agencés, il commencera par la naissance de Jacques Cormery, dans une Algérie d'avant la guerre, dans les terres de labeur de ses ancêtres. Au temps où tout était encore possible, la solidarité entre les ouvriers agricoles et leur maître de chai, une paix des villages semblable à celle qu'avait peinte Millet… Revenir également au père, inconnu et pourtant profondément présent, et qui remonte du fin fond d'une mémoire qu'il avait négligée. Le projet est vaste et ambitieux. Il se donne néanmoins un an pour l'achever.

Le théâtre l'occupe toujours autant. Après *Les Possédés*, c'est à une adaptation d'*Othello* qu'il se consacre pour la mettre ensuite en scène. Maria, Catherine le font vivre dans cette communauté des comédiens qui lui plaît tant.

Le 16 septembre, alors qu'il est déjà rentré à Paris depuis une bonne quinzaine de jours, il attend, comme tous les Français, une allocution importante du président de la République, suffisamment solennisée pour que tout le pays soit suspendu à sa radio ou devant sa télévision. En Algérie, la tension est à son comble, on sait que des décisions importantes vont être annoncées par de Gaulle, et les pieds-noirs redoutent le pire.

À Alger, ce 16 septembre, c'est à peine la fin de l'été officiel. Les retours de plage provoquent comme d'habitude des embouteillages monumentaux tout le long de la corniche jusqu'à Fort-de-l'Eau, et la guerre n'a rien ralenti. Comment se passer de l'été et des bains de mer ? Des pique-niques sous les pins ? Ce mercredi, à Alger, les rues sont anormalement désertes, il est presque 20 heures, c'est

22. Albert Camus, *Carnets III*, *op. cit.*, p. 307.

pourtant l'heure de la fraîche et des promenades le long du front de mer. Cette fois-ci, les pieds-noirs savent que leur avenir va être posé, là, en quelques minutes, dans quelques secondes... Tout se bouscule en eux, l'histoire de leurs ancêtres, la vie qu'ils ont menée jusqu'ici, et l'impossible solution d'un départ forcé... Le Général fait durer le suspense. Il sait qu'il est attendu sur la question algérienne, mais il fait patienter encore. Il brosse le tableau de la situation de la France depuis son retour : petit exercice d'autosatisfaction dans lequel il excelle. Puis il remercie l'armée pour sa contribution exceptionnelle dans le conflit algérien et en vient à ce que l'opinion appellera « une bombe » : ce qu'il entend poursuivre en Algérie. Jusqu'alors solennel mais serein, le visage de de Gaulle se crispe, les traits se durcissent, quelquefois même la bouche se tord, comme si elle n'arrivait pas à garder la même diction. Il hésite, heurte aussi un ou deux mots et enfin lâche sa décision : « Devant la France, un problème difficile et sanglant reste posé : celui de l'Algérie. Il nous faut le résoudre. Nous ne le ferons certainement pas en nous jetant les uns aux autres les slogans stériles et simplistes de ceux-ci ou bien de ceux-là qu'obnubilent, en sens opposés, leurs intérêts, leurs passions, leurs chimères. Nous le ferons comme une grande nation et par la seule voie qui vaille, je veux dire par le libre choix que les Algériens eux-mêmes voudront faire de leur avenir. » Les auditeurs restent bouche bée. Personne ne s'attend vraiment à cette position. Un sentiment de stupéfaction sidère les pieds-noirs. Mais de Gaulle persiste et ajoute : « Je considère comme nécessaire que le recours à l'autodétermination soit dès aujourd'hui proclamé. »

Un monde s'effondre en Algérie. Déjà des klaxons dans les rues répondent au président de la République : ils disent les cinq coups d'Al-gé-rie-fran-çaise dans une sorte de désespoir frénétique.

De fait, un basculement s'est opéré, d'aucuns en parlaient comme d'une hypothèse incroyable au sens propre du terme, mais elle était dans la balance. De Gaulle a donc tranché. Par habileté, il laisse entendre qu'il souhaite que les Algériens ne votent pas pour une indépendance sèche et radicale. Elle entraînerait à ses yeux, prétend-il, faussement patenôtre, un chaos politique qui serait d'abord dommageable aux populations elles-mêmes. Quel avenir pour les pieds-noirs ? De Gaulle n'en parle pas. Il n'est pas question de les accueillir sur le sol français pour l'instant, il n'est pas question non plus de les protéger particulièrement contre tout fanatisme vengeur. Livrés à eux-mêmes, ils se disent dans leur for intérieur que c'est donc à eux de prendre leur destin en main. Par désespoir, par colère, par sentiment d'avoir été dupés par celui que désormais ils appelleront « la grande Zohra », ils vont favoriser l'émergence d'une armée secrète dans laquelle la plupart d'entre eux se réfugieront.

Le discours sur l'autodétermination a été perçu comme une onde de choc en France, un soulagement pour les appelés qui croient peut-être que la quille est pour bientôt. En Algérie, les chefs du FLN comprennent que dans cette partie de poker menteur, le Général est sans doute plus fort qu'eux. Ils savent qu'ils ne sont pas à ses yeux des interlocuteurs suffisamment représentatifs et ils en veulent pour preuve la charge militaire qui est opérée contre eux par Challe et l'armée en général. Détruire l'ALN, c'est la promesse de Challe au Général, et dans moins d'un mois, a-t-il ajouté... De Gaulle sait l'autorité qu'il a sur les foules musulmanes, le respect qu'il leur inspire. De plus, près de 100 000 harkis ont été recrutés, qui forment à eux seuls un réseau d'influence auprès de beaucoup de foyers musulmans, surtout dans les campagnes et les montagnes.

Camus a dû aussi observer, en analysant le discours du Général, que celui-ci a eu soin de reprendre une argumentation qu'il a lui-même inscrite dans ses *Chroniques algériennes*, celle d'un peuple qui ne peut se revendiquer d'une nation antérieure à l'occupation française, compte tenu de l'histoire même de l'Algérie, traversée par tant de peuples envahisseurs depuis les Romains : « Car, depuis que le monde est le monde, il n'y a jamais eu d'unité, ni à plus forte raison de souveraineté algérienne : Carthaginois, Romains, Vandales, Byzantins, Arabes de Syrie, Arabes de Cordoue, Turcs, Français ont tour à tour pénétré le pays sans qu'à aucun moment et d'aucune façon il y ait eu un État algérien. »

Il consacre les derniers mois de l'année 1959 à rétablir en lui une sorte de programme propre à le rendre à une vie plus apaisée, le fondant surtout sur Maria qui revient en force dans sa vie, malgré Mette et Catherine. *Les Possédés* l'occupe beaucoup. Il est très attentif aux représentations, comme pour celles de Venise : il se rend à Lausanne en compagnie de Mette et de ses amis Janine et Michel Gallimard. Le jour de son anniversaire, il déjeune avec Catherine Sellers, il a 46 ans. Mais chaque jour faisant, il la considère plus comme une amie sûre que comme une maîtresse. Ses lettres n'évoquent plus que son travail de comédienne et le sien, labeur difficile à vivre : il n'hésite pas à évoquer la tombe ou le monastère, révélant l'ampleur de son angoisse et de l'emprise qu'elle a sur lui. Ses mots sont funèbres et laissent à penser à un état dépressif revenu. Mais n'insiste-t-il pas trop pour justement éviter un discours plus amoureux que, manifestement, Catherine attend ?

Il ne veut pas lui donner d'espoir plus grand et affecte, peut-être en la surjouant, une image sombre et taciturne, il parle d'angoisse et de sourde solitude. Mais, ce qui est le plus étonnant, écrivant à Maria, le ton est tout autre à mêmes dates. Les aveux d'amour sont plus francs et plus passionnés : « Je pense à toi beaucoup, longtemps, tu es mon tendre souci. J'aime ton cœur et tout ce que tu es. Et je t'embrasse, mon cher amour, de toutes mes forces[23]. »

Il veut croire au bon choix de Lourmarin, se convainc que Paris est un sépulcre où il étouffe, et que l'air de la Provence lui rend le souffle perdu. Il renoue avec cette vieille vocation qu'il a toujours ressentie en lui, larvée peut-être par orgueil ou par vanité, par souci de gloire aussi, mais son lointain désir d'ascétisme le rattrape. Solitude, frugalité, vie monastique même : les mots sont prononcés dans leur nudité. Il pourrait ajouter : chasteté, silence… Les fureurs de la guerre en Algérie lui ont laissé un goût amer et l'ont finalement conduit à ces certitudes spirituelles[24]. Mais tout chez lui est double et fuyant comme une moire. Il exalte la vie monastique[25] mais sa sensualité revient au galop et il n'a qu'une hâte, l'assouvir. Il le confie à Catherine, en lui avouant que la vie monastique finalement l'accable et que son énergie sexuelle de Méditerranéen peine à se maîtriser. Avec humour, il réclame le fouet des mortifications monastique

23. Lettre à Maria Casarès, in *Correspondance*, hiver 1959.
24. Dans *Avec Camus*, Jean Daniel expliquait : « Laïc, agnostique, athée peut-être, cet homme n'a jamais voulu dire un non radical aux religieux, sinon à la religion », *op.cit.*, p. 137.
25. Ne portait-il pas une profonde admiration pour *Le Dialogue des carmélites* de Bernanos ? N'a-t-il pas fait quelques séjours chez les dominicains des îles de Lérins sur les conseils de son ami, le révérend Bruckberger ?

pour brider ses désirs, regrettant toutefois de ne pas l'utiliser pour elle ! Le libertinage épistolaire se mêle à la vie monacale de libre manière, démontrant non pas forcément le donjuanisme de Camus et sa manière d'échapper aux pressions sentimentales de ses conquêtes ou aux injonctions de sa libido, mais surtout sa volonté suprême de liberté personnelle, ratifiée par l'ordonnance que son médecin lui avait prescrite, le 4 août 1958 : « "Liberté et égoïsme. Superbe ordonnance", dis-je[26]. »

La guerre d'Algérie s'efface donc lentement à ses yeux, celle de la dure réalité, que Rimbaud dénommait « rugueuse », celle des attentats et des accrochages dans le maquis, celle des tractations en haut lieu et dans les états-majors rebelles en Tunisie ou au Maroc. La guerre mais aussi l'Algérie elle-même, ce qu'elle est à l'instant présent où il écrit les premiers chapitres du *Premier Homme*, lieu de la confusion et de l'imprévisible, lieu des massacres et des blasphèmes faits à sa terre. Il faut qu'il s'en éloigne, comme d'un amour qui ne peut plus être, et dont il ressort meurtri et blessé à jamais. Car, comme le dit justement Jean Daniel : « Que devient une patrie quand elle cesse de l'être[27] ? » C'est à cette question qu'il se frotte à présent, tentant d'y trouver une réponse pour survivre.

Reste, pense-t-il, l'écriture, c'est-à-dire la retranscription fantasmée, idéalisée, imaginaire d'une terre qui va revenir autrement à lui et qu'il va se réapproprier par ses traces, ses sutures, ses puits, ses cicatrices… Lui qui a toujours tenté d'expliquer le monde, ses torsions et ses élans par les mythes, va tenter à présent d'éclairer de nouveau sa terre tant aimée, en la coulant dans la mythologie. Tipasa, Belcourt, la darse flamboyante d'Alger, la casbah millénaire et fière dominant la ville européenne, les plages dorées, les cascades de jasmin et les pétales des amandiers poudrant Alger d'une ouate blanche, les jardins embaumés, toutes ces images vont se rassembler dans une mémoire mythifiée, que nulle armée de libération ne pourra lui enlever.

Le Premier Homme, qu'il veut finir dans les huit mois qui suivent – c'est du moins ce qu'il prétend à Maria –, l'imaginant comme un

26. Albert Camus, *Carnets III*, *op. cit.*, p. 286.
27. Jean Daniel, *Avec Camus*, *op. cit.*, p. 138.

livre de plus de 500 pages, devient ainsi non pas un roman mais plutôt un « Tombeau », au sens de ce genre poétique en vogue au Moyen Âge pour célébrer un événement ou un personnage. La réconciliation tant désirée entre Arabes et Français d'Algérie est impossible et les derniers événements ne vont pas privilégier cette position, au contraire les deux communautés vont s'exacerber et se livrer une guerre civile monstrueuse dont il devine la cruauté et l'irréductibilité. Cette dernière est la marque indélébile de l'histoire, qui est la grande ennemie de Camus. Il s'opposait farouchement à ce qu'il appelait « l'inéluctable », essayant de trouver toujours une issue acceptable pour toutes les parties qui se sont affrontées. Aussi s'est-il employé dans *Le Premier Homme* à faire advenir son idée de réconciliation à travers de grandes scènes semblables à ces scènes de genre qu'aimaient à peindre les grands orientalistes Dinet et Milon. « Sous la vigne, l'Arabe, toujours couvert de son sac, attendait. Il regarda Cormery, qui ne lui dit rien. "Tiens", dit l'Arabe, et il tendit un bout de son sac. Cormery s'abrita. Il sentait l'épaule du vieil Arabe et l'odeur de fumée qui se dégageait de ses vêtements, et la pluie qui tombait sur le sac au-dessus de leurs deux têtes. » Pourquoi peindre cette scène à l'heure du déchirement et des menaces entre Français et Arabes (comme celle qui était peinte en grosses lettres noires sur les murs des villes et des villages : « La valise ou le cercueil ») ? Camus ne veut-il pas dire par là sa confiance souveraine en la solidarité humaine, et que tout salut ne peut passer que par l'autre ?

Ultime et dérisoire leçon de juste morale, dont il est certain qu'elle ne pourra alors être relayée que par la dérision ou la moquerie, mais qui à ses yeux, dans l'innocence retrouvée que Lourmarin lui offre chaque matin, lorsqu'il se rend, une tasse de café à la main, sur la terrasse de sa maison, accoudé à la balustrade, comme il pourrait l'être au bastingage d'un paquebot. Chaque aube, comme il le dit, est une création recommencée… Premiers regards du matin, là encore, premier homme…

Croit-il encore à une possible réconciliation et à une Algérie commune ? Il veut y croire plus qu'il n'y croit, mais persiste dans cette idée dans le chapitre de son roman intitulé « Mondovi, la colonisation et le père ». Peut-être est-il le chapitre le plus près de sa propre histoire et de ses conflits intérieurs.

Cormery se rend sur la route de Bône, à Mondovi sur les pas du père mort. Il retrouve la ferme où lui, Cormery, est né, après l'épopée nocturne en carriole, à l'issue de laquelle sa mère a accouché, aidée des femmes arabes. Le fils du colon patriarche lui raconte la décision qu'il a prise : puisque la France, par la voix du préfet, est venue dire aux agriculteurs du coin que désormais il fallait traiter mieux les Arabes, « et qu'une page était tournée maintenant », il s'était muré dans le silence, et pendant trois jours, il avait saccagé toutes ses vignes, les avait arrachées avec une défonceuse, trois jours sous le soleil, sans parler, devant les ouvriers arabes, tétanisés, puis il avait ouvert les cuves, le vin coulait le long des bâtiments agricoles, et il était enfin allé vers la source d'eau saumâtre, celle qu'il avait détournée lorsqu'il était arrivé, et il l'avait remise « dans le droit chemin de ses terres ». Un jeune capitaine était venu, alerté par les ouvriers, et inquiet de ce qu'il faisait, lui avait demandé des explications : « Jeune homme, puisque ce que nous avons fait ici est un crime, il faut l'effacer. » Le fils du patriarche est fier de son père. De son geste. Mais, dit-il, « je reste, et jusqu'au bout ».

Cormery l'interroge du regard, l'air perplexe, mais il comprend ce qu'il veut dire. « On est les seuls à pouvoir comprendre », renchérit le fermier. Puis ajoute : « On est faits pour s'entendre. Aussi bêtes et brutes que nous, mais le même sang d'homme. On va encore un peu se tuer, se couper les couilles et se torturer un brin. Et puis on recommencera à vivre entre hommes. C'est le pays qui veut ça[28]. » Le tableau que Camus peint ressemble à une scène de massacre. Le vin a imbibé la terre comme le sang a pu imbiber la terre des villages à l'issue des massacres collectifs opérés par l'ALN à l'encontre des fellahs jugés peu coopératifs avec la révolution. Dos à dos, les deux scènes sont ainsi renvoyées, trahissant par là l'extrême violence de ce pays, et le puissant instinct d'appartenance qui anime les deux communautés fratricides. En effet, « c'est le pays qui veut ça »…

Le pèlerinage à Mondovi s'achève sur ces paroles. Elles obligent Cormery à une résiliente mémoire, l'épopée des pieds-noirs venus du Nord et de l'Est de la France, en 1848, par bateaux, en descendant les fleuves, le Rhône, la Saône, jusqu'à Marseille, pour embarquer

28. Albert Camus, *Le Premier Homme*, *op. cit.*, p. 610-611.

à bord de bateaux à voiles et à vapeur, arriver enfin à Alger, triés sur le quai comme autrefois les hommes et les femmes capturés au cours des cruelles équipées pirates, et vendus aussitôt débarqués, à des marchands d'esclaves… Ils n'avaient pas à choisir, ceux-là qui venaient de France, tout comme eux, on les envoyait dans les terres les plus reculées du Constantinois, de l'Oranais, de la Kabylie. Là, on leur avait donné des terres, peu au début – pas des dizaines et des centaines d'hectares comme les Français jaloux et cupides en métropole le croyaient. Non, c'étaient de petits lopins de terre, sans maisons, que des tentes pour s'abriter du froid, de la nuit et des animaux sauvages. Puis il avait fallu affronter les maladies, le choléra, le typhus, la malaria ; les femmes, les enfants tombaient comme des mouches… Mais ils avaient résisté à tout. Jusqu'à aujourd'hui, où l'histoire les chasse de nouveau et les renvoie sur la terre d'origine de leurs ancêtres. Cette évocation d'une Algérie romanesque, Camus l'écrit alors même que les dés sont jetés : l'Algérie qu'il a connue va être cédée. En privé, Camus déclare déjà : « Si demain le pouvoir nous impose un référendum sur l'indépendance de l'Algérie, je me prononcerai contre "sans équivoque", aussi bien dans la presse française qu'en Algérie. Je maintiens qu'Algériens, Français et musulmans, doivent cohabiter. L'indépendance de l'Algérie est une hérésie car, en un demi-siècle, elle se retrouverait dans l'état où la France l'a découverte en 1830. D'autres solutions sont possibles, souhaitables même. » De Gaulle feint de ne pas trop croire encore à la ruse utilisée et libératrice pour lui. Si le référendum lui accorde un oui sans équivoque, alors la France régnera de Dunkerque à Tamanrasset, dit-il dans un élan lyrique à la Chateaubriand, son écrivain préféré auquel il voudrait tant ressembler… Et si, par malheur, le non devait l'emporter, alors « le gouvernement des Algériens » s'imposerait. Mais l'astuce est encore de faire croire que, dans ce cas, la France travaillerait main dans la main avec la nouvelle Algérie, et alors un régime de type fédéral serait mis en place qui garantirait et protégerait les droits de toutes les communautés, y compris et bien sûr, celle, française…

Personne cependant ne croit à cette hypothèse dès lors que le non gagnerait. Pas davantage de Gaulle, mais il le fait croire, pour retarder l'échéance et régler les problèmes des essais nucléaires au

Sahara et ceux du pétrole. « Les Français d'Algérie, qu'en faire ?, lui disent ses ministres. – Pourquoi ne pas les envoyer en Nouvelle-Calédonie ? », rétorque-t-il sans plaisanter…

Camus aurait pu être d'une certaine façon favorable à ce discours, lui qui n'a cessé depuis les années 1930 de réclamer plus de justice et d'égalité pour les Arabes, qui a refusé à l'Algérie le statut de nation, qui a enfin plaidé durant toute sa vie de militant et d'écrivain pour un État fédéral qui assurerait la sécurité aux pieds-noirs. C'est du moins ce qu'il laisse clairement entendre à son ami Nicola Chiaromonte, le 19 octobre 1959 : « J'ai bon espoir pour l'Algérie. J'approuve entièrement la déclaration de de Gaulle et je suis sûr qu'il a ouvert la voie et indiqué la bonne voie. Ce qu'on peut faire de mieux maintenant est de l'aider à rentrer dans les faits en faisant comprendre aux excités et aux irresponsables que cette méthode est la seule chose possible : ni en deçà ni au-delà[29]. »

Il poursuit son message en ajoutant : « Si j'étais membre du FLN, j'aurais refusé la proposition du G(énéral) de Gaulle. Une compétition purement politique sur le mode électoral démocratique signifie la défaite certaine du FLN[30]. » On observe donc que Camus est pour l'heure d'accord avec de Gaulle, flairant le piège dans lequel le Général entend engluer le FLN, mais il manque encore de recul ou de discernement, et ne repère pas le piège que le même Général tend aux adversaires de l'indépendance dont il est. Aucun soupçon encore sur sa propre évolution, une fois acquis à sa cause le résultat du référendum, qui le conduira à reconnaître le GPRA et ouvrir ainsi des négociations sur l'abandon de l'Algérie aux indépendantistes…

L'excellent historien et universitaire de l'Algérie[31], Guy Pervillé, dans un article consacré à Camus intitulé « Albert Camus et le

---

29. Cité par Guy Pervillé, in *Albert Camus, Œuvres complètes*, tome IV, La Pléiade, Gallimard, 2008, p. 948.
30. *Ibid.*
31. On cherche vainement une explication au manque de diversité d'opinions que le président français, Emmanuel Macron, donne à voir, en ne sollicitant que les analyses et les recherches de Benjamin Stora, pourtant très contestées, alors que la France a des historiens universitaires de très haut niveau.

problème algérien, de 1935 à 1960[32] », rapporte un témoignage de Manuel Gomez, journaliste correspondant de *La Dépêche quotidienne d'Algérie* à Paris. Camus, rencontré en décembre à Alger juste avant son séjour à Lourmarin, lui aurait confié son inquiétude : « L'Algérie, c'est comme ma mère. Jamais je ne serai pour son abandon, peut-on abandonner une mère? Et cela pour bien des raisons, dont la principale est que, livrée à son propre sort, elle retomberait en une décennie en l'état où nos ancêtres l'ont trouvée. Serait-il juste que plus d'un siècle de dur labeur, de souffrances et de larmes, soit balayé par ce soi-disant vent de l'histoire? Et qu'il n'en reste plus rien? Non, il doit exister une solution. À nous, gens de bonne volonté, de la trouver et de l'appliquer. » Mais il a compris bien avant ce discours que la messe est déjà dite.

Toujours à Alger, Camus se confie à Rossfelder qui raconte, l'ayant rencontré en mars 1959 : « Sa mère était en clinique. Il m'avait entraîné dans une pièce voisine pour m'entendre parler de "la situation"... [...] Il voyait lui aussi la situation empirer. Il me dit qu'il s'était décidé à parler "ouvertement", de Paris ou d'Alger ou des deux, contre le FLN et l'indépendance[33]. »

C'est pourquoi le roman en cours est conçu comme un grand mémorial, l'épopée d'un peuple avant que celui-ci ne soit à son tour évacué de l'histoire[34].

Camus écrit ce chapitre sur le retour à Mondovi et c'est sûrement le passage du *Premier Homme* qui lui tient le plus à cœur, cette proximité avec ses ancêtres, avec son père retrouvé. La littérature devient le seul et unique refuge de son histoire personnelle. Le seul abri pour la loger pour qu'elle ne s'enlise pas dans les sables de l'oubli. L'année 1959 s'achève ainsi dans la fidélité à son passé, à son présent, à Maria, aimée malgré toutes les infidélités, à Emmanuel

32. Guy Pervillé, *Albert Camus et le problème algérien, de 1935 à 1960*, 4 décembre 2010, lors de la journée d'études « Camus, cet inconnu », organisée par le Cercle algérianiste de Toulouse, à l'université Toulouse-I-Capitole.

33. *Ibid.* Ou Rossfelder, *Le Onzième Commandement*, Gallimard, 2000, p. 477.

34. Les romans nationaux des deux pays ont d'ailleurs rayé de leurs récits la responsabilité historique qu'ils avaient de protéger la communauté française qui y était installée depuis 1830, la réduisant soit à un poids pénible relatif à leur rapatriement, soit au sort inéluctable des vaincus.

Roblès pour lequel il écrit un texte que lui a réclamé le directeur de Simoun, Jean-Michel Guirao, et voué au numéro spécial consacré à son ami algérois, intitulé *Pour saluer Roblès*. Fidélité enfin et surtout à Francine, aimée elle aussi par-delà toutes les vicissitudes qu'ils ont connues. Francine qui est sa déchirure, celle qu'il n'a pu aimer uniquement, sans pour autant pouvoir s'en détacher et dont il s'estime coupable de son propre malheur. Mais comment renoncer à l'étoile », celle qui a, écrit-il, « illuminé[35] » sa vie, celle qu'il bénit de tout son cœur, Maria Casarès ?

Fidélité encore à sa mère dont il respecte le choix de ne jamais quitter l'Algérie. Par son choix, il se sent fier d'appartenir à cette race de colons, qui ne peut concevoir d'avenir que sur une terre qu'ils ont labourée, ensemencée, fécondée, nourrie de leur propre labeur. Fidélité aussi à ses lecteurs, à ceux qui réclament de lui des conseils, des voies pour avancer.

Il accepte une rencontre à Aix-en-Provence à la demande du professeur François Meyer, de la faculté d'Aix, pour parler avec des étudiants étrangers de littérature, de politique aussi. Il en profite pour redire sa fidélité à une gauche qu'il a aimée et dont il ne peut se défaire, « malgré moi, malgré elle ». À l'inévitable question de Dieu, il répond qu'il ne croit pas au Dieu des chrétiens, mais que seul le mystère l'interroge, celui qui fait de l'homme un être voué à l'action, quand le monde qui l'entoure le nie ; l'obligeant à la révolte, tout en lui donnant en même temps la possibilité de sentir et de ressentir, d'admirer et de s'émerveiller. Une foi incertaine, oui, incertaine et fluide dans son exercice, mais logée dans l'intuition d'un paganisme antique.

Il a fui Paris, mais il reste un énorme courrier à lire et qui le garde en contact avec ce qu'il a voulu quitter. Il croule sous les lettres, les demandes et les sollicitations pour pétitionner mais aussi, comme toujours, pour plaider en faveur de tel ou tel condamné à mort. Il écrit au président pour voler au secours des objecteurs de conscience. Ce n'est pas la première fois qu'il s'engage auprès des libertaires dont il se revendique. Le théâtre l'accapare et vient quelquefois, dans sa cellule monastique, interrompre sa rédaction du *Premier Homme*. Il pense

35. Albert CAMUS-Maria, CASARÈS, *Correspondance*, *op. cit.*, p. 1419.

obtenir de Malraux un théâtre à la rentrée et fonde de grands espoirs : ce sera le lieu de ses choix dramatiques, là où il pourra monter les pièces et les textes qu'il aime, sans se perdre en négociations stériles auprès des directeurs de théâtre. Il s'est essayé au théâtre en remplaçant un comédien malade, mais pourrait-il être un acteur de cinéma ? Le défi le tente d'autant plus que Marguerite Duras, pas rancunière pour un sou, et bien qu'elle n'ait jamais voulu associer son nom à son groupe subversif de la rue Saint-Benoît et que Camus lui-même ait refusé de participer aux travaux du Comité des intellectuels français contre la poursuite de la guerre en Afrique du Nord, animé par Mascolo, lui propose d'interpréter le rôle de Chauvin dans *Moderato Cantabile* que va tourner Peter Brook. Si d'autres comédiens professionnels ont décliné déjà la proposition, Duras, qui a une fine intelligence des êtres, trouve que Camus pourrait très bien incarner cet ouvrier qui s'éprend peu à peu de la femme de son patron, au Havre, rencontrée dans un bar tandis que celle-ci attend chaque semaine que son fils ait pris sa leçon de piano à l'étage au-dessus… Emmanuelle Riva, coqueluche alors du cinéma français, l'interprète. Camus est véritablement séduit par le rôle. Mais il s'y refuse, craignant il ne sait quoi au juste, en tout cas psychologiquement pas prêt pour jouer à l'acteur. Il n'ignore pas que beaucoup le comparent à Humphrey Bogart, avec cette mélancolie dans le visage, très française, qui atténue son côté voyou que fustigeait Sartre, mais que, dans son for intérieur, Simone de Beauvoir adorait et qu'elle trouvait sexy… Il écrit des lettres, parmi les plus belles, à Maria qui sont très spiritualisées, dans lesquelles il se livre comme il ne l'a jamais encore fait. Le 14 décembre, il lui confie ces mots : « Je te suis pas à pas, jusque dans la tombe, et au-delà – à moins que je ne t'y précède. Qu'importe ! Un seul cœur aura battu en nous qu'on entendra encore, nous disparus, dans le mystère du monde[36]. »

Cette crainte de mourir, cette confuse angoisse devant le mystère de la mort le tient plus que jamais en ces derniers mois de 1959. Une intuition sourde l'occupe-t-elle ? Il songe, mélancolique, à ce qu'il avait déjà écrit à ce sujet, un soir de même angoisse, en août 1955. Pourtant la période était forte et joyeuse : il venait d'entreprendre un voyage en Italie, et il avait retrouvé ce même don d'admiration

36. *Ibid.*, p. 1420.

qui l'avait saisi à Tipasa quand il était encore jeune étudiant… Pérouse, Arezzo, Gubbio, les primitifs italiens qu'il admire cette fois-ci « en vrai », mais surtout les promenades sac à dos à travers les vallées, sur les collines couvertes d'oliviers, dans le ruissellement des rangées de vignes, voir surgir Sienne à l'heure du couchant, « avec ses minarets comme une Constantinople de perfection[37] »… Et là, après les randonnées, il avait écrit ces mots prémonitoires sur son *Carnet* de route : « Quand je serai vieux, je voudrais qu'il me soit donné de revenir sur cette route de Sienne que rien n'égale au monde, et d'y mourir dans un fossé, entouré de la seule bonté de ces Italiens inconnus que j'aime[38]. »

À Lourmarin, dans la solitude de sa maison, après avoir fait de longues promenades autour de la ville, sur les crêtes, il se remet à écrire et revient à l'Algérie. Dans le Constantinois, dans la Petite Kabylie, la guerre fait rage. Djidjelli, Bône, Collo, partout des embuscades sont tendues ; malgré les intempéries, la grêle, la neige, la pluie diluvienne, Challe veut en finir, comme il l'a promis au Général, les populations sont rassemblées et déportées dans d'autres lieux, désormais loin de leurs douars, elles ne sont plus conciliantes comme il y a quelques mois encore : ces brutalités sont du pain bénit pour le FLN qui instrumentalise la situation. L'hiver est très rude dans les maquis. Les oueds d'ordinaire asséchés sont en crue et débordent dans les plaines, les routes sont souvent impraticables, sans parler des sabotages de l'ALN qui s'emploient, la nuit, à détruire des ponts, profitant que les chefs paras refusent de lancer leurs hommes dans des embuscades nocturnes.

Les fêtes de Noël se passent à la lueur des bougies, dans les campements de parachutistes. Des pères aumôniers célèbrent les jours de l'Avent avec les appelés qui, même s'ils ne sont pas croyants, participent aux veillées. Le matin, quand ils se lèvent très tôt, l'aube est claire et fait apparaître les montagnes immaculées, et le Djurdjura, majestueux sous la neige.

De Gaulle a ordonné à tous les chefs militaires de renoncer à la torture : une enquête diligentée depuis Paris arrive à Alger pour

37. Albert Camus, *Carnets III*, *op. cit.*, p. 213.
38. *Ibid.*

surveiller les interrogatoires, recueillir des témoignages. Dans la capitale algéroise, les Français d'Algérie préparent aussi Noël qui, pour eux, revêt toujours un éclat immense. Des arbres de Noël enguirlandés sont installés sur des places publiques, les écoles et les administrations reçoivent les enfants autour d'un sapin, avec distribution de jouets, c'est l'effervescence dans toutes les paroisses. Dans les foyers, les ménagères préparent des confiseries, dattes fourrées et noix entourées de pâte d'amande et bûche de Noël, brioches truffées de fruits confits…

L'Algérie française fait comme si de rien n'était. On a bien lu dans *L'Écho d'Alger*, le quotidien le plus lu par les Algérois, que de Gaulle continue son ambigu manège. On le déteste de plus en plus, beaucoup relaient ce qui se dit à Paris : « En fait, de Gaulle est de gauche. » Ils rentrent leur colère, mais assurent que « ça ne se passera pas comme ça ».

À Lourmarin, on prépare aussi le Noël provençal. Les santons, les crèches animées, les pâtisseries traditionnelles, les treize desserts typiques de Provence, Camus les découvre dans le village. Beaucoup de maisons sont fermées, résidences secondaires, sûrement de Parisiens. Celles qui restent ouvertes sont à de vrais Provençaux pour qui Noël et le passage d'une année sont primordiaux et passent avant toute autre considération. Chacun y retrouve, croyant ou pas, la tendresse des jours de l'enfance, des souvenirs qu'il a enfouis et qui, miraculeusement, ressurgissent à ce moment précis. Le « moine », comme il se nomme, n'a pas l'intention toutefois de passer Noël tout seul. Il a demandé à Francine de le rejoindre avec les enfants. Il s'en réjouit tout en redoutant leur venue, il s'en plaint d'ailleurs dans ses *Carnets*, car le rythme de travail va sûrement être altéré. Or, il tient à finir son roman et tout temps perdu est pour lui dommageable. Il se résigne toutefois, par devoir et par amour pour sa famille. La joie de savoir Catherine, sa fille chérie, guérie de cette mauvaise maladie qui l'a atteinte en mars de la même année, le comble toutefois. À vrai dire, il est toujours dans cette perpétuelle indécision sur lui-même, sur ce qu'il a envie de vivre ou pas. Il voudrait, comme il le dit, « échapper » au monde, aux autres, et même à ses proches, aussi à ses maîtresses. Et surtout à lui-même.

À Alger, la résistance au nouveau concept gaulliste d'autodétermination s'organise. Les Algérois n'en veulent pas et y voient une manœuvre du Général qui, dans ses entretiens avec certains de ses ministres, laisse entendre que l'indépendance est sur la table. Le FLN se réunit aussi à Tunis et le GPRA veut faire entrer dans la négociation les chefs emprisonnés à l'île d'Aix. Le Mali entre-temps demande son indépendance que de Gaulle accepte, redoublant par là l'inquiétude et l'angoisse des Français d'Algérie qui craignent un effet domino des pays encore sous l'influence française. L'ALN prévoit des attentats un peu partout pour se rappeler au souvenir du pouvoir et pour dire qu'elle n'a rien lâché de ses ambitions. Alger redevient le foyer brûlant du terrorisme algérien. La *Brasserie des Facultés* a été la cible d'une bombe, le 29 septembre ; un cinéma, l'objet d'un tir de grenades, le 25 octobre ; en novembre, une bombe explose à Hussein Dey, un quartier est de la ville. En décembre, pas moins de quatre attentats dans les environs d'Alger, mais surtout, à l'occasion du cinquantenaire de l'université, une bombe fait des morts et des blessés. Pire encore, le jour même de Noël, dans une des rues les plus commerçantes de la ville européenne, la rue d'Isly, une bombe fait 4 morts et 41 blessés. Rien n'est donc réglé et le retour des attentats désespère les Français d'Algérie que des mouvements ultras enflamment et excitent. Le FNF, le Front national français, animé par Joseph Ortiz, un cafetier poujadiste, convainc les pieds-noirs qu'eux seuls désormais doivent prendre leur destin en main et mener le combat. Susini, nouveau président de l'AGEA, l'Assemblée générale des étudiants d'Algérie, et le capitaine Ronda, qui commande les unités spéciales de la territoriale, s'allient à Ortiz et forment un véritable bloc de résistance armée et très décidée à en découdre. De plus, un recrutement très actif de pieds-noirs voulant défendre l'Algérie française se met en place et favorise l'émergence d'une nouvelle force, activiste et potentiellement dangereuse pour le pouvoir, soutenue par le fondateur du Rassemblement pour l'Algérie française, Georges Bidault... De Gaulle feint de ne rien voir et poursuit méthodiquement son projet : il ne cache plus ses intentions d'accepter l'indépendance à qui la demandera dans la communauté. L'armée cependant, malgré ses serments de loyauté, est partagée. Massu lui-même, qui a la sympathie des Algérois, n'a pas caché son désir d'avancer vite dans l'éradication de la rébellion et de confirmer la place majeure de l'Algérie dans la communauté nationale.

De Gaulle lui ordonne de rentrer à Paris, ce qui provoque la colère des Français d'Algérie. Les fêtes de fin d'année laissent sous tension les manœuvres en cours, mais personne n'est dupe : l'Algérie et Alger particulièrement sont dans une situation explosive qu'un seul incident embraserait. Une grande manifestation est prévue pour le 24 janvier 1960, rassemblant tous les mouvements nationaux qui comptent sur le silence et l'inertie de l'armée. Beaucoup pensent que cette situation est en fait aiguisée par de Gaulle lui-même, qui, escomptant sur des débordements massifs voire des émeutes sanglantes, pourra cyniquement dérouler son projet d'indépendance, celui-là même qu'il a imaginé depuis longtemps, mais qu'il aurait, dit-on, volontairement maquillé sous une rhétorique ambiguë.

La fin de l'année 1959 est donc vécue par toutes les parties du conflit comme un temps de latence décisif. Camus le ressent-il ainsi, isolé dans son village de Lourmarin ? Il s'occupe de veiller à ce qu'il n'y ait aucun conflit pour les fêtes, tenant expressément à ce que Francine soit entourée de son affection et de ses enfants, comme s'il tentait d'organiser un Noël familial, loin de tout ressentiment. Il se plaint toutefois, et en même temps auprès de Catherine Sellers et de Maria Casarès, de l'intrusion de Francine et des enfants dans sa solitude monacale, car il ne peut plus travailler réellement dans ce ballet de visites qui s'est installé depuis quelques jours. Il n'en éprouve pas de l'amertume ou même de l'ennui, mais une sorte de frustration étrange, ne parvenant pas à être totalement avec sa famille et à ne plus être du tout avec son œuvre. De sorte qu'il demande à Catherine Sellers de… s'adapter à lui afin qu'il retrouve un peu d'équilibre.

Le 23 décembre, il écrit à Maria et à Catherine deux lettres qui sont très différentes l'une de l'autre : à Maria, cette complicité toujours directe, marque essentielle de leur relation. Et à Catherine, des paroles assez impersonnelles, traversées cependant de mots tendres qui reflètent une certaine gêne, une manière de ne pas trop nourrir la passion désormais pressante de Catherine qui est lasse de cette situation. Il lui écrit, le 31 décembre, la nuit de la Saint-Sylvestre, en lui donnant un rendez-vous à Paris pour le mardi suivant.

« Patrie », tel est quasi le dernier mot qui clôt la lettre de Camus à Maria Casarès. Le terme en dit long sur cette nécessité de l'appartenance à un territoire, amoureux ou ontologique. Patrie de l'amour, patrie de l'Algérie, patrie de l'âme aussi. En cette année qui s'achève, Camus est à la croisée de plusieurs attaches : spiritualité, Algérie mythifiée, reconnaissance absolue de Maria comme l'unique femme de sa vie. Patrie des âmes retrouvée. Il voit l'avenir par le théâtre qui est de plus le lieu vital de Maria. L'Algérie tant aimée est confiée d'une certaine manière à la mère qui y réside encore, et qui, à ce titre, est perçue comme la Vierge sage des Évangiles, celle qui garde la chandelle allumée dans la nuit noire de la guerre. Camus, une fois pour toutes, s'est libéré de toutes les attaches politiques et idéologiques qui retiennent à ses yeux l'Algérie et font son malheur. Il sait qu'il a été le premier de sa génération à défendre la cause des Algériens sans pour autant sacrifier les siens, et il ne peut adhérer aux injonctions fanatiques d'une gauche qui consent à jeter à la mer les Français d'Algérie pas plus qu'il n'adhère aux thèses des ultras de l'Algérie française dans lesquelles il ne se reconnaît pas, en tant que progressiste. La guerre d'Algérie l'a ainsi rendu à ses penchants libertaires. Pas de pacte entre les poujadistes et les amis de Franco, qui sont prêts déjà à prêter la main aux ultras algérois et aux irréductibles colons de l'intérieur, pas de pacte non plus avec l'extrême gauche française, qui fait la guerre comme elle la faisait déjà pendant l'Occupation, dans les salons et les arrière-salles des brasseries de Saint-Germain-des-Prés, pas de pacte avec le pouvoir enfin qui dupe à bas bruit tous les naïfs. Reste l'Algérie reconstruite, et intériorisée, une Algérie de l'imaginaire. Une Algérie faite de souvenirs, de ce que la mémoire a retenu. C'est par ce biais qu'il organise le constant travail de sa résilience. Camus a pris acte du traumatisme de la guerre d'Algérie, il l'a définitivement intégré. Il ne sait pas encore jusqu'où les hostilités vont conduire son pays, mais déjà il en fait le deuil. Par le silence surtout, en essayant de maintenir à son plus haut niveau l'admiration[39]. Il convient donc d'emprunter une autre voie. Pour ne plus souffrir et pour refuser la mutilation. Le recours à l'écriture devient la ressource et la source à laquelle il peut désormais s'alimenter et se désaltérer. Comprend-il

39. Dans *Carnets III*, il redit en mai 1959 sa doctrine à laquelle il se tiendra après l'échec de la trêve : « Exalter ce qui doit l'être. Taire le reste », *op. cit.*, p. 302.

enfin, à cette heure de sa vie, que tout se rend à l'oubli, « la patrie définitive des hommes de sa race, le lieu d'aboutissement d'une vie commencée sans racines » ? Qu'il a fallu traverser « l'affreuse et exaltante histoire » de la vie, ses blessures et ses misères, ses joies et ses peines, pour qu'enfin, il puisse affronter la vieillesse (ou la mort) « sans révolte » ? Une Algérie dont il ne voulait garder en lui que ce qu'elle lui avait donné d'espérer et de découvrir, l'émerveillement et l'admiration, devant ses aubes inaugurales, sa lumière éclatante et ses matins glorieux dans l'air sillonné d'oiseaux et brassé de senteurs qu'il ne pourrait pas oublier, de sorte qu'au seul mot de « glycines », ses narines s'enflaient et s'enivraient de leur parfum ? Une Algérie non pas de pacotille ou d'opérette, pas davantage folklorique ou pittoresque, mais seulement originelle, semblable sûrement à ce qu'on pourrait imaginer des premiers matins du monde, aux premiers jours de la Genèse, et qu'il avait identifiés dans ceux qu'il avait habités à Tipasa ? Le reste, les bombes, les revendications révolutionnaires, disait la vanité des hommes, et leur violence. Ce qu'ils ne savent pas encore peut-être, ceux qui ont combattu dans les maquis et qui vont relayer la grande tribu des pionniers dont lui est le dernier fils, c'est qu'ils doivent aussi, pour connaître la paix des cœurs, « reconnaître la fraternité de race et de destin » que tous sur cette terre et mère patrie forment, quoi qu'il en soit.

Il y a alors une sorte de fatalité tragique chez Camus qui s'en remet à la littérature et non à l'histoire, pour apaiser la terre d'Algérie ; il s'est quant à lui retiré des événements, abstrait des péripéties qui ont jalonné la guerre jusqu'ici, pour se donner au paysage de Provence, au roman, à l'amour de Maria, à sa mère. Pour retrouver l'instant fragile où « le monde t'emplit et tu es vide : plénitude [...] Ni demande ni refus. Accepte pour renoncer », écrit-il dans ses *Carnets*, dans un poème énigmatique, écrit à Lourmarin, pendant les fêtes de fin d'année, intitulé *Pour Némésis*[40]. Célébrant déjà cette figure mythologique depuis des décennies dans certains de ses ouvrages, il invoque la déesse antique, déesse de la mesure, pour tenter de dépasser ses propres contradictions. Némésis qui le pousse dans ses vents apaisés vers Ithaque, « la terre fidèle » où résident « la pensée

40. Albert Camus, *Carnets III*, *op. cit.*, p. 313.

audacieuse et frugale, l'action lucide, la générosité de l'homme qui sait[41] ». Ulysse, l'éternel exilé, a jeté son ancre à Lourmarin, nouvelle Ithaque, pour qu'enfin « dans le calme des mers », puisse s'apaiser « l'âme sereine » livrée à la contemplation de la beauté. La suite est connue.

L'enchaînement des événements donne crédit au destin tragique et cruel. Camus organise son retour à Paris, pressé même d'y revenir, fatigué de la vie de famille qui a interrompu son travail exigeant. Un regain de sensualité peut-être ravive aussi son cœur fier d'Espagnol, envie de revoir Maria, mais aussi Mette et Catherine auxquelles il donne des rendez-vous précis. Ces trois courriers pourraient faire croire au plan secret de l'hôte de pierre qui présidera, invisible, mais tenant sa proie, au déjeuner pris sur la route dans un restaurant de Bourgogne. Don Juan, sur lequel il a tant travaillé, rentre à Paris pour revoir ses conquêtes et poursuivre longtemps encore le jeu de dupes contre lequel Catherine Sellers commence à se révolter fébrilement. Il rentre aussi pour poursuivre l'œuvre inachevée. Il en garde les feuillets déjà écrits, et ne peut s'en séparer. Ils sont glissés dans une sacoche de cuir, au côté d'un livre de Nietzsche. Après, ce sera peut-être l'aventure théâtrale, une forme de liberté retrouvée, et la promesse d'un voyage lointain avec Maria, sa « divinité tutélaire » ; il aura « rajeuni de dix ans » et ils referont « leur vingtième voyage de noces ». Il ignore que le destin le guette sur une route pourtant toute droite, scandée cependant de platanes séculaires…

Sait-il aussi qu'à Alger, les préparatifs d'une grande manifestation battent leur plein ? Qu'Alger, le cœur de la guerre, a décidé de balayer cette idée d'autodétermination, cette idée saugrenue que ses habitants exècrent tout autant que celui qui l'a initiée ?

Il se doute que la bataille d'Alger n'est pas finie, qu'il y aura encore des massacres et des attentats, parce qu'il connaît sa terre d'Algérie, tellurique et brutale, sauvage et barbare, et qu'il faut en passer par là, pour atteindre de nouveau sa douceur, sa grâce, sa lumière apaisée. Le dieu Arès devance toujours Némésis. Mais lui s'est retiré de toute cette agitation. Écrire est sûrement à ses yeux la seule chose qu'il sache faire : il ne veut plus avoir la faiblesse

41. Albert CAMUS, *L'Homme révolté*.

des années passées, où il a cru vaniteusement qu'il avait trouvé la solution. Lourmarin l'y aidera. Dans ses lettres, la tonalité est plus métaphysique qu'auparavant où il se plaignait de ses difficultés existentielles avec une certaine complaisance. Désormais, il y a comme une urgence à vivre autrement, à rectifier le cours d'une vie qui n'a pas emprunté la voie qu'il souhaitait et à laquelle, surtout, la terre de naissance l'avait préparé. Il opère une sorte de conversion spirituelle, le terme n'est pas inapproprié, même si celle-ci se démarque farouchement d'une quelconque influence chrétienne. Modifier le cours d'une existence, se livrer par le dépouillement à la nudité de la vie. L'accident de voiture vient couper court à cette ambition profonde. Il l'a comme amputé de son désir. Et cela d'autant que c'est dans une voiture de luxe, un petit bolide, image même d'une vanité, que le verdict du destin est tombé. La Facel Véga FV3B dernier cri qu'a acquise son ami Michel Gallimard, et qui sera aussi son cercueil, est la pure (et pire) image d'un consumérisme de luxe, tout ce que Camus finalement haïssait, et même s'il y avait succombé quelquefois par orgueil de *louette*[42], notamment au volant de la voiture de son oncle, M. Acaut, au temps de ses études universitaires à Alger, il avait renoncé à tous ces signes du paraître. La leçon de sa mort est alors d'autant plus cruelle. Or, c'est justement au moment où il abandonne ses airs de séducteur pour se livrer à la vérité profonde et secrète du monde, qu'il meurt incarcéré dans un amas de tôle, restes d'une voiture de sport et de prestige, d'une puissance de 355 chevaux... Il mourra donc selon ce qu'il avait formulé peut-être inconsidérément, comme un pressentiment, dans un fossé. Ce ne fut pas cependant un fossé sur la route divine de Sienne, mais celui d'une longue ligne droite bordée de platanes centenaires, loin de cette Italie rêvée, qu'il voyait peut-être comme sa seconde patrie.

Sa mort résonne comme un coup de tonnerre dans le monde : elle est annoncée à la une d'innombrables quotidiens, revues et magazines. L'hommage est unanime, beaucoup le pleurent, les lecteurs surtout, mais sa mort en arrange certains aussi. Le bal des hypocrites a commencé. Sartre ose écrire un article ému, de Gaulle envoie ses condoléances au nom du gouvernement à son épouse, libéré sûrement

42. Petit frimeur algérois, expression populaire.

de l'ombre morale que Camus faisait peser sur lui. En Algérie, ses amis sont effondrés, Audisio, Roblès, Maisonseul, Bénisti, Poncet, Pélégri, Roy, tous ceux qui furent ses amis de longue date et aussi les écrivains et intellectuels algériens dont il s'était souvent éloigné, Sénac, Mouloud Feraoun, Kateb Yacine, Memmi, tous disent, au-delà de divergences de stratégies, l'amour inépuisable qu'il portait à l'Algérie. Mais tous ces hommages sont publiés dans l'émotion.

L'histoire poursuit son cours, intraitable et féroce. La guerre continue, Camus l'a laissée en route, à un croisement crucial. Les années 1960-62 compteront comme les plus sanglantes et les plus pénibles pour la France et les Français d'Algérie. Les messages pacifiques de Camus sont balayés et place est faite à la violence, à la dureté des combats, à l'intransigeance des deux camps. Tout ce que Camus redoutait et qu'il avait prédit si les armes ne se taisaient pas se réalise.

Épilogue
Sans Camus

Le 6 janvier, Camus est enterré à Lourmarin. Ses amis sont là : Roy, Roblès, Char, Guilloux, Gaston Gallimard ; Francine, soutenue par deux de ses amis, suit la petite procession qui marche jusqu'au cimetière du village. Lucien, le frère, est là aussi. Le cercueil est porté à bout de bras d'hommes, tous les habitants de Lourmarin, des footballeurs du club local, des anonymes et aussi des amis venus de Paris le suivent. Un grand silence les accompagne. La campagne alentour est encore ingrate, sans feuilles sinon celles des oliviers, austère comme il l'aimait aussi. Les visages sont graves, lourds de chagrin. Catherine, Maria, Mette ne sont pas présentes. Dans la fosse, presque en fermant les yeux, Francine, jette une rose.

Il y a quelque chose d'antique et de grec qui plane sur le chemin du cimetière. Une sorte de pesanteur fatale. « Nous nous (sommes) serrés sous le grand chêne de larmes[1] », doit murmurer René Char, gauche et empêtré dans sa stature de géant, se souvenant d'un vers libre de *Fureur et Mystère*… Le voilà donc l'exil redouté, ce désert de la mort qui faisait horreur à Camus et dont il redoutait la traversée ! Mis en terre sans sépulture particulière ou trop visible, il est prêt pourtant, Char n'en doute pas, à accueillir le chant de la terre qui vibrera au-dessus de lui. Les oiseaux, à l'aube, piailleront, les grillons chanteront.

Sa mort n'a pas entravé le déroulement des événements.

1. René Char, « Hommage et famine », in *Fureur et Mystère*, préface d'Yves Berger, Poésie/Gallimard, 1967, p. 51.

De toute façon, depuis des mois déjà, il n'est plus un interlocuteur reconnu. Et son désir de s'écarter du discours public a fait le reste.

Dès le début de l'année, le processus politique s'orientant vers une indépendance du pays, les Français d'Algérie se révoltent, attisés par les ultras d'Alger. La bataille d'Alger n'est pas finie. Il manque le dernier acte, qui va conduire aux fameuses journées des barricades où la ville sera en état de siège. Massu étant limogé, les Algérois exigent le retour de leur « idole ». Des barricades sont érigées dans les rues commerçantes d'Alger, les gendarmes mobiles chargent. Alger est en état d'insurrection. Vingt morts, dont 14 gendarmes, une centaine de blessés sont le triste bilan de la journée. De Gaulle intervient dans une allocution à la télévision, fustigeant l'attitude des pieds-noirs : « Comment pouvez-vous écouter les menteurs et les conspirateurs qui vous disent qu'en accordant le libre choix aux Algériens, la France et de Gaulle veulent vous abandonner et se retirer d'Algérie et la livrer à la rébellion ? »

Le mensonge continue, implacable, sans scrupule aucun. En France, l'opinion commence à sympathiser avec la rébellion, par lassitude le plus souvent, par cette naturelle lâcheté dont souvent, dans l'histoire, les Français se sont rendus coupables, quitte à renier les valeurs de leurs pères. La guerre, prétendent-ils, n'a que trop duré. Les intellectuels de gauche, certains de droite aussi qui hurlent avec la meute, continuent la leur dans les salons et les brasseries à la mode. Dans le magazine *Vérité-Liberté*, ils publient un manifeste, dit « des 121 », dans lequel ils disent soutenir les 24 « porteurs de valises » du réseau Jeanson, dont le procès est imminent. Des artistes, des écrivains, des communistes diffusent la propagande du FLN sans jamais condamner, à l'instar de Camus, les meurtres qu'ils commettent sur des citoyens français. Soustelle et la droite s'en indignent : « Tiennent-ils à chercher une analogie dans les événements de la dernière guerre ? Alors elle est toute trouvée : ils ne sont pas des résistants mais des collabos ! » Nul ne pourrait dire si Camus, éventuellement sollicité pour la pétition « des 121 », l'aurait signée. Mais il est probable qu'à l'instar de Char, il l'aurait refusée au nom de ses idéaux. Comme le dit justement Jean Daniel dans son *Avec Camus*, le socle philosophique de Camus est « la prééminence du fait moral[2] ». Or, Camus a toujours accordé la primauté, mais sans moralisme, aux valeurs de justice et d'équité, si éloignées à ses yeux des « déviations révolutionnaires » qui nourrissent ce manifeste.

Le processus de décolonisation cependant se poursuit. Le 15 décembre de la même année, le Front Algérie française, le FAF, que préside le bachaga Boualem, vice-président de l'Assemblée nationale, est interdit. L'abjection exprimée envers les pieds-noirs touche à son comble quand Sartre, comme libéré de la réverbération de Camus, dans sa préface à l'ouvrage de Frantz Fanon, *Les Damnés de la terre*, déclare : « Abattre un Européen, c'est faire d'une pierre deux coups, supprimer en même temps un oppresseur et un opprimé ; restent un homme mort et un homme libre. Le survivant, pour la première fois, sent le sol national sous ses pieds[3] »...

Le 8 avril 1962, le référendum organisé par de Gaulle pour ratifier les accords d'Évian est approuvé à 90,70 %[4]. Le 1er juillet, ce sont les Algériens qui se prononcent davantage encore pour l'indépendance de leur pays (99,72 %)... L'affaire est donc entendue. La prophétie de Camus se réalise. Ne disait-il pas en 1958 : « La France se trouvera forcée de lâcher les Arabes et les Français. Si ce dernier malheur arrivait, les conséquences seraient nécessairement graves et les Algériens ne seraient certainement pas seuls à entrer en sécession... » Et, ajoutait-il : « Si l'homme échoue à concilier la justice et la liberté, alors il échoue à tout. »

L'injustice, les pieds-noirs la ressentent jusqu'au plus profond de leur être. Une blessure immense les atteint dont ils ne guériront jamais. Le slogan qui recouvrait les murs d'Alger et d'ailleurs en dit long sur ce qu'il leur reste à faire : partir au plus vite. Mais où ? L'injonction métaphorique « La valise ou le cercueil » est dans tous les esprits et, dès le printemps, les valises sont vendues au marché noir, à même le sol et les trottoirs par des marchands arabes, au sourire goguenard !...

---

2. Jean Daniel, *Avec Camus*, *op. cit.*, p. 96.
3. Frantz Fanon, *Les Damnés de la terre*, préface de Jean-Paul Sartre, François Maspéro, 1961.
4. Il est à noter que les Français d'Algérie n'ont pas été autorisés à voter !

Les rotations maritimes et les vols en partance pour la France affichent déjà quasi « complet ». Les plus aisés et les plus prudents ont pris la décision, dès le mois d'avril, de rejoindre la France ou l'Espagne qui les accueille, malgré l'interdiction formelle de l'OAS[5] de quitter le territoire. De Gaulle croit, pour une fois peu clairvoyant, que l'attachement des pieds-noirs à leur pays natal est tel qu'ils voudront rester. Il se donne bonne conscience en prévoyant une clause dans les accords d'Évian, concernant leur sécurité après l'indépendance : « Leurs droits de propriété seront respectés. Aucune mesure de dépossession ne sera prise à leur encontre sans l'octroi d'une indemnité équitable préalablement fixée. » Mais il n'a aucun doute sur son inefficacité… Il sait qu'il y aura encore des débordements et des massacres. Malgré tout, il donnera ordre à l'armée de ne plus intervenir après le 3 juillet, quelle que soit la situation. Les pieds-noirs savent de leur côté, après tant d'années de guerre, que la réconciliation est impossible pour l'heure et, prétendant connaître pour l'avoir éprouvée la mentalité arabe, pendant les événements, ont perdu toute confiance en eux. Un tournant s'est opéré d'ailleurs qui les alerte, quand ils parlaient autrefois des « Arabes », ils entendent parler maintenant des « musulmans ». La religion devient le ciment de la future nation. Et avec elle, les sourates répétées à l'envi sur la manière de réduire les chrétiens, voire de les exterminer…

Donc, le sujet est clos pour eux : partir, connaître désormais l'exil. Le voyage de retour vers la France boucle la petite épopée de leurs ancêtres. Eux sont arrivés de la France entière pour construire de toutes pièces un pays qui n'était que marécages et forêts, peuplé de bêtes sauvages et de tribus nomades, seul le littoral étant habité par des autocrates ottomans qui semaient la terreur sur les côtes méditerranéennes. Ce sont leurs fils et les fils de leurs fils qui maintenant prennent le bateau ou l'avion pour rentrer avec une valise à la main. L'amertume est totale et tragique. Le chagrin indicible. Le chagrin et la colère aussi…

5. Organisation de l'armée secrète créée le 11 février 1961. Organisation politico-militaire clandestine française proche de l'extrême droite. Elle s'est donné comme objectif de défendre la présence de l'Algérie française au sein de la nation française, par tous les moyens qu'elle jugera utiles.

Leur fureur est telle qu'à Paris, l'on craint une guerre civile soudaine et sanglante que l'exécutif n'a pas prévue… Les pieds-noirs et les harkis sont pris pour cible par le FLN qui multiplie les attentats et les provocations. Des éléments officiellement déclarés « incontrôlés » (en vérité manipulés par le FLN) sèment la terreur sur tout le territoire et provoquent des représailles. L'OAS, complètement discréditée en France, elle inaugure une vague d'attentats sans précédent. Les meurtres d'Arabes sont aveugles, plus personne n'est à l'abri, la justice n'a plus cours, seule triomphe la loi du talion. On compte à cette époque plus de 2 000 attentats meurtriers de civils.

Le paroxysme de la colère et de la terreur se situe le 26 mars 1962 à Alger où, en plein centre, à côté de la Grande Poste, une manifestation de Français a lieu en faveur des habitants de Bab-el-Oued qui connaissent un blocus opéré par l'armée française, prétendument foyer de la subversion OAS. C'est la période où la France a changé d'ennemis. Ce ne sont plus les Algériens qui le sont mais les Français d'Algérie et, derrière eux, l'OAS, armée dissidente et composée surtout d'éléments d'extrême droite, dont de Gaulle veut l'écrasement sans pitié. Les Algérois ont donc répondu à l'appel de l'OAS et de diverses associations de défense de l'Algérie française. Une détonation a lieu au milieu d'une foule pacifique et non armée. S'ensuit une fusillade d'une violence sans précédent, provoquant une cinquantaine de morts et des dizaines de blessés. Des tirailleurs algériens de l'armée française semblent, après enquête, avoir été les principaux acteurs de cette fusillade. Il reste que, ce jour-là, des soldats de l'armée française jusqu'ici censés défendre les intérêts de la France et ses ressortissants, tirent sur des Français désarmés et désespérés : fait unique dans l'histoire !

Les attentats, revendiqués tant par l'OAS que par le FLN, sont perpétrés aussi sur le sol français. Enlèvements, assassinats ciblés (comme celui du maire d'Évian qui est tué par l'OAS pour avoir accueilli dans sa ville les négociateurs des Accords), massacres collectifs dans les campagnes à l'encontre des harkis, bombes, répandent la terreur un peu partout. Le gouvernement français attend avec impatience la passation de juillet. Il a eu soin, selon Alain Peyrefitte, de déclarer, le 24 mai en Conseil des ministres, que « la France ne doit plus avoir aucune responsabilité dans le maintien de l'ordre après l'autodétermination. Elle aura le devoir d'assister les autorités algériennes. Mais ce sera de l'assistance technique. Si les gens s'automassacrent, ce sera l'affaire des autorités… »

La naissance de l'Algérie indépendante se fera dans la douleur et la violence, le fait est donc en amont déjà acté… Tout le contraire de ce que voulait Camus, tout ce qu'il redoutait. La cruauté des combattants du FLN, estimant que ses meurtres sont des actes légitimes, n'a pas de limites[6]. La disparition d'enfants, de jeunes gens, devient un exercice très prisé et régulier. Ainsi le 14 janvier 1962, deux frères disparaissent, Henri et Paul Couturier, âgés de 18 et 14 ans. Des terroristes les enlèvent avec sûrement la complicité de barbouzes gaullistes. On les retrouvera ligotés, éventrés, égorgés et émasculés, le 18 mars, abandonnés dans les maquis du massif de Zaccar, près d'Orléansville. Les corps n'ont pu être récupérés par la famille et il n'y eut ni obsèques ni sépultures… Des meurtres semblables font florès un peu partout dans l'intérieur. Ils laissent de marbre les pouvoirs politiques français. C'est dans cette indifférence et cette place laissée libre à la violence et à la fureur de toutes les vengeances, que l'OAS a trouvé des échos auprès de la population française.

Qu'aurait dit et fait Camus, face à l'activisme de l'OAS ? S'il ne peut être instrumentalisé par aucun parti ni aucune idéologie, il semble totalement impossible de se mettre à sa place et de se livrer à une quelconque prosopopée qui imaginerait son attitude à un moment donné alors qu'il est déjà mort. Certains s'y sont essayés cependant, notamment André Rossfelder qui intégra l'OAS et fut un des amis intimes de Camus avec lequel il échangea de nombreux courriers. Or, dans ses Mémoires, Rossfelder affirme que Camus aurait adhéré aux thèses de l'OAS.

Sa vie, son œuvre et sa personnalité, tout concourt pourtant à penser que cela est impossible, rétorque avec véhémence Jean Daniel. Qui croire et qu'en croire ? Benjamin Stora avance une autre hypothèse : Camus n'ayant pas totalement dénié le discours sur l'autodétermination du 16 septembre 1959, sa pensée aurait peut-être

6. La propagande d'État en Algérie a fixé les termes à utiliser à propos de l'apparente équivalence de ces actes : l'armée française aurait commis des « crimes » et le FLN « des exactions réactionnelles », limitées dans le temps !

évolué au fil de celle de de Gaulle qui, à cette époque encore, du moins officiellement, n'envisageait pas une indépendance. Aurait-il évolué au même titre par exemple que Ferhat Abbas qui, passant de l'assimilation à l'intégration, puis de l'autonomie au fédéralisme, est enfin arrivé à accepter l'idée de l'indépendance[7] ? Oui, qu'aurait fait Camus ?

Sa femme, Francine Camus, lors du procès du général Jouhaud auquel elle participa en tant que témoin à décharge, est très émue au cours de l'audience du 13 avril 1962. Elle fait l'éloge du général Jouhaud, rappelle les valeurs de sa famille : « Honnêteté, droiture, simplicité, bonté profonde. » Puis elle le décrit : « Ni un ambitieux, ni un raciste, et de le voir ici me paraît une des conséquences tragiques de notre malheur. » Après avoir dénoncé « l'incompréhension des métropolitains » et leur dureté à l'encontre des Français d'Algérie, elle tente de répondre à la question du bâtonnier Charpentier : « Comment Camus envisageait-il le problème algérien ? » Prudente cependant, elle le renvoie à ses écrits, affirmant que toutes les réponses se trouvent dans ses *Chroniques algériennes*, injustement passées sous silence, dit-elle, par la presse française, malgré leur message de justice et de fraternité. Le bâtonnier insiste et interroge de nouveau Francine Camus : « Albert Camus avait-il prévu le sort qui serait fait aux Algériens ? » Elle répond alors : « Je préfère ne pas parler de ses paroles, de ce qu'il a pu me dire, parce que cela autoriserait d'autres à dire, peut-être, des choses qu'il n'aurait pas dites[8]. » Il est probable en effet que la douleur de Camus aurait été immense de voir son pays livré à ceux qu'il avait quand même appelés des « assassins », des « égorgeurs », et ceux qu'il aimait (sa mère serait alors devenue l'icône sacrée, symbole d'un exode déchirant), jetés à la mer… Mais par cette douleur qui aurait anéanti, un temps du moins, son travail créatif, aurait été enfin accompli ce parcours intérieur qu'il a mené depuis l'enfance, et cela jusqu'au silence, qui serait devenu alors la seule source de vie possible, le seul moyen

7. Benjamin STORA, « L'influence des nostalgiques de l'Algérie française reste forte », article mené par Renaud DE ROCHEBRUNE, *Jeune Afrique*, 15 septembre 2013.
8. Maurice GARÇON, *Le Procès d'Edmond Jouhaud, compte-rendu sténographique*, Albin Michel, 1962, p. 243-247.

encore de pouvoir contempler ce qu'il avait déposé dans son écrin intérieur, la beauté du monde et la splendeur des jours et des nuits.

Il aurait ouvert cet écrin et ce qu'il avait retenu du monde, il l'aurait goûté, et en aurait joui à la manière des grands poètes et des philosophes grecs. Dans ce silence acquis de haute lutte, il aurait refusé de revoir cette Algérie livrée aux puissances étrangères, de cela il en était sûr, et qui s'empresseraient de défaire tout ce que ses ancêtres avaient fait. Il en va des mêmes sentiments pour sa femme qui, toujours au procès du général Jouhaud, eut le courage de déclarer : « Je suis née française en Algérie, je croyais que je mourrais française en Algérie, et je peux dire que mon désir le plus profond, toujours, a été que toutes les communautés de l'Algérie jouissent, comme moi, de ce qui me paraissait vraiment comme un privilège matériel, je n'ai jamais rien possédé sur le sol algérien – non pas comme un privilège spirituel. Et, depuis le référendum de l'an dernier, où j'ai compris que la France, dans sa majorité, accepterait que l'Algérie se sépare de la France, je me sens divisée, à moitié algérienne, à moitié française et, au vrai, je me sens comme dépossédée de ces deux pays, dont je ne reconnais pas le visage, ni de l'un ni de l'autre, parce que je n'ai jamais pu les imaginer séparés[9]. »

La fureur des exactions commises par le FLN (150 000 harkis, leurs femmes et leurs enfants assassinés le 5 juillet dans des conditions d'une cruauté génocidaire) et celle, non moins ardente, des désespérés de l'OAS pratiquant la politique de la terre brûlée, n'auraient pas fait écho à ce qu'il possédait et préservait au fond de lui et dont toutes les femmes qui l'avaient aimé, avaient témoigné : sa douceur et son cœur. Les valeurs de conquête et de terreur répandues par ces deux organisations illégales ne pouvaient connaître les siennes. Le cœur et la douceur, des valeurs évangéliques finalement…

Les pieds-noirs, avec terreur et stupéfaction, virent dès le premier jour des négociations d'Évian les voitures appartenant à des Arabes arriver en masse à Alger et déferler, drapeau de la future Algérie au vent, sur le boulevard du front de mer.

Pour une fois, les Arabes, bientôt les Algériens, occupent pleinement la ville européenne, la traversent ostensiblement devant les yeux médusés

9. *Ibid.*

des Français qui comprennent, ce jour-là, que tout est fini et qu'il faut plier bagage, comme on dit, tandis que les nouveaux vainqueurs déploient déjà leurs immenses banderoles et leurs étendards.

Les derniers mois qui précèdent le plein été, les pieds-noirs préparent donc leur départ en toute hâte. Les nuits, qu'on appelle ici « bleues », se multiplient tous les soirs à présent. Ce sont des nuits blanches plutôt, car la ville retentit d'explosions de tous côtés. Le FLN comme l'OAS échangent par bombes interposées. Les commerces algériens et ceux appartenant à des pieds-noirs progressistes qui ont pactisé avec le FLN[10] sont détruits tandis que les magasins européens sont la cible des Arabes, pillés avant d'être détruits.

L'OAS étant installée au niveau de son état-major à Bab-el-Oued, le quartier populaire, globalement acquis à sa cause, devient l'idée fixe de l'armée française qui reçoit ordre de déloger ses membres qui s'y sont infiltrés, protégés par les pieds-noirs. Autrefois, les mêmes soldats occupaient la casbah où s'étaient réfugiés les rebelles, aujourd'hui ce sont les Français d'Algérie qui sont considérés comme les ennemis tandis que l'armée française pactise avec les combattants algériens !

Après le 19 mars, date des accords d'Évian, l'ALN devient l'armée supplétive de l'armée française et toutes deux coopèrent pour déloger les ultras de l'OAS et de la population française associée à l'organisation secrète. De fait, le petit peuple de pieds-noirs du quartier de Bab-el-Oued tous les soirs se livre à des concerts de casseroles impressionnants où ils scandent les cinq notes d'Al-gé-rie-fran-çaise. Le quartier devient assourdissant, tandis que des hélicoptères planent en tournoyant au-dessus des immeubles. Le blocus est institué et affame la population qui ne peut sortir qu'une heure par jour. Le couvre-feu dure des semaines, et c'est pour libérer en quelque sorte leurs compatriotes de Bab-el-Oued que les pieds-noirs du

---

10. À l'instar de la librairie légendaire d'Edmond Charlot, Aux vraies richesses, plastiquée par deux fois, et dont les attentats sont attribués (sans preuves formelles) à l'OAS. La seconde explosion date de 1961 : « J'avais tout dans ce local. On en a sorti quinze ou vingt tonnes de gravats, de confettis. C'est tout ce qui restait des éditions, de la librairie, de ma bibliothèque personnelle », dit Charlot. Cf. *Souvenirs d'Edmond Charlot, entretiens avec Frédéric Jacques Temple*, préface de Michel Puche, coll. « Méditerranée vivante / essais », éditions Domens, Pézenas, 2007, p. 77.
Les notes de lecture que Camus rédigeait pour le compte de son ami Charlot ont elles aussi disparu dans le dernier attentat.

reste d'Alger s'engagent dans la manifestation sanglante du 26 mars 1962, rue d'Isly.

Avant l'été, ce ne sont que meurtres et assassinats, et dans l'intérieur du pays, massacres collectifs de centaines d'Arabes jugés traîtres à la cause du FLN. Des centaines de harkis sont passés par les armes par leurs propres frères, et mutilés, quand ils ne sont pas abattus froidement. On leur coupe ainsi le nez et, de fait, ils deviennent aussitôt reconnaissables et exposés à la vengeance populaire...

À partir d'avril, le FLN s'inquiète de la pénurie de sang dans ses hôpitaux de fortune. La folle rumeur de prélèvements de sang sur des civils français se répand dans Oran et Alger. Cette rumeur se vérifie pourtant en témoignages indubitables, le professeur de Laparre, comme la correspondance d'un jeune appelé, étudiant en pharmacie, affecté au laboratoire de Tizi-Ouzou de février à juillet 1962, en témoignent[11]. Les musulmans se refusant à donner leur sang au nom de leur religion, les enlèvements de Français commencent un peu partout sur le territoire algérien. On retrouve sur le trottoir des corps inanimés de jeunes Français exsangues, leur peau collant à leurs os et n'ayant subi aucune blessure... L'horreur s'invite publiquement.

À la fin du printemps, il est admis à Paris que les Français d'Algérie désirent rentrer en France. Nouvelle donne qui inquiète le pouvoir. Il est quelque peu dépassé par l'afflux de ceux qu'on appelle désormais les « rapatriés » et que les Français de France ne connaissent guère. Ils n'ont, de plus, aucune envie de les rencontrer, les tenant responsables de cette guerre meurtrière. Aussi sont-ils tenus, dès leur arrivée, pour les coupables, ceux qui ont provoqué la mort de milliers de jeunes Français de France, réquisitionnés pour défendre en fait des colons qu'ils croient riches et de surcroît vulgaires...

En vérité, les premières rotations de bateaux voient débarquer à Marseille ou à Port-Vendres des gens désespérés, plutôt pauvres dans leurs tenues et leurs mœurs, pour lesquels les métropolitains n'eurent aucune pitié[12], mis à part quelques associations de charité,

11. Les ouvrages de Jean-Jacques Jordi, *Un silence d'État : les disparus civils européens de la guerre d'Algérie*, Belin Soteca, 2011, et de Gregor Mathias, préface de Guy Pervillé, *Les Vampires à la fin de la guerre d'Algérie, mythe ou réalité ?*, Michalon, 2014 confirment par leurs enquêtes cette tragique réalité.

12. De fait, en eurent-ils à l'égard des Juifs livrés aux Allemands, pendant l'Occupation ?

particulièrement catholiques et protestantes. Le gouvernement tente d'organiser leur retour, mais très vite, le flux des exilés devient incontrôlable. Le ressentiment des métropolitains à leur égard, le rejet et l'agressivité qu'ils inspirent, tant auprès d'eux que du pouvoir, laissera des traces indélébiles de ressentiment et d'amertume. Il est probable que là, Camus aurait vécu ce moment avec stupéfaction et tout son être se serait insurgé contre la gauche surtout, à laquelle il disait cependant toujours appartenir quoi qu'elle ait pu faire contre lui, contre l'égoïsme et l'indifférence des hommes face à la détresse et à l'injustice.

Le pire n'est pas encore advenu.

Les pieds-noirs ne peuvent pas tous partir avant l'indépendance, date fatidique et de tous les dangers. Ils craignent l'hystérie collective de l'immense fête populaire qu'est en train d'organiser le FLN, devenu tout-puissant et leader reconnu et indétrônable de la révolution algérienne.

Ils craignent cette date à raison. C'est un siècle et demi de frustration qui, soudain, va se libérer et se dilater...

La ville d'Alger et toutes les autres villes de l'Algérie se préparent à cet événement unique. Le jour fatal arrive. Alger voit une vague humaine venue de tout le pays fondre sur elle, envahir toutes les rues, dans un concert de klaxons et de youyous hystériques. Les voitures paradent, les jeunes exultent, les femmes hurlent, la foule danse. Des familles venues des douars viennent aussi avec d'autres intentions. Elles occupent les appartements délaissés par les pieds-noirs, partis en toute hâte. Alertés par leurs frères des villes, ils n'ont pas même à fracturer les portes des maisons, villas, demeures huppées situées en haut de la ville, leurs propriétaires les ayant laissées ouvertes. Ils entrent donc et s'y installent en toute propriété, en toute impunité... C'est un temps historique où chacun s'approprie les biens d'autrui, sans vergogne ni autre forme de procès...

Le pays en liesse résonne de tous côtés et ce pourrait être même émouvant de voir un pays « retrouver sa liberté », comme il le dit. Moins émouvant sûrement est le lynchage des Français qui n'ont pas eu le temps de quitter le pays. Malgré les clauses des accords d'Évian, le FLN laisse la population assouvir son désir de vengeance. Les passions les plus basses remontent à la surface.

À Oran, principalement, mais aussi à Alger, à Constantine, et dans beaucoup de villes de l'intérieur, des massacres sont organisés méthodiquement. Celui d'Oran est le plus spectaculaire. Les Français sont délogés de leurs appartements dans lesquels ils s'étaient barricadés, ils sont amenés en camion dans des stades et exécutés. Femmes, enfants, vieillards, aucune pitié pour aucun Français, tel est le mot d'ordre. L'armée française encore sur place reçoit l'injonction de ne pas bouger et le général Katz, qui est au courant des massacres, refuse de venir au secours de ses compatriotes, obéissant en cela aux ordres implacables de Paris.

Là réside la honte de la France, là réside celle du général de Gaulle, là réside celle des élus français, là réside celle des intellectuels français qui n'ont pas levé un doigt pour demander des comptes au pouvoir, là réside celle des nouveaux gouvernants algériens dont l'honneur devait exiger de faire cesser les massacres. Trois mille morts, des centaines de disparus, des femmes égorgées, éventrées, des enfants étripés, jetés dans les poubelles publiques : tel fut le tableau de chasse des nouveaux gouvernants…

Seul un officier d'origine musulmane, horrifié de ce qui se passe, n'écoutant que sa conscience, part avec un groupe d'hommes de sa compagnie, vers un lieu où sont rassemblés 400 pieds-noirs, en attente d'être passés par les armes. Il fait cesser le massacre, tandis que ses supérieurs restent dans leur garnison, obéissant aux ordres de Paris de ne pas bouger. Les rescapés sont conduits sous haute sécurité vers l'aéroport et sont exfiltrés *in extremis*. Cet homme s'appelle Rabah Kheliff[13].

---

13. Rabah Kheliff (1933- 2003), officier kabyle célèbre pour avoir enfreint les ordres de ses supérieurs, et s'être porté au secours de 400 pieds-noirs prêts à être exécutés par une foule fanatisée, le 5 juillet 1962 à Oran. Mis aux arrêts de rigueur, et très violemment menacé par le général Katz qui n'était pas intervenu (« Si vous n'étiez pas arabe, je vous casserais », lui a-t-il dit), l'armée lui rendra hommage cependant six jours plus tard par le colonel Nicolas, commandant le sous-secteur est d'Oran et le 67e Régiment d'infanterie. Ramené en France, pour éviter des représailles du FLN ou de civils, il quitte l'armée avec le grade de capitaine en 1967 et se consacre à la défense de ses camarades arabes désarmés et des harkis. Il préside l'association pour la construction de la Grande Mosquée de Lyon, ville où il décède en 2003.

Qu'aurait dit Camus, alerté de ces exactions qui ont toutefois l'indulgence des Algériens (et des Français dans leur grande majorité) au point de les désigner comme « réactionnelles » ? Malgré le fait qu'on ne puisse répondre à sa place, on pourrait supposer qu'il en aurait été indigné et se serait, encore une fois, senti trahi.

Ayant toujours transposé la grandeur de l'Algérie, sa beauté et sa gloire dans le champ du symbolique, il est probable qu'il aurait interprété cet abandon de de Gaulle de ceux qu'il appelait, il y a peu encore, des « assassins », comme une profanation, un acte blasphématoire, qui l'aurait empêché à jamais de revenir sur la terre de ses ancêtres. Désacralisée à ses yeux, l'Algérie aurait tout perdu, selon lui, et singulièrement les grâces des dieux qu'il avait reçues à Tipasa, dans sa jeunesse, et aurait rejoint les lieux de l'imaginaire.

C'est déjà ce qu'il pressentait en écrivant *Le Premier Homme* auquel il refusait une rédaction à la première personne de manière à universaliser le récit. Ainsi, en renonçant à une actualité trop brûlante et polémique, le texte entrait-il dans une vaste mythologie universelle, illustrant comme dans le genre poétique de la Tapisserie, à la façon de celles de Charles Péguy, le récit épique d'un temps à jamais disparu mais dont les signes auraient encore le pouvoir d'enseigner les hommes…

Un an et demi après sa mort, à l'issue d'un long processus à la fois de harcèlement révolutionnaire, de trahisons de tous côtés, de renonciations délétères, l'Algérie est donnée à ceux-là qui avaient égorgé Français, instituteurs venus de France naïvement pour faire connaître la culture française et qui avaient conduit à bouter les prétendus colons à la mer.

Ce que Camus redoutait s'est produit. Les pieds-noirs, symboliquement sa mère donc, quittent la terre de leurs aïeux, en ce début d'été prometteur de 1962, jetés en vrac sur les tarmacs d'aéroports et sur les quais des ports ; c'est le second exode après celui de 1940. Ils deviennent les vaincus, et à ce titre n'ont droit à aucune reconnaissance du pouvoir en place et du peuple français. On les maltraite, on les injurie, on les stigmatise. Les dockers du port de Marseille jettent les cadres de bois qui contenaient leur mobilier à la mer, par on ne sait quel souci de vengeance ou de mépris ou pire encore, d'endoctrinement idéologique. Ainsi le maire de cette ville, le socialiste Gaston Defferre, n'hésita-t-il pas à proclamer au journaliste qui l'interrogeait le 2 juillet, pour *Paris-Presse l'Intransigeant* :

— Et les enfants ?

— Les enfants ? Ici, pas question de les inscrire à l'école, car il n'y a pas assez de place pour les petits Marseillais.

— Est-il vrai, ajoute le journaliste, qu'il règne dans la ville de Marseille une certaine tension entre Marseillais et pieds-noirs ?

— Oui, c'est vrai, rétorque Defferre. Au début, le Marseillais était ému par l'arrivée de ces pauvres gens, mais bien vite, les pieds-noirs ont voulu faire comme ils faisaient en Algérie quand ils donnaient des coups de pied aux fesses des Arabes. Alors les Marseillais se sont rebiffés. Vous-même, regardez en ville : toutes les voitures immatriculées en Algérie sont en infraction…

— Avez-vous embauché dans vos services municipaux des fonctionnaires pieds-noirs ?

— Pas question que j'embauche des fonctionnaires car, depuis mon arrivée à la municipalité de Marseille, je me suis séparé déjà de 500 employés !

— Voyez-vous une solution aux problèmes des rapatriés à Marseille ? insiste son interlocuteur.

— Oui, répond Deferre, qu'ils quittent Marseille en vitesse ; qu'ils essaient de se réadapter ailleurs et tout ira pour le mieux !

À l'Élysée, de Gaulle est tout aussi désinvolte et cynique. Les pieds-noirs ayant pactisé avec l'OAS pour sauver leur peau sont devenus ses ennemis jurés. « La majorité des Européens d'Alger et d'Oran[14] ne vivaient pas vraiment en Algérie, près des Algériens, commente de Gaulle… Ils vivaient sur la côte, entre eux. Ils se transportent à Marseille pour recommencer. C'est impossible ! Il faut les obliger à se disperser sur l'ensemble du territoire. Leur répartition et leur emploi exigent des mesures d'autorité ! » Pompidou suggère qu'ils aillent en Amérique du Sud : « Il faut attendre, lui répond de Gaulle, les choses vont se tasser. Tous ces gaillards, plutôt que d'aller à Lille, préféreront revenir à Oran ! C'est une substance humaine que nous n'avons pas le droit de perdre… Il est souhaitable qu'ils reviennent en Algérie et que ceux qui y sont encore y restent ! Il ne faut ni les

14. Notez le terme générique d'« Européens » pour leur refuser le statut de citoyens français !

laisser s'agglomérer à Marseille ni les laisser s'expatrier... Où serait notre avantage à provoquer un mouvement d'immigration ? » Pierre Joxe, de son côté, susurre à l'oreille de de Gaulle que toute cette population pourrait faire germer des idées fascistes dans le pays... « Il n'est pas souhaitable, dit-il, qu'ils s'installent en France où ils seraient une mauvaise graine ! Il vaudrait mieux qu'ils s'installent en Argentine ou au Brésil ou en Australie ! » Ce à quoi de Gaulle rétorque : « Mais non, plutôt en Nouvelle-Calédonie ! Ou bien en Guyane qui est sous-peuplée, et où on demande des défricheurs et des pionniers ! »

L'édifiant retour des pieds-noirs ressemble donc à toutes les prédictions désastreuses que Camus craignait et qu'il n'aurait pas supportées.

Camus est, on l'imagine, *persona non grata* en Algérie, après 1962. On ne lui pardonne pas sa prétendue indifférence à l'égard des Algériens opprimés, oubliant un peu vite qu'il n'a cessé de les défendre depuis les années 1930. Le malentendu est total. Le pouvoir à Alger, désormais sous la coupe des Soviétiques et aux mains des seuls membres du FLN, déclare que Camus a une mémoire coloniale ; il pense, il voit, il aime, il interprète en pied-noir, en colonialiste. Le fait même de parler des Arabes est condamné. On ne lui pardonne ni son refus de traiter avec le FLN ni d'avoir prononcé la fameuse phrase de Stockholm en réponse à une question-piège posée par un militant du FLN passablement excité...

Les intellectuels algériens reconnaissent en lui un prosateur exceptionnel, encore que sa prose soit jugée trop conforme à la rhétorique française et classique, mais ne peuvent accepter ses analyses sur le conflit algérien et notamment le dernier en date, les fameuses *Chroniques algériennes*. Les écrivains algériens historiques, de Memmi à Feraoun, de Sénac à Yacine, sont moins sévères à son égard et rendent hommage au Camus résistant, au Camus de *Misère de Kabylie*, au juste. Et même à l'Algérien qu'il est quelque part. Mais la propagande algérienne, pratiquant bien avant l'heure l'idéologie contemporaine *woke*, est cependant la plus forte, renforcée par une arabisation à partir des années Boumediene qui va exalter le nationalisme et la fierté arabes. Le français n'est plus une langue enseignée en priorité. L'islam étend son influence de plus en plus. La colonisation française est perçue comme un crime contre l'humanité : l'État algérien réclame une repentance, des excuses officielles et, bien sûr, des indemnités de la France.

Pour la première fois, en décembre 2012, François Hollande en voyage d'État en Algérie, déclare : « Pendant cent trente-deux ans, l'Algérie a été soumise à un système profondément injuste et brutal. » Cinq ans plus tard, Emmanuel Macron, en déplacement à Alger, dit (imprudemment ? On en doute) le 14 février 2017 : « J'ai toujours condamné la colonisation comme un acte de barbarie. La colonisation est un crime. C'est un crime contre l'humanité » ! Une fois président, il réitère, le 13 septembre 2018, en rendant hommage à la veuve de Maurice Audin, militant anticolonialiste et « pied-noir rouge », porteur de valises. Les services de l'Élysée déclarent officiellement qu'il a été « arrêté, puis exécuté ou torturé à mort par des militaires ». Il eût peut-être été juste et équitable de rappeler aussi que les bombes qu'Audin avait fait passer servirent à mutiler et à tuer des civils français innocents, fauchés à l'aveugle… Toujours cette idée persistante qu'il y a des meurtres légaux et légitimes et d'autres « réactionnels »…

Des campagnes de presse régulières, des ouvrages de jeunes historiens déroulent chaque année la doxa officielle et celle de l'État algérien ; les pieds-noirs, jamais respectés ni reconnus comme étant les bâtisseurs de l'Algérie moderne, continuent à être négligés et même effacés de l'histoire. Au contraire, le journaliste Pierre Daum, dans une enquête publiée en 2012 et intitulée *Ni valise ni cercueil,* préfacée par Benjamin Stora, veut faire croire ainsi que les pieds-noirs eurent finalement le choix de rester ou de partir et célèbre ceux qui sont restés comme étant « l'incarnation d'une utopie » (*sic*)… Cette assertion est confondante, assénée sans relever qu'aujourd'hui, les rares survivants de cette « utopie » sont pour la plupart clochardisés, ignorés de la société algérienne, paupérisés et désillusionnés[15]…

L'épilogue en chiffres de cette tragique histoire est édifiant :

15. Pierre Daum dénonce la position victimaire des pieds-noirs : « Dans le discours de ces représentants autoproclamés des rapatriés, dit-il dans une interview à *L'Humanité*, trois événements historiques sont sans cesse invoqués et instrumentalisés : la fusillade de la rue d'Isly, le massacre d'Européens et enfin les enlèvements de 3 000 Européens et Juifs », in *L'Humanité*, 16 mars 2012.

Du côté des pertes militaires françaises : 25 000 morts, 65 000 blessés, 485 disparus.

Du côté des civils français : 2 788 morts, 7 541 blessés, 485 disparus.

Du côté des civils Européens enlevés après les accords d'Évian, le chiffre est sujet à discussion : les historiens oscillent entre 3 018 et 9 000 disparus (du 19 mars au 31 décembre 1962).

Du côté des harkis : le chiffre n'est pas établi, il varie entre 30 000 et 150 000 morts.

Du côté des Algériens : les autorités déclarent 1 million à 1,5 million de victimes. Ce chiffre est hautement improbable et relève de la propagande. Les historiens divergent sur les chiffres : les pertes sont chiffrées chez Xavier Yacono à 250 000 tués, 300 000 à 400 000 blessés, chez Guy Pervillé, 2 millions de déportés dans des camps de regroupement.

L'Algérie des Français en juillet 1962 est livrée clefs en main à l'Algérie nouvelle. Qu'en a-t-elle fait ?

Entre 1962 et 2020, soit soixante ans de mainmise absolue du FLN, après l'euphorie et la fierté légitimes d'avoir gagné une guerre de libération, après les mots convenus de « dignité retrouvée » et de « justice rendue » contre « l'oppresseur tyrannique », l'Algérie a-t-elle progressé en termes économiques, culturels, démocratiques ?

Si elle a dû construire une nation, elle n'a pas échappé à ses démons et à ses travers : les combats fratricides, la « dékabylisation » d'une région dès le début de l'indépendance pour réduire le caractère rebelle de ses habitants[16], qui furent pourtant de loyaux et souvent même zélés combattants dans la lutte armée contre la France, l'ombre constante du fondamentalisme musulman, l'insécurité non seulement dans les confins mais aussi dans ses villes, la défaite de la planification économique instaurée dès l'indépendance par des fonctionnaires soviétiques, le refus du tourisme et l'abandon de son patrimoine[17],

16. *« Ouclach Smah ! Oulach ! »* (« Pas de pardon ! »), clament les Kabyles, talon d'Achille du pouvoir central, dans leurs manifestations.

17. Les grandes villes algériennes ont été construites par les Français et beaucoup d'immeubles et de sites sont des joyaux de l'architecture occidentale (Art nouveau, Art déco, Bauhaus, art cubiste (le Corbusier), art moderne (Pouillon), etc.). Ces exemples artistiques ont été abandonnés ou jamais entretenus, en tout cas négligés, au prétexte qu'il ne fallait pas rendre d'une certaine manière hommage aux artistes de l'Algérie coloniale !

les luttes pour le pouvoir, les problèmes de sécurité, d'éducation, de pauvreté, d'habitat inapte à loger une démographie exponentielle (10 millions d'Algériens en 1962 et 43 millions environ aujourd'hui), une guerre civile qui fit entre 30 000 et 150 000 morts, plusieurs milliers de disparus, des dizaines de milliers qui ont quitté le pays, un million de personnes déplacées, sans parler des dégâts économiques (estimés à plus de 20 milliards) et psychologiques. Le tableau est sombre, mais ce n'est pas tout : l'Algérie doit importer 50 % en moyenne de ses besoins alimentaires, payés avec l'argent des hydrocarbures qu'elle exporte, mais dont la manne providentielle, cadeau de l'État français, n'est pas éternelle… Ses littoraux sont pollués et, durant des décennies, les eaux usées se sont déversées sur les plages. Mais les réserves pétrolières n'étant pas inépuisables, l'horizon est inquiétant. Le blé est acheté à l'étranger et il est effondrant de constater que l'Algérie française était à l'époque le grenier de la France, comme elle le fut pour Rome aux temps antiques… La culture est menacée, surveillée, la censure est sournoise, la religion veille en embuscade, la condition féminine est sous tutelle masculine et patriarcale…

De sorte, raconte le journal *Jeune Afrique*, que les Algériens de la rue se demandent toujours, sans jamais se départir de leur humour : « Comment un tel pays peut-il encore tenir debout ? »

Une jeunesse, souvent désœuvrée, ne peut pas être retenue par le pouvoir en place. Elle traîne dans les rues des grandes villes et à Alger, regarde la mer et l'Europe. Beaucoup veulent quitter le pays et rejoindre la France. Il est piquant d'observer des bateaux de migrants aujourd'hui peuplés pour beaucoup de jeunes gens algériens qui risquent leur vie pour venir en France, trouvant soudain que l'ancien pouvoir colonisateur doit bien avoir quelque chose de bon…

Quant aux élites, beaucoup ont déjà fui le pays, pour la Suisse et d'autres pays européens dont la France, plus aptes à accueillir leurs diplômes et leurs talents…

Camus aurait souri de ce paradoxe.

Néanmoins, l'injonction à proclamer publiquement le pardon de la France persiste dans les instances gouvernementales : le président Macron sûrement s'y soumettra un jour, n'aimant qu'être aimé de son électorat plutôt que de reconnaître des torts partagés qui apaiseraient la mémoire. N'ayant pas vécu les événements d'Algérie, il s'en remet à l'expertise d'un seul historien, Benjamin Stora, très contesté cependant, malgré les réseaux et les postes officiels et universitaires dont il est paré. De sorte que le jugement d'Emmanuel Macron est biaisé du fait d'une information univoque.

L'Algérie enflamme donc toujours les esprits et les cœurs. C'est ce qu'Albert Camus avait déjà détecté au cours de sa jeunesse incandescente, sous ce qu'il appelait « le soleil de midi ». L'Algérie, plus brutale, plus sauvage que ses voisins, le Maroc et la Tunisie, semble avoir sous sa terre des énergies telluriques immenses et farouches qui rendent ce pays aussi intense, aussi paradoxal, aussi beau.

Des intellectuels et des écrivains algériens aspirent à ce que Camus revienne en Algérie et que sa mémoire, son œuvre, son esprit et son génie soient de retour dans ce pays qu'il n'a jamais cessé d'aimer et de célébrer. La stèle de Tipasa, sculptée par Louis Bénisti, mériterait, une fois pour toutes, d'être intouchée et considérée comme sacrée : « Je comprends ici ce qu'on appelle gloire, le droit d'aimer sans mesure », y est-il gravé. On demanda l'avis de René Char qui fut favorable et la stèle fut érigée sur un axe qui va du mont Chenoua au Tombeau de la Chrétienne. On l'inaugura le 29 avril 1961, mais depuis, elle est souvent l'objet de lapidations. Il n'empêche, l'âme de Camus repose fièrement sur le site tant aimé, et sa parole est gravée dans une pierre antique…

Les plus célèbres écrivains d'aujourd'hui, Boualem Sansal, Yasmina Khadra, Kamel Daoud, souhaitent que Camus trouve enfin sa place dans une Algérie qui est son pays non seulement de cœur mais d'âme. Et aussi rendre justice à son parcours d'écrivain. Ils se heurtent sûrement à une nomenklatura composée d'universitaires, d'écrivains et de journalistes affidés au pouvoir unique, qui déprécient constamment Camus et lui renvoient leurs éternels griefs : « il ne nous voyait pas », « sa réflexion est coloniale », etc.

Ces cabales ont ainsi évincé Camus d'événements que des artistes et des écrivains progressistes voulaient réaliser en Algérie, en 2010, interdisant la fameuse caravane Camus qui devait sillonner le pays[18] : « L'histoire est rancunière », comme le disait le regretté Rachid Mimouni… La pétition qui fit grand bruit ne ménage pas Camus et les chefs d'accusation sont nombreux : il « joue un rôle particulièrement important dans les sinistres sursauts colonialistes qui accompagnent l'enfantement douloureux de la décolonisation française du xxe siècle, y est-il expliqué. C'est une figure impérialiste très tardive : non seulement il a survécu à l'apogée de l'empire, mais il survit comme auteur universaliste […] Sur le plan politique, il a été un militant de l'Algérie française. »

« Dès 1937 et jusqu'en 1939, poursuit le texte de la pétition, Camus n'a cessé, on le sait, d'appeler à des mesures de charité pour couper l'herbe sous les pieds des nationalistes avec en point d'orgue sa couverture du procès de Messali Hadj en 1939. En 1945, il s'est tu. En 1952, en pleine guerre de libération du Vietnam, il publie un texte disqualifiant toute révolte par ses résultats supposés sur la négation des libertés. Il a, dès 1955, développé la contre-offensive idéologique contre l'ALN, renvoyant la violence révolutionnaire légitime au même plan que la violence coloniale incessante et permanente. Il a réduit notre guerre à une entreprise inspirée et dirigée par Nasser, la ravalant à une manipulation. Il a, dès 1955, accusé nos amis français, en réalité Francis Jeanson pour son livre *L'Algérie hors la loi*, de vouloir la démission de l'État, c'est-à-dire en clair de trahir la France, accusation qui fut l'argument essentiel au procès de ce réseau en 1960. Pour cet homme, la dignité de la dénomination d'Algériens se réservait aux seuls pieds-noirs pour lesquels il rêvait d'une "Algérie blanche", indépendante et toujours française. Malgré la lutte armée déjà portée par notre peuple, il ne nous concède que la vague reconnaissance d'une vague "personnalité arabe", nous refusant l'égalité et l'unité des statuts. Et enfin refusera de nous

18. Il s'agit de la pétition initiée et rédigée par Mustapha Madi, sociologue, Samia Zennadi, éditrice, Mohamed Bouhamidi, journaliste, Omar Mokhtar Chaâlal. Ils y déclarent que cette caravane, lancée depuis Paris, a été imaginée par un « lobby néo-colonialiste », nostalgique de l'Algérie française. « Sur le plan esthétique, Camus était un écrivain colonial […] qui plonge ses racines dans un colonialisme à présent oublié. » Et d'interpeller les institutions officielles : « L'Algérie officielle se rend-elle compte qu'en accueillant avec cette chaleur le chantre de l'Algérie française, elle ridiculise par avance son projet de loi criminalisant le colonialisme, le vide de son sens et devient nul ? »

nommer autrement que par une certaine notion d'"Arabes", nous parquant, selon l'analyse de Fanon, dans "un autre compartiment" de l'humanité. Jusqu'à la mort, il défendra cette Algérie française en nourrissant l'espoir à peine caché que se réalise une république blanche sur le modèle du compartimentage. »

La charge, on le voit, est violente, quoique approximative. Camus est réduit au silence, et sa condamnation sans appel.

Il n'empêche : Camus résiste encore en Algérie et sa voie de conciliation est entendue. Les jeunes générations universitaires, moins sectaires et moins dogmatiques que les précédentes, sont ouvertes à sa pensée et à sa mesure. Elles voient dans son œuvre des ferments de solidarité et de compagnonnage dont ils ont soif, lasses des conflits, des confiscations de toutes sortes et des massacres.

C'est que Camus apaise et réconcilie. Il rend l'Algérie à sa beauté qui, depuis la guerre et sans discontinuer jusqu'à aujourd'hui, n'a cessé d'être offensée et agressée. L'attraction de la France auprès de ces jeunes générations n'a pas cessé non plus de s'exercer, signant cette fatalité entre les deux pays, cette nécessité de se stimuler.

L'heure de Camus est peut-être enfin venue. Les « printemps algériens » qui, malgré leurs épisodes saisonniers, ne parviennent pas à s'imposer, pris qu'ils sont dans la nasse des oligarchies, finiront un jour prochain par vaincre et alors ressurgira la pensée claire de Camus, sa simplicité et sa grandeur à la fois, son humanité. Des candidats à l'émigration non légale sont de plus en plus nombreux ; en dialecte maghrébin, ce phénomène s'appelle *harragha* ce qui signifie les « brûleurs », car ils « brûlent » les frontières et leurs papiers si jamais par chance ils parviennent à traverser la Méditerranée via l'Espagne pour enfin arriver… dans cette France que le catéchisme officiel ne cesse de fustiger et de considérer comme responsable de leurs malheurs ! A-t-on déjà vu de jeunes hommes quittant leur pays d'origine pour aller se jeter dans les bras d'un pays dont on leur a appris qu'il était « génocidaire » et qu'il a commis des crimes contre leurs parents et contre l'humanité ? Si le régime nazi avait par malheur perduré, aurait-on donc vu des fils de déportés exterminés par la barbarie demander l'asile aux bourreaux de leurs parents ?

Depuis le 16 février 2019, à chaque date anniversaire, désormais, en mémoire de l'insurrection populaire du *Hirak* (« le mouvement » en berbère), des foules se lèvent cependant pour réclamer leur vraie liberté, celle acquise de droit, et une seconde République, mais en vain tant l'étreinte militaire est forte.

L'Algérie a été instrumentalisée depuis le début de la guerre par les forces dites « de libération », tout comme elle a été aussi instrumentalisée par une France impériale et égoïste qui a exploité ses richesses pendant un siècle et demi, utilisant petits Blancs et miséreux, venus au début du XIXe siècle des quatre coins de son territoire, pour créer cette « Algérie française », somme toute pas si odieuse qu'on a bien voulu le dire. Le débat qui eut lieu en 2005 à l'Assemblée nationale sur « l'aspect positif de la colonisation » a fait remonter des divergences et des contentieux historiques jamais éteints, d'une rare violence. Y avait-il objectivement une raison de récuser tout ce que la France a apporté à l'Algérie, avec tant de virulence et de haine ? Marguerite Duras elle-même, qui défendit la révolution algérienne, se présenta dans son ouvrage paru en 1942, *L'Empire français*, la zélée soldate de la République, défendant à la suite de Jules Ferry et de Pierre Mendès France les valeurs de la colonisation et ses bienfaits sur les pays qu'elle occupait. Jamais il ne lui vint à l'esprit de renier les avancées sanitaires, sociales, éducatives, culturelles dont la France gratifia l'Indochine.

Faut-il donc condamner sans nuance la colonisation en Algérie ? La loi de 2005, qui suscita tant de débats, provoqua la rupture du traité d'amitié franco-algérien, très sourcilleux sur ce sujet, et fit ressurgir tous les démons qu'on croyait enfouis. Kamel Daoud, en 2017, sur France Culture, disait qu'il était « partisan qu'on arrête de ressasser cette histoire [...] L'exploitation du fonds de commerce de la guerre de libération en Algérie doit cesser, ici et en Algérie, parce qu'on est fatigués. » Il dénonce aussi l'hypocrisie qui préside à ces demandes de repentance : « Quand on a des gens qui viennent chez vous, qui s'installent, qui se soignent, qui ont des biens, je trouve quand même assez ósé de réclamer des excuses à la France », faisant allusion aux élites algériennes qui, n'ayant aucune confiance dans les institutions de leur pays, viennent en France réclamer des soins, comme le président Bouteflika lui-même qui se fit soigner au Val-de-Grâce plutôt qu'auprès du corps médical algérien ! De même pour le président actuel se faisant soigner en Allemagne...

Le gouvernement français actuel a certes décidé de mettre fin à ces guerres de mémoires divergentes qui pourrissent les relations entre les deux pays, les Algériens surtout restant sur leurs positions. La mission que le président Macron a confiée à l'historien Benjamin Stora – dont beaucoup disent qu'il s'est autoproclamé « historien de l'Algérie », et que beaucoup finissent par admettre comme tel – a été rendue publique le 20 janvier 2021. Albert Camus, considéré aujourd'hui comme l'écrivain et le citoyen de la mesure et de la juste parole, a été inévitablement cité, on pourrait dire précautionneusement cité. Là encore, récupération de Camus par la doxa française ? Volonté d'effacement de la malencontreuse parole du président Macron lors de son voyage en Algérie au cours duquel il a évoqué la colonisation comme un « crime contre l'humanité » ? Désir d'apaisement à l'égard des Français d'Algérie après sa non moins consternante et imprudente intervention au sujet des « expatriés », comme il les appelle (!), au cours de laquelle il proférait cette assertion : « Ils ont leur vision de la colonisation, je ne m'y retrouve pas, car elle nie les crimes qui ont été commis, on ne peut pas leur dire : “Vous n'avez rien été”, “Vous étiez simplement des criminels”, parce qu'ils ont une histoire intime avec l'Algérie[19]. »

« L'itinéraire d'Albert Camus, est-il annoncé dès le début du rapport, qui s'est élevé contre la colonisation dans ses articles *Misères de la Kabylie* en 1939, puis contre la répression de Sétif et Guelma en 1945, pour à la fin de sa vie se prononcer en faveur d'un fédéralisme donnant plus de pouvoir à l'Assemblée algérienne, sans se séparer de la France, dit bien toute la complexité de cette situation qui, à la fois, a enrichi et perturbé l'identité algérienne. Aujourd'hui, nombreux sont ceux qui voudraient annexer Camus, le lire de façon univoque, l'enrôler dans leur combat politique. Peine perdue, la complexité de cet homme entre deux rives ne saurait être réduite à une cause ou à une identité. »

Il y aurait déjà beaucoup à dire sur cette « dédicace » à Camus car l'historien oublie de citer combien l'écrivain fut hostile à la lutte armée de l'ALN et du FLN, combien il n'a cessé de dénoncer

19. Interview d'Emmanuel Macron à la chaîne algérienne *Echorouk News*, diffusée mardi 14 février 2017.

les massacres perpétrés ici et là par des combattants qui, disait-il, tenaient davantage de la brutalité et de la délinquance, et combien il a préféré s'éloigner de cette guerre qui le meurtrissait parce qu'elle ignorait les bâtisseurs de l'Algérie moderne qu'elle renvoyait à l'exil, à la mer ou à la mort.

La réponse de la presse algérienne ne s'est pas fait attendre : le jour même, des analystes politiques algériens dénoncent la frilosité du rapport et surtout le refus implicite de présenter des excuses de la part de l'exécutif français. Mais tous pointent que la demande est enterrée du fait même de la présidentielle de 2022, pour laquelle le président Macron devra faire beaucoup de concessions à son opinion publique, peu encline à se mettre à genoux. « La question du passé colonial s'avère ainsi infiniment plus problématique pour la France que pour l'Algérie », conclut Fayçal Meraoui. L'historien Mohamed El-Korso, dans le journal *Liberté*, va plus loin encore, comparant la guerre d'Algérie à l'agression nazie : « Il s'agit pour la France de faire le même pas que l'Allemagne a fait envers la France, en reconnaissant ses crimes durant la Seconde Guerre mondiale. Je crois qu'il est dommageable que la France qui s'est excusée envers les Juifs ne s'excuse pas auprès des Algériens. » Quid alors des excuses de l'Algérie pour les enfants français cloués sur les portes des fermes, devant les yeux horrifiés de leurs parents, des corps émasculés, des corps éventrés, des corps éviscérés, remplis de cailloux, des corps violés ? Quelle reconnaissance pour eux ? Toute l'intelligentsia universitaire algérienne est vent debout contre ce rapport, la même que celle qui s'insurgeait devant la caravane dédiée à Camus : le professeur d'université Kamel Khelil déclare dans le journal *El Khabar* que les mesures préconisées par Benjamin Stora « demeurent symboliques et restent éloignées des revendications du peuple algérien qui donne une grande importance à la question des excuses, notamment sur les essais nucléaires et leurs conséquences et le dossier des disparus ».

Qu'en est-il, *a contrario,* des disparus d'Oran et d'ailleurs, plus de 3 000 Français d'Algérie dont on n'a jamais retrouvé les corps ?

On le voit, ces polémiques stériles closent tout débat. Les nouvelles générations d'écrivains et d'artistes algériens, à l'inverse de leurs aînés dont le logiciel est resté bloqué sur la révolution armée, ont le souci de « passer à autre chose ». Ils ne récusent pas la nécessité de la lutte entreprise par leurs aînés mais ne rejettent pas en bloc tout ce que l'Occident et la France en particulier ont pu apporter au pays. Ces observations se font souvent à mi-voix, leurs auteurs étant soucieux de ne pas être inquiétés par un pouvoir très virulent sur la question mémorielle, mais cherchent à construire de nouvelles passerelles entre les anciens colons et le peuple algérien. L'identité d'Albert Camus est ainsi souvent évoquée : les élites issues de la nomenklatura lui refusent le terme d'Algérien. Or, Camus a souvent opéré des glissements à partir de lui, se sentant lui-même né de cette terre qui lui fit découvrir l'amour du monde, « conscient et orgueilleux de le partager avec toute une race, née du soleil et de la mer, vivante et savoureuse, qui puise sa grandeur dans sa simplicité et, debout sur les plages, adresse son sourire complice au sourire éclatant de ses ciels[20] ».

Demeurent donc Camus et sa pensée : tous deux sentinelles d'une justice fraternelle et solidaire, veilleurs de midi, dans la splendeur délaissée de Tipasa. Avec la guerre d'Algérie que Camus a suivie année après année, jusqu'à son accident fatal, il réaffirme sans jamais en démordre la grande leçon qu'il a exprimée dans *Les Justes* : quand une révolte qui se revendique de fins émancipatrices finit par accepter des méthodes meurtrières pour parvenir à ces mêmes fins, quand un révolutionnaire dont on peut respecter la cause se livre à des exactions ignobles croyant qu'il y a des assassinats légitimes, alors l'intellectuel, le philosophe, l'écrivain, le poète ne peuvent que se dresser pour les condamner. Jamais Camus n'a quitté cette ligne de crête qui l'honore. Il se sait « embarqué », comme il l'écrit, dans le siècle, ne pouvant échapper à ses remous et à ses accès de haine et de violence, auxquels il opposera toujours sa même vision du monde : libre, sincère, juste, dans la mesure.

Le FLN, dans sa vision déterminée et radicale, a chassé ainsi ceux qui ont « fait » le pays dont il veut désormais être le maître, il les a exclus, s'est emparé de leurs biens, et les a jetés d'une certaine manière à la mer, une valise en main. Il les a menacés du cercueil et, au besoin, s'est emparé de milliers d'entre eux, parjurant les accords d'Évian qu'ils avaient signés, pour les livrer à la fureur

20. Albert Camus, *Noces*, *op. cit.*, p. 31.

populaire et à l'hystérie d'une population qui croyait avoir retrouvé liberté, dignité, et qu'une Algérie nouvelle allait en naître, heureuse, arcadienne et opulente. Offrant des innocents en sacrifice en guise de rite de passage d'où allait surgir l'Algérie heureuse... Ignorant encore qu'elle serait en fait livrée aux mains des Soviétiques et que leur niveau de vie serait médiocre, leurs libertés restreintes, leur économie à l'abandon...

Beaucoup d'Algériens sont en effet revenus des grandes promesses de la révolution. L'Algérie fédérale, fraternelle, égalitaire enfin que préconisait Camus aurait peut-être pu voir le jour. Alors se serait levée, selon lui, sans bain de sang, cette aube que le jeune étudiant qu'il était alors, en visite à Tipasa, avait pu admirer, ébloui. « Vous et moi, écrivait-il déjà à Kateb Yacine, poursuivant son vieux et tenace rêve d'unité, sommes nés sur la même terre. Par-dessus toutes les querelles du moment, cela fait une ressemblance[21]... » Ce fut peut-être l'idéalisme de Camus qui s'égara ainsi dans le « siècle de la peur » qu'il dénonce, et qui fit dire aux élites du FLN, au cours des décennies qui suivirent l'indépendance, que Camus s'était figé dans un logiciel aux données colonialistes et qu'il avait ainsi rejoint « les oubliettes de l'histoire »...

L'histoire ne peut se réécrire. Camus est mort (« trop jeune », comme a pu dire sa mère à l'annonce de sa disparition), et il n'a pu voir, comme si une grâce du destin le lui avait épargné, la longue file de pieds-noirs, ceux qui étaient comme les siens, « les petites mains » de l'Algérie française, grenier de la France, forte et belle de ses orangeraies, de ses vignes, de ses champs de blé, de ses roseraies, de ses plages et de ses campagnes, de ses villes modernes, de ses infrastructures, embarquer eux aussi dans les mêmes bateaux qui les emmenaient les étés précédents en visite dans la France-mère. Il n'a pu (mais l'aurait-il supporté ?) voir ces hommes et ces femmes accoudés au bastingage des paquebots, regarder leur ville natale s'éloigner des rivages heureux, les yeux remplis de larmes. Il n'aurait alors pu s'empêcher, le cœur déchiré, de penser à ceux d'Alsace et d'ailleurs qui étaient venus « premiers hommes » au début du XIXe siècle, dans des conditions extrêmes, planter leur tente sur des

21. Albert Camus, *Lettre à Kateb Yacine*, 24 octobre 1948.

terres inhospitalières pour en faire des vergers, des vignobles et des champs luxuriants.

Mais ce qui demeure, au-delà de la personne de Camus, c'est le message qu'il a laissé. Il a été encore brouillé un temps, après sa mort, par ses ennemis parisiens, ceux-là qui ont cependant définitivement perdu la partie. Sartre, Beauvoir et leurs amis incarnent désormais « le vieux monde », celui des compromissions militantes et politiciennes. Celui des tyrannies qu'ils ont défendues et qui les gratifiaient alors de prébendes, de voyages, de prestige… Camus est resté intègre et c'est sa leçon. Plus que le culte de Camus que beaucoup peuvent célébrer aujourd'hui, c'est « l'idée Camus », « l'énergie Camus », « le signe Camus » qui compte.

Vrai maître à penser en ce sens, il permet de garder le cap et de préserver l'obstinée force de caractère des hommes « de bonne volonté », comme il le disait, celle qui veut faire reculer l'inéluctable, qui ne renie ni l'admiration, ni l'émerveillement, ni la gratitude, ni les larmes devant la beauté, « celle qui résiste à tous les vents de la mer par la vertu de la blancheur et de la sève ».

Car « c'est elle qui, dans l'hiver du monde, préparera le fruit[22] ».

---

22. Albert Camus, *Les Amandiers,* in *Noces*, *op. cit.*, p. 185.

Du même auteur

Ouvrages relatifs à l'Algérie

Maman la Blanche, Albin Michel, 1982.
Alger l'Amour, Presses de la Renaissance, 1983.
Tant que le jour te portera, Albin Michel, 1984.
La Vie, la vie, Albin Michel, 1985, Prix Roland Dorgelès, réédition, Écriture, 2012.
La Cuisine de là-bas, Hermé, 1989.
La Tisserande du Roi-Soleil, Flammarion, 1992.
Là-bas, souvenirs d'une Algérie perdue, Le Chêne, 1996.
Charles de Foucauld, Le Rocher, 1997.
La Maison devant le monde, Desclée de Brouwer, 2000.
Alger Alger, Elytis, 2008.
Albert Camus, fils d'Alger, Fayard, 2010.
C'était notre Algérie, L'Archipel, 2011.
La Traversée, First éditions, 2011.
Alger, ombres et lumières, une biographie, Flammarion, 2014.
Alger d'hier et d'aujourd'hui, photographies Jean-Pierre Stora, L'Archipel, 2015.
Carnet de recettes d'une famille pied-noir, First éditions, Prix Archestrate.

Ouvrages collectifs

« La nonna », *La Revue des Deux-Mondes*, juin 1984.
« Le retour des sources », *Une enfance algérienne*, Gallimard, coll. « Haute Enfance », sous la direction de Leïla Sebbar, 1997, réédition, Folio/ Gallimard, n° 3171.
2000 ans d'Algérie, tome 2, Carnets Séguier, 1998.
La Morsure de l'exil, in *Cher pays de mon enfance, paroles de déracinés*, sous la direction de J.-P. Guéno, et Jérôme Pecnard, Les Arènes / France Bleu / France Info, 2004.

C'était leur France, en Algérie avant l'Indépendance, sous la direction de Leïla Sebbar, Témoins Gallimard, 2007.

Ma mère, sous la direction de Leïla Sebbar, éditions Chèvre-feuille étoilée, 2008.

Dans les monts de Tassili suivi de *Petite suite pour le désert*, in *Sortilèges sahariens*, sous la direction de Behja Traversac, préface Ahmed Ben Naoum, éditions Chèvre-feuille étoilée, 2008.

Mon Algérie, sous la direction de Monique Ayoun et Jean-Pierre Stora, Acropole, 1989, réédition, Hugo Doc, 2012.

Le Pays natal, Elyzad, 2013.

L'Enfance des Français d'Algérie, avant 1962, sous la direction de Leïla Sebbar, Bleu autour, 2014.

Une enfance dans la guerre, Algérie 1954-1962, sous la direction de Leïla Sebbar, Bleu autour, 2016.

À l'école en Algérie, des années 1930 à l'Indépendance, sous la direction de Martine Mathieu-Job, Bleu autour, 2018.

Bibliographie succincte

Djamel Amrani, *L'Été de ta peau*, SNED, sd.

Djamel Amrani, *Le Témoin*, les Éditions de Minuit, 1960.

Djamel Amrani, *Entre la dent et la mémoire*, SNED, 1981.

Jamel-Eddine Bencheikh, Christiane Chaulet-Achour, *Jean Sénac, clandestin des deux rives*, Séguier, coll. « Les Colonnes d'Hercule », 1999.

Maïssa Bey, *L'Ombre d'un homme qui marche au soleil, réflexions sur Albert Camus*, préface de Catherine Camus, Chèvre-feuille étoilée, 2004.

Raphaëlle Branche, *L'Embuscade de Palestro*, Armand Colin, 2010.

Albert Camus, *Théâtre, récits, nouvelles*, préface de Jean Grenier, Introduction critique de Roger Quilliot, La Pléiade.

Albert Camus, René Char, *Correspondance*, Folio n° 6274.

Albert Camus, *Chroniques algériennes, 1939-1958*, Folio/essais, n° 400.

Albert Camus, *Carnets, mai 1935-février 1942*, Gallimard, 1962.

Albert Camus, André Malraux, *Correspondance 1941-1959 et autres textes*, Gallimard, 2016.

Albert Camus, Maria Casarès, *Correspondance 1944-1959*, Folio, n° 6731.

Albert Camus, *Noces* suivi de *L'Été*, Gallimard, coll. « Soleil », 1959.

Albert Camus, *Carnets III, mars 1951-décembre 1959*, Folio, n° 5619.

Jean Daniel, *Avec Camus, comment résister à l'air du temps*, Gallimard, 2006.

Georges Fleury, *La Guerre en Algérie*, Grande Bibliothèque Payot, 1996.

Guy Forzy, *Ça aussi, c'était de Gaulle ! Les pages rouges du gaullisme*, éditions Dualpha, 2004.

Manuel Gomez, *Camus l'Algérois*, Centre de l'édition, Antibes, 1997.

Anna Greki, *Temps forts*, Présence africaine, 1966.

Jean-Yves Guérin, *Camus, portrait de l'artiste en citoyen*, François Bourin, 1993.

Mohammed Harbi, Benjamin Stora, *La Guerre d'Algérie, 1954-2004, la fin de l'amnésie*, Robert Laffont, 2004.
Jacqueline Lévi-Valensi, *Albert Camus ou la naissance d'un romancier*, Gallimard, « Les cahiers de la NRF », 2006.
Michel Onfray, *L'Ordre libertaire, la vie philosophique d'Albert Camus*, Flammarion, 2012.
Yacef Saadi, *La Bataille d'Alger*, éditions ETC, 1982.
Jean-Louis Saint-Ygnan, *Le Premier Homme ou le Chant profond d'Albert Camus*, Les éditions Ovadia, 2010.
Benjamin Stora, Jean-Baptiste Péretié, *Camus brûlant*, Stock, coll. « Parti pris », 2013.
Olivier Todd, *Albert Camus, une vie*, Gallimard, Folio, n° 3263.
Alain Vincenot, *Algérie, les oubliés du 19 mars 1962*, L'Archipel, 2019.
Alain Vircondelet, *Catherine et Jean Camus, Albert Camus, vérité et légendes*, Le Chêne, 1998.
Alain Vircondelet, *Albert Camus, fils d'Alger*, Fayard, 2010.
Alain Vircondelet, « J'attends les navires du retour, la maison des eaux, le jour limpide », *Revue Phaéton*, Bordeaux, 2020.

Alger, 1940-1962, Une ville en guerres, coll. « Mémoires », n° 56 dirigée par Guy Pervillé et Jean-Jacques Jordi, mars 1999, éditions Autrement
camusauquotidien, blogspot.com (Daniel Bédard et Camus).
Le 14 Juillet 1958-1959, Revue, Séguier, coll. « Lignes », Hors-Série, 1990
Rapport sur les questions mémorielles portant sur la colonisation et la guerre d'Algérie, Benjamin Stora, 20 janvier 2020.

Table

Achevé d'imprimer par CPI Bussière ,
en décembre 2021,
N° d'impression : 2061823
Dépôt légal : février 2022

Imprimer en France